兵法十三篇
将法十八篇
师法九篇

演绎愿景　看见未来

ROADSHOW METHODOLOGY

马强　著

人民日报出版社

图书在版编目(CIP)数据

路演方法论 / 马强著. —北京：人民日报出版社，2021.6

ISBN 978-7-5115-7068-0

Ⅰ.①路… Ⅱ.①马… Ⅲ.①商务—演讲 Ⅳ.① H019

中国版本图书馆 CIP 数据核字(2021)第 125668 号

书　　名：	路演方法论 LUYAN FANGFALUN
著　　者：	马　强
出 版 人：	刘华新
责任编辑：	万方正
封面设计：	黑钻石传媒
排版设计：	李天霖
出版发行：	人民日报出版社
社　　址：	北京金台西路 2 号
邮政编码：	100733
发行热线：	(010) 65369509　65369846　65363528　65369512
邮购热线：	(010) 65369530　65363527
编辑热线：	(010) 65369522
网　　址：	www.peopledailypress.com
经　　销：	新华书店
印　　刷：	北京盛通印刷股份有限公司
开　　本：	710mm×1000mm　　1/16
字　　数：	436 千字
印　　张：	28.25
版次印次：	2021 年 8 月第 1 版　　2021 年 8 月第 1 次印刷
书　　号：	ISBN 978-7-5115-7068-0
定　　价：	128.00 元

▲ 2016年,作者在巴基斯坦塔克西拉古遗址考察。

马强简介

北京市丰台区政协委员

北京市新的社会阶层人士联谊会理事

科技部火炬中心创业导师

北京市人力资源和社会保障局特聘创业导师

中关村高聚工程创新创业领军人才

中国生产力促进中心协会培训咨询专业委员会副主任

全国妇联妇女创业创新大赛（2019）三十二强导师

"一带一路"沿线国家孵化器规划建设与管理国际班授课导师

黑钻石文化传媒创始人/董事长

出版作品：

《路演兵法》《路演中国》《导演心法》《路演方法论》

　　马强从事传媒、教育、投资、孵化等多个领域，致力于商业软实力的研究推广。2013年创建北京黑钻石文化传媒，将人文艺术与商业资本充分融合。数年间，深入调研上千家企业，多次受邀作为国家及各省市创业创新大赛辅导嘉宾，与创业者、企业家、城市管理者深度沟通，形成了数十万字的中国商业成长调研心得。在2018年，被评定为中关村高聚工程创新创业领军人才。

马强辅导了数百个商业项目，从初创期企业到上市期企业，企业类型涵盖面广，其整理的大量企业辅导案例被广为传播。他曾为北京、山东、江苏、甘肃、青海、云南等省市和区域制定了城市路演系统，成为城市进行双创工作、优化营商环境、招商引资的特色抓手。

马强倡导打造路演经济生态圈，并在城市创建路演商业服务业态，由他发起的"路演兵法""路演英雄""商业路演系统导入"等路演教育活动，也受到政府、企业家及创业者的高度认可。其开创的城市路演中心、城市路演事务所等业态现已遍布北京、天津、西安、广州等数个城市。

他还积极参与社会公益事业，为贫困地区企业进行公益辅导，捐赠学习材料。2020年疫情期间，他指导创作了大量鼓舞士气、传播抗疫精神的短片，获得社会一致好评。

2019年，马强作为新的社会阶层人士代表，参加了中华人民共和国成立70周年天安门国庆大典。

他的人生格言：羞涩而无畏，谦卑而执着。

开篇语

人生逆旅信当先
文润品格意志坚
书画江山核为境
影刻响羽故梦连
景题入世感冷暖
仪引金刚来堂前
年深路远投长情
解语箴言四十篇

2020年3月于北京

目录

前言 -- 001

兵法十三篇

"兵法十三篇"引言 -- 007

第一章 路演中国
十二字追溯产业源起 四板块解读"一带一路" ------------------ 009
- 导语 --- 010
- 路演的源起 --- 011
- 路演系统的四个核心观念 ------------------------------------- 014
- 中国路演人 --- 019

第二章 路演经济
微产业生态链自循环 小路演创优雅新商机 -------------------- 021
- 导语 --- 022
- 路演已成为一个微产业生态链 --------------------------------- 023
- 推动路演事业发展的四个动作 --------------------------------- 025
- 躬身入局：科创路演联盟 ------------------------------------- 029

第三章 路演价值
杠杆价值四两拨千斤 学习思维四句理箴言 -------------------- 031
- 导语 --- 032

路演给人的感觉越好，公司的估值便会越高 —— 033
路演的三大特点：价值充分、仪式感强、精准度高 —— 034
路演学习的四个阶段 —— 035

第四章 四个核心
核心能力梳理唯四字 凿通商业任督新二脉 —— 038
导语 —— 039
一、从技术角度梳理核心竞争力 —— 041
二、从专利角度梳理核心竞争力 —— 041
三、从人才领域梳理核心竞争力 —— 044
四、从品牌角度梳理核心竞争力 —— 045

第五章 五维权重
价值呈现需五维权重 路演宗旨分三级层次 —— 047
导语 —— 048
路演的三个层次：吸引、相信、跟随 —— 049
路演是一条优雅的长线 —— 050
没有呈现就等于不存在 —— 053

第六章 商业计划
商业报告写九大核心 指点江山讲一个故事 —— 058
导语 —— 059
撰写商业计划概述 —— 061
第一个板块：产业趋势与产业背景分析 —— 062
第二个板块：分析产业政策与实例解析 —— 063
第三个板块：核心优势分析与阐述 —— 064
第四个板块：项目的主形象与品牌系统 —— 064
第五个板块：主营产品阐述与案例 —— 064
第六个板块：产业业态规划和运营逻辑 —— 065
第七个板块：成本与收益分析 —— 066

第八个板块：市场与资本的规划路线 ---------- 066
第九个板块：商业计划综述 ---------- 067
商业计划的"五个一"工程 ---------- 068

第七章 七字逻辑
搭七字框架知所先后 顺思想认知则近道矣 ---------- *070*
导语 ---------- 071
投资人关心什么 ---------- 073
路演幻灯片的七字逻辑 ---------- 074

第八章 细节八条
路演人身份双重定义 演绎场精进八个细节 ---------- *079*
导语 ---------- 080
何为路演人 ---------- 081
路演阐述的八个细节 ---------- 082

第九章 九影传播
生动光影雕刻未来景 人文精神温润心中梦 ---------- *088*
导语 ---------- 089
九种路演光影武器 ---------- 091
  1. 顶层规划战略布局路演影片 ---------- 092
  2. 项目商业计划路演影片 ---------- 092
  3. 产品价值演绎路演影片 ---------- 093
  4. 招商赋能路演影片 ---------- 093
  5. 服务案例复盘路演影片 ---------- 093
  6. 团队文化纪录片 ---------- 094
  7. 企业品牌微电影 ---------- 095
  8. 成果美誉影片 ---------- 096
  9. 创始人阐述片 ---------- 096

第十章 数字转"画"
数不胜数显转换有道 画里有画创维度无限 —— 099
- 导语 —— 100
- 有效记忆 —— 101
- 数字元素的应用 —— 102

第十一章 人P合一
掌控关键一页连一语 思想驾驭一问配一答 —— 107
- 导语 —— 108
- "呵呵"的故事 —— 109
- 路演人与幻灯片的关系 —— 110
- 路演阐述的四种技巧性语言 —— 112

第十二章 融资方案
空间时间格局巧变换 被动主动优势可逆转 —— 116
- 导语 —— 117
- 三个基础资本观念 —— 118
- 四种企业估值算法 —— 120
- 八点融资内容 —— 121

第十三章 高光时刻
路演之前说七件小事 平常之心备三个预案 —— 125
- 导语 —— 126
- 一、定目标 —— 127
- 二、盘资源 —— 127
- 三、找亮点 —— 129
- 四、巧呈现 —— 130
- 五、备预案 —— 131
- 六、攒经验 —— 133
- 七、平常心 —— 133

将法十八篇

"将法十八篇"引言 ---------- 137

第十四章 年度统筹
七大系统铸将领修为 七大模块成完整动作 ---------- 139
导语 ---------- 140
模块一，路演团队——组织系统 ---------- 141
模块二，核心语境——文化系统 ---------- 142
模块三，商业计划——价值系统 ---------- 143
模块四，内容呈现——传播系统 ---------- 143
模块五，路演场景——活动系统 ---------- 144
模块六，路演仪式——传承系统 ---------- 145
模块七，年度统筹——执行系统 ---------- 145

第十五章 商业CT
十点评测事业能见度 风险筛查商业免疫力 ---------- 147
导语 ---------- 148
商业生态的五个系统 ---------- 150
   1. 种子系统，包含商业定位与文化语境 ---------- 151
   2. 孕育系统，包含团队建设与产品研发 ---------- 151
   3. 萌芽系统，包含营销推广与资源获取 ---------- 152
   4. 成长系统，包含品牌延展与市场培育 ---------- 153
   5. 收获系统，包含产业链条与资本吸引 ---------- 153
企业能见度的三种力量 ---------- 154

第十六章 黄金部队
汇众智奏路演集结号 司其职聚五行新组合 ---------- 156
导语 ---------- 157
文化路演人 ---------- 158

品牌路演人 -- 161

技术路演人 -- 164

市场路演人 -- 165

资本路演人 -- 165

第十七章　文化语境

核心语传播普世价值　软实力塑造集体人格 ----------- 168

导语 --- 169

文化语境梳理的三个误区 ----------------------------- 172

文化核心语境的六个内容 ----------------------------- 174

第十八章　产业秘境

探秘产业源头新环境　勇寻企业发展大宝藏 --------- 183

导语 --- 184

产业分析的七个内容 --------------------------------- 186

 1. 分析产业属性 ------------------------------------ 186

 2. 分析产业的发展周期 --------------------------- 186

 3. 产业定位、主体数量、营收、利润以及增速 ----------- 188

 4. 产业的细分程度 --------------------------------- 190

 5. 产业发展趋势与迭代技术 --------------------- 190

 6. 分析产业竞争强度与竞争企业筛选 ---------- 190

 7. 产业分析的资料源头 --------------------------- 190

第十九章　红点理论

一颗红点引六渡循环　周期同频方顺心意遂 --------- 192

导语 --- 193

第一个阶段：定点期，勇于决定 --------------------- 194

第二个阶段：观点期，察言观色 --------------------- 195

第三个阶段：特点期，特事特办 --------------------- 195

第四个阶段：支点期，互为支撑 --------------------- 195

第五个阶段：亮点期，明光铮亮 —————————————— 195
第六个阶段：顶点期，成功登顶 —————————————— 196

第二十章 未来之图
一张图纸绘锦绣蓝图 一个计划定未来事业 ———————— 197
导语 ———————————————————————————— 198
绘制未来之图的三原则 ———————————————————— 202

第二十一章 火线阵地
七个确定优化一场会 九场路演同频一群人 ——————— 207
导语 ———————————————————————————— 208
路演场景一：产品发布会 ——————————————————— 210
路演场景二：品牌发布会 ——————————————————— 211
路演场景三：企业路演沙龙/工作坊 ——————————————— 212
路演场景四：行业展会 ——————————————————— 214
路演场景五：人才招聘会 ——————————————————— 215
路演场景六：产业大赛 ——————————————————— 215
路演场景七：融资说明会 ——————————————————— 217
路演场景八：媒体矩阵 ——————————————————— 217
路演场景九：企业年会 ——————————————————— 217
组织路演活动的七个关键点 —————————————————— 218

第二十二章 企业环路
一张一弛环境中认知 一步一景沉浸式路演 ——————— 220
导语 ———————————————————————————— 221
环境路演设计的三个宗旨 ——————————————————— 223
环境路演阐述七要点 ———————————————————— 224

第二十三章 仪式传承
礼遇先行明规范身份 礼赠信物链荣誉情感 ——————— 228
导语 ———————————————————————————— 229

仪式之一：设计礼遇 ———————————————— 231

仪式之二：献礼展演 ———————————————— 231

仪式之三：礼宣文字 ———————————————— 232

仪式之四：仪式动作 ———————————————— 232

仪式之五：礼赠信物 ———————————————— 233

仪式之六：礼仪音乐 ———————————————— 233

第二十四章　品牌规律

认知意识决定谁是我　孤独怪人变身领导者 ———————— 235

导语 ———————————————————————— 236

建立品牌意识的三个步骤 ————————————————— 241

品牌成长的四个阶段 ——————————————————— 242

　　1. 第一阶段：跟随者时期 ——————————————— 242

　　2. 第二阶段：传播者时期 ——————————————— 243

　　3. 第三阶段：分享者时期 ——————————————— 244

　　4. 第四阶段：影响者时期 ——————————————— 245

第二十五章　价值矩阵

十大品牌军团齐亮相　占领心智成第一反应 ———————— 247

导语 ———————————————————————— 248

品牌矩阵的十个板块 ——————————————————— 249

　　1. 核心品牌 ————————————————————— 249

　　2. 资质品牌 ————————————————————— 250

　　3. 学术品牌 ————————————————————— 250

　　4. 教育品牌 ————————————————————— 251

　　5. 人才品牌 ————————————————————— 251

　　6. 产品品牌 ————————————————————— 252

　　7. 网络品牌 ————————————————————— 252

　　8. 活动品牌 ————————————————————— 253

9.孵化品牌 —————————————————— 254
　　10.合作品牌 ————————————————— 254

第二十六章　十全事美（上）
虚幻未来开文明纪元　九宫三幕换角色演绎 ———— 256
导语 ————————————————————— 257
故事的力量 ————————————————— 258
九宫三幕五分明 ——————————————— 266

第二十七章　十全事美（下）
生平爱好听传奇经历　讲好故事塑商业使命 ———— 268
导语 ————————————————————— 269
一、创始人故事 ——————————————— 271
二、品牌故事 ———————————————— 272
三、文化故事 ———————————————— 274
四、产品故事 ———————————————— 275
五、案例故事 ———————————————— 277
六、团队故事 ———————————————— 278
七、失败故事 ———————————————— 279
八、创新故事 ———————————————— 279
九、合作故事 ———————————————— 280
十、未来故事 ———————————————— 280

第二十八章　案例！案例！
十点归纳成样板工程　全息呈现获一本万利 ———— 283
导语 ————————————————————— 284
整理案例的意义 ——————————————— 285
案例复盘的十个要点 ————————————— 286
　　1.阐述甲方背景 —————————————— 286
　　2.阐述服务源起 —————————————— 288

3. 详解甲方痛点 ---------- 288

　　4. 企业调研与执行环节阐述 ---------- 289

　　5. 阐述解决方案 ---------- 289

　　6. 阐述案例执行细节 ---------- 290

　　7. 阐述项目收益 ---------- 292

　　8. 额外惊喜 ---------- 293

　　9. 客户美誉 ---------- 294

　　10. 案例综述 ---------- 294

第二十九章　园区路演
特色导入引企业聚集　衍生服务促提质增效 ---------- 296

导语 ---------- 297

园区导入路演系统的意义与难点 ---------- 298

产业园区路演系统导入五个步骤 ---------- 299

　　1. 精准聚焦的产业主题——调动参与方积极性 ---------- 299

　　2. 喜闻乐见的呈现方式——优化园区形象与推介路演材料 ---------- 300

　　3. 平衡细腻的价值收集——园区服务特色的呈现 ---------- 301

　　4. 深入人心的路演培训——让每个企业都成为园区的传播者 ---------- 302

　　5. 仪式充分的传播推动——让所有动作都行之有效 ---------- 304

第三十章　城市路演（上）
招商营商寻升级抓手　创业创新觅发展路线 ---------- 306

导语 ---------- 307

城市路演的四个机会 ---------- 308

城市路演的准备工作 ---------- 313

城市路演所需素材的三个重要来源 ---------- 314

城市路演需把握的五个核心点 ---------- 314

　　1. 明确城市功能定位 ---------- 314

　　2. 提出明确的招商主张 ---------- 315

　　3. 演绎城市产业愿景 ---------- 318

  4. 塑造城市产业榜样 ---------- 318
  5. 打造城市产业标识 ---------- 318
 城市路演七星图 ---------- 319

第三十一章 城市路演（下）
分类路演促系统落地 七大篇章绘城市蓝图 ---------- 321
 导语 ---------- 322
 一、城市定位篇 ---------- 324
 二、产业招商篇 ---------- 325
 三、营商价值篇 ---------- 326
 四、文旅消费篇 ---------- 327
 五、创新创业篇 ---------- 328
 六、精神文化篇 ---------- 329
 七、品牌荟萃篇 ---------- 330

师法九篇

"师法九篇"引言 ---------- 333

第三十二章 孵化六论
以轻空间撬动重资源 用精链接带动深咨询 ---------- 335
 导语 ---------- 336
 孵化机构发展需具备六个特性 ---------- 337
  1. 孵化服务的价值性 ---------- 337
  2. 孵化概念的独享性 ---------- 338
  3. 孵化方法的理论性 ---------- 338
  4. 孵化服务的持续性 ---------- 339
  5. 孵化人才的品牌性 ---------- 340
  6. 孵化系统的产业性 ---------- 341

孵化机构的未来发展趋势 --------------------------------- 341

第三十三章 教学思维
逆向思考传路演规律 趣易简繁成教学思维 ------------ 343
导语 -- 344
教学第一步：化道为趣 ---------------------------------- 345
教学第二步：由趣转易 ---------------------------------- 346
教学第三步：由易及简 ---------------------------------- 347
教学第四步：由简入繁 ---------------------------------- 349

第三十四章 导师精修（上）
言之有物成火线战友 举止有度为良师益友 ------------ 350
导语 -- 351
路演导师第一精修：身份力 ------------------------------ 353
路演导师第二精修：教研力 ------------------------------ 354
路演导师第三精修：定义力 ------------------------------ 358
路演导师第四精修：精准力 ------------------------------ 359

第三十五章 导师精修（下）
以规促则引培训导向 以场促学实战出真知 ------------ 361
导语 -- 362
路演导师第五精修：规则力 ------------------------------ 363
路演导师第六精修：布场力 ------------------------------ 365
路演导师第七精修：呈现力 ------------------------------ 367
路演导师第八精修：平衡力 ------------------------------ 369
路演导师第九精修：举荐力 ------------------------------ 370

第三十六章 精神对话
与企业核心基因讨论 跟商业集体人格谈心 ------------ 371
导语 -- 372
一、企业观察 -- 374

二、随时对话 —————————————————— 374
三、行事特征 —————————————————— 375
四、关键提取 —————————————————— 376
五、多维验证 —————————————————— 377
六、精神归宿 —————————————————— 377

第三十七章　路演工坊
适应趋势活动小快灵　夯实基础开展工作坊 —————— 379
导语 ————————————————————— 380
路演工作坊的三个特点 ——————————————— 382
开办路演工作坊的七个环节 ————————————— 385
路演工作坊的三个重要价值 ————————————— 387

第三十八章　路演中心
一先锋三服务六业态　城市软实力产业集群 —————— 389
导语 ————————————————————— 390
路演中心的发展背景 ———————————————— 391
黑钻石路演中心的概念 ——————————————— 392
路演中心运营发展的三个逻辑 ———————————— 393
路演中心运营的三大能力基础 ———————————— 394
路演中心发展宗旨与架构 —————————————— 395
城市路演中心合作各方职责 ————————————— 396
城市路演中心发展阶段 ——————————————— 396
黑钻石天津路演产业中心发展案例 —————————— 397

第三十九章　创业心得
七颗钻石凝十年心力　千百文字写成长逻辑 —————— 399
导语 ————————————————————— 400
创业第一颗钻石——信念 —————————————— 401
创业第二颗钻石——行动 —————————————— 403

创业第三颗钻石——团队 -- 404

创业第四颗钻石——能力 -- 406

创业第五颗钻石——信任 -- 406

创业第六颗钻石——愿景 -- 407

创业第七颗钻石——格局 -- 409

第四十章 路演小镇
寻路演小镇一日幻游 待未来故事开花结果 ------------------------------ 411

导语 -- 412

特色小镇大致分类 -- 413

那是一个名字叫作"路演小镇"的地方 ---------------------------------- 414

后记 -- 419
那些"在路上"的细节 --- 419

前言

路演，资本领域的老词汇，在创新创业时代焕发出崭新的生命力。

路演，出现在城市招商引资的会场中，出现在企业品牌产品发布会的憧憬里，出现在投融资对话的谈判桌上。

路演，出现在每一个高光时刻。

路演应用不仅可以提升商业软实力，路演学习对个人分析能力锻炼、逻辑能力提升，也大有益处。

但也经常会有朋友问，路演到底该如何定义。

八年前，我尝试将路演与演讲进行对比，让受众了解路演的逻辑性，后来发现这种对比并不严谨。

五年前，我开始用路演与宣传做比较，以凸显路演所要求的呈现力与系统性，依然感觉未将路演的价值充分体现。

近年，我开始参与城市与企业深度路演咨询，使路演的方法丰富系统起来，形成一套从路演教育到企业战略咨询、从路演内容到活动场景的全系统路演导入方案，这时才发现，用解决方案来反向定义路演或是一个全新的角度。因为，每个项目我们强调的路演结果，就是要让受众"看见未来"。

因为，看见未来，才能走向未来！

所以，无论是个人、企业，还是城市、国家，当其在演绎自己的未来，同时努力让大家看见未来时，这就是路演。

浓缩为八个字，**演绎愿景，看见未来**。当我写下这八个字的时候,内心有一种顿悟式的喜悦感。

对路演定义、执行方案、操作内容逐渐明确后,我希望让更多企业、园区、城市都能充分地应用路演系统。**这世界研究方向的人太多,而研究方法的人太少。**在时代赋予的产业机遇前,愈发感觉到方法论的重要。也是时候要把这些理论和实践内容再次厘清,从而系统发力。这就是写《路演方法论》的初衷。

当然,还有一个原因,这也是一种自我修行。

人生漫漫谓之"路",人生才是一场真正的"大赛",我们与人性较劲,与逆境PK,与弱点对抗,我们一直"在路上"。

耳目一新谓之"演",每次路演做到让人耳目一新,相信每天进步一点点的力量,不断发现亮点、优化故事、打磨工具,一定可以累积到蝶变的那一天,这个过程何尝不是在演绎人生呢。

从2013年开始路演领域的分享,到现在每年至少要在数个城市进行上百场路演活动,七八年时间里,我参与了数百个项目调研与实操,也亲手创作出近三万页教学幻灯片材料和案例集。每一页幻灯片都是自己下定义能力的锤炼,每个案例都是一个行业成长规律的发现。

2015年我出版了第一本路演专著《路演兵法》,开启了路演领域的探索;2016年出版第二本书《路演中国》,阐述了在城市领域路演案例和方法;再到2018年路演创作方法集合《导演心法》的出版,六年时间出版了三本路演领域书籍。每本书的写作都给自己带来商业思想的蜕变。

更欣喜的发现,曾在书中描绘的"路演事务所"新业态已经变为现实;所畅想的"构建城市路演路线图"计划已完成城市案例打造,进入解决方案的输出阶段。

那么,就让这样的梦想和现实之间的相互激荡继续下去,我会在《路演方法论》中再次放进自己的商业愿景,与大家共同期待它的实现。

在2019—2021年间,我用了两年多的时间,将数万页幻灯片与数百家企业、数个城市的调研材料,以及前三本已出版书籍里的理论部分重新梳理,增

▲《路演兵法》，2015年出版。

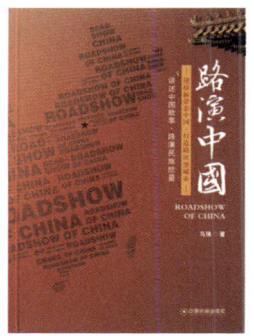

▲《路演中国》，2016年出版。

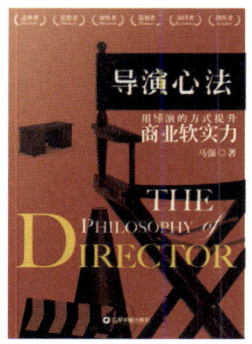

▲《导演心法》，2018年出版。

删修正，整理出一部迄今为止较全面的关于路演实战、应用、运营的《路演方法论》。

这也是自己十年事业征途中宝贵的商业思想所得。如果把经营企业类比成在一所社会大学进修，《路演方法论》就是这次进修中的一篇论文吧。

《路演方法论》分为三大板块，"将法十八篇""师法九篇""兵法十三篇"，合计四十个篇章，分别针对管理者、实操者、运营者进行了不同维度的研学内容创作。在本书出版前，这些内容已小范围在各类路演教学里进行了测试，实用性、易用性、可读性都获得良好反馈。我想，《路演方法论》四十个篇章，也是送给自己踏入不惑之年最好的纪念吧。

本书第一稿完成时间是2021年1月23日，整整一年前，2020年1月23日是武汉因疫情而封城的日子。疫情改变了这个世界，同时也给我们很多思考、反省及书写创作的时间。

很多事情，回望时，才会懂得我们并未引领时代，是时代在推动我们改变。当然，我们首先要做一个愿意拥抱变化的人。因为当接收的人准备好，给予才会出现。这或许就是人与时代的关系。

因工作关系，我亲身经历了诸多国家大事，感受到在中国共产党的领导下，从乡村到城市的跨越式发展，从西北到沿海各种思想解放与蜕变。也在政协组织的安排下，有机会深入学习了许多党的纲领与文件，开阔了眼界与思维。这对自己的商业思想体系建设起到了稳根固基的作用。现在，时时翻阅《人民日报》与《求是》杂志已经成为我的一种学习习惯。

2021年恰逢中国共产党成立百年，习近平总书记在2021年新年贺词中讲道：

站在"两个一百年"的历史交汇点，全面建设社会主义现代化国家新征程即将开启。征途漫漫，惟有奋斗。我们通过奋斗，披荆斩棘，走过了万水千山。我们还要继续奋斗，勇往直前，创造更加灿烂的辉煌！

征途漫漫，惟有奋斗！

幸运的是，我们生活在一个为中华民族伟大复兴而奋斗的时代。本书有幸于中国共产党百年华诞之际出版，谨以此书向党的百年献礼。

最后，感谢在创作《路演方法论》一书中给予过自己鼓励的朋友，帮助提供资料的城市政务运营者、企业家；以及还在为路演事业而奔忙的路演联盟机构与黑钻石集团的伙伴们。

2021年1月24日于北京

兵法十三篇

Roadshow Methodology
Thirteen Fundamentals

第一章	路演中国
第二章	路演经济
第三章	路演价值
第四章	四个核心
第五章	五维权重
第六章	商业计划
第七章	七字逻辑
第八章	细节八条
第九章	九影传播
第十章	数字转"画"
第十一章	人P合一
第十二章	融资方案
第十三章	高光时刻

"兵法十三篇"引言

"兵法十三篇"是我在2015年出版的《路演兵法》一书中理论部分的全面修正升级，凝结了五年的思考、实践与归纳。"兵法十三篇"代表着现阶段我对路演经济、路演技巧、路演思维方面的见解。

"兵法十三篇"也是了解、学习路演的基础篇，头三章为"路演中国""路演经济""路演价值"，分别介绍了路演经济源起、发展态势、产业应用和价值。作为路演方法论的基础篇章起到研习方法前的铺垫作用。

从第四章"四个核心"起，《路演方法论》一书的方法部分就开始了。重点解决路演学习者创作商业计划书时的一些核心难点，如企业核心竞争力的重要性及提炼方法。

第五章"五维权重"剖析了路演实操的三个规律，吸引、相信与跟随，以及实践路演的五个维度，是路演的核心宗旨和导入规律，也可以说是为学习后面的篇章打下根基。

第六、七章"商业计划""七字逻辑"旨在阐述商业计划书的九个构成模块，整体商业路演幻灯片的编排顺序等。这是很多路演学习者最为感兴趣的方法内容，但这两章希望让大家学习到的并不仅仅是这些方法，更重要是**一种"商业计划"思维：一种以"核"为轴的思考规律**。

第八章"细节八条"细数了路演创作过程中需要注意的细节,如痛点的提炼,如故事的载入等,看似事小,实则关联甚巨。

第九章"九影传播"与第十章"数字转'画'"是关于路演中影像工具的具体操作与使用分享,它们也是我从自己的《导演心法》一书中再次归纳出的路演工具与企业呈现力的关系。

第十一章"人P合一"很容易在诸多篇章中被忽略,但它是我在书写本书过程中的意外惊喜,是一个影响了自己近十年路演习惯的发现总结,也是对路演人与幻灯片关系之间的一个回答。

第十二章"融资方案"阐述的是许多初创企业关心的如何设计融资方式的内容,通过这八个点的阐述,可以帮助企业对是否需要融资、融资的意义、如何表达自己的融资态度有一个更明了的理解。

第十三章"高光时刻"是专为各类大赛的企业路演者而做的辅导分享。在大赛路演登台前,我们还需要再做哪些整理与准备,如何把每一次大赛作为一次企业高价值的咨询,如何把大赛客场转为企业主场,本章会给你许多有趣的方法。

第一章 路演中国

十二字追溯产业源起　四板块解读"一带一路"

▲ 篇章研习引导图

导语

路演的发展可以归纳为三个阶段：

第一个阶段是资本证券阶段的路演，以股票交易资本上市为主；

第二个阶段是商业的全周期路演，以商业领域的广泛应用为主；

第三个阶段是已经完全覆盖到经济、政治、文化等各个领域的社会化路演。

路演的源起

路演的发展可以概括浓缩为12个字：源自资本，用于社会，兴在双创。

早期的路演指的就是股票经纪人在路边兜售叫卖，路演的英文"roadshow"即源自于此。所以路演从基因里就带着资本的属性，无论路演最终被应用到了哪个领域，资本的精神是不会变的，那就是面向未来的价值。

伴随商业社会的发展，路演一词逐渐被广义化，不仅在资本领域里应用，也延展到了企业发展的各个时期。

从吸引合伙人开始，企业者就需要去路演企业的愿景；做品牌发布时，需要路演品牌的故事；招商合作时，需要路演合作带来的价值。我们经常看到一部电影上映后，导演会守着演员到各个城市去做路演，是为了取得更好的票房成绩，这就是路演在电影传媒领域的应用。区别不过是一个卖的是股票，一个卖的是影票。

然而，真正使路演被更多国人所熟知，且成了一个常态化词汇，甚至已经形成产业的定义，最大的助力还是源自兴起于2014年的双创国策"大众创业，万众创新"。

双创掀起了全民创业创新的浪潮，在这股浪潮中，有一个必不可少的动作就是路演。

如何把创业创新的想法、计划乃至技术特点和产品价值让更多人以最好的方式去了解呢？很多早期创业者甚至是从学习如何进行一场合格的路演开始，才踏入的创业之门。

创业氛围火爆的中关村，资本密集的国贸和金融街，只要你留意，路演几

▲ 每年一度的"双创"周已经成为推动创新创业的重要国家级活动。

乎随处可见。会议室、咖啡厅、茶馆、饭局，路演以各种形式进行着，称得上是：**人人皆路演，处处幻灯片。**

还有一个细节大家可以留意，双创极大地推动了孵化器和产业园的建设发展。但不少孵化器和园区在五年前，会议室还叫会议室，如今都改头换面叫作路演室。这不仅仅是一个名称的变化，也是经营态势的转变。

路演已经成了新时代的高频词。

2014年，第37期的《中国经济周刊》刊登了一篇文章，作者是"打工皇帝"唐骏。当时正值马云带着阿里巴巴去纽约开启为期10天的上市路演，向全球投资者推荐自己的股票，计划筹集250亿美元，也创下了美国IPO融资之最，掀起一股中国概念股的追捧热潮。应该说在这后面去美国上市的中国企业也是沾了不少阿里巴巴上市的光。

这篇文章的标题名字就叫《没有比马云更幸运的路演人》。马云幸不幸运我们不去讨论，重要的是马云确实是一个合格的路演人。对未来的精准设想，超强的吸金能力，商业艺术般的产业布局，而且非常会讲故事，团队的拼搏精神也被津津乐道等等，阿里巴巴把面向市场与资本的路演都发挥到了极致。

同样是2014年，9月22日，凤凰网刊登了一篇标题为《习近平访亚洲四国为"一带一路"路演》的文章，这是我能够收集到的最早的路演一词用于政治领域的报道。标题没有用"演讲、宣传、推介"等词汇，而是用了"路演"一词。

就在"双创"如火如荼地展开时，2015年5月9日，也是《路演兵法》正式出版后的第八天，《贵州日报》发布了一则新闻，标题是《智慧绿色城市路演在贵阳举行》。2015年8月19日，《南方日报》也有一篇报道，标题是《南沙自贸片区开启全球招商路演》。都是城市招商，都以路演一词作为媒体标题的核心，说明路演已经开始应用在城市的各种招商引资领域。

从2017年开始，一批由政府牵头、专业机构运营、社会资源参与的城市路演中心纷纷落地，仅黑钻石自身投资合作的城市路演服务就已覆盖20余座城市。系统性的路演服务正式成为城市商业服务领域的新型业态。这个我会在后面详细阐述。

同时，近年里，我也参与并见证了路演服务开始**应用到精准扶贫领域**。扶贫先扶智，很多贫困地区不是没有好产品，而是没有讲好产品的故事。

应用到乡村振兴领域。笔者操作过的浙江云龙蝶园、湖北酒业小镇、西双版纳茶园等各地的乡村振兴样板工程也充分验证了路演系统的价值。

应用到社会公益事业。残障人士教育帮扶、大学生创业就业指导、偏远山

▲ 由北京市丰台区人力社保局带队，在内蒙古扎赉特旗，为当地创业者就业者进行路演能力提升辅导，并送去路演书籍与在线课程。

▲ 路演的学习不限于商业机构，一些社会公益事业也通过对路演的认知，不断清晰公益服务的方向与价值。图为金蜗牛心智障碍家庭服务中心用小品形式，讲述服务残障人士的故事。

区儿童就学慈善筹款等等。

路演，正伴随着时代的进步，被赋予更多的功能和意义。

综上所述，路演的发展可以归纳为三个阶段：

第一个阶段是资本证券阶段的路演，以股票交易资本上市为主。

第二个阶段是商业的全周期路演，以商业领域的广泛应用为主。

第三个阶段是已经完全覆盖到经济、政治、文化等各个领域的社会化路演。

路演系统的四个核心观念

2015年，我把它定义为新路演经济发展的元年。

我的第一本阐述路演方法的专著《路演兵法》在2015年5月正式面世。这本书里的许多观念奠定了现在这本《路演方法论》的基础，也集合了自己在路演领域的不少案例。问世后，获得了很好的读者反馈，同名课程《路演兵法》也在全国举办了百余场。这一系列动作极大鼓励了团队在路演领域的探索热情。

但当时创作《路演兵法》的时候，也存在着很多局限。一是当时比较成熟的内容和充分的案例很少，不能完整体现路演的系统性。二是当时创业创新的氛围还没有现在这么活跃，大家对路演的积极性并不是很高。

五年后的今天，以路演为特色的一个具有链条属性的产业雏形已逐渐显现，且已如星火燎原之势，发展得非常迅猛。

《路演兵法》这本书出版的最大意义在于，提出了几个我认为非常重要的主张，而且一直传播实践至今。我认为，有必要在开篇就和大家分享一下这四个源起路演观念。

第一，路演已经成为资本时代企业家的必修课。

路演从出现那一刻开始，基因里就带着资本的精神，它面向的是未来价值。如今是一个资本非常活跃的时代，上市不是一个单纯的目标，而是一种经营标准。

所以，**并非一定要把企业经营到上市，而是要去经营一个具备上市标准的企业。**

路演就是我们在走向资本规范时要学会的一种"沟通语言"。

十年前，很多企业开始学习团队打造，五年前又开始蜂拥学习品牌经营，现如今，则需要学习与资本沟通。路演不再是经营企业时的选修课，而是资本时代创业者的必修课。

▲ 北京市文化企业路演中心2019系列活动现场。

第二，没有不会路演的人，只有不做准备的人。

这句话最有体会的人就是我自己。我的第一次路演对我来说就是人生的至暗时刻。逻辑混乱、没有重点、维度不够，最后结果就是没有人会在意你，也自然不会有什么结果。

我原本以为，这一切是因为面对的人太多过于紧张造成的。后来才发现，原来是紧张背了锅。

归根结底，还是因为我们没有对路演这件事做针对性准备。无论你口才多么好，专业有多牛，不针对性地准备好路演内容和材料，也一样无法达到很好的路演效果。反过来，如果我们准备得足够充分呢？我们会把紧张变成兴奋，我们会期待去做路演，会渴望去分享。

这样转变的案例在我们实际辅导过程中非常多。往往第一天路演者还抗拒排斥，到了第二天就开始跟主办方抢路演时间了。这不仅是观念的转变，更是因为有了充分的准备。

甚至有很多兴奋型创业者，一旦准备充分，各种炫耀式、癫狂式、麦霸式路演就纷纷登场……让人哭笑不得。

这更说明一旦我们有了充足的准备，紧张会随之消失，兴奋会取而代之，所以记住，没有不会路演的人，只有不做准备的人！

凡有准备，必被应用！

第三，商业路演的核心是其内在的逻辑性。

要准备好路演，那么商业逻辑就是我们要做的最重要准备。

没有任何商业项目能经得起逻辑混乱而带来的价值缺失。路演不是炫耀口才与演讲。路演是要将你对事情发展的规律和预判进行充分的呈现，从而获得信任与支持。**华而不实是路演最大的忌讳。**

最好的路演对于舞者来说就是把舞跳好，歌手要把歌唱好；同样，创业者必须对自己的商业逻辑无比清晰，而且能充分呈现。

▲ 海宁云龙村是浙江省的最美蚕桑之乡，云龙蝶园更是集中体现文化赋能乡村产业发展的样板，作者在2018—2020年以路演顾问身份参与云龙蝶园路演系统规划。

第四，路演就是讲故事，做仪式，传能量。

如果有人问，能不能用最短的语言介绍一下路演到底该如何做，九个字：讲故事，做仪式，传能量。

2019年末，有一档被称为"神仙打架"的栏目在央视播出，就是《主持人大赛》。从本次大赛的赛制内容来看，已经远非局限在主播这样一个领域，对主持人的采编能力、故事发现力、呈现力都有了全新的要求。我们可以通过每一个主持人的上台演绎，看到一次或对政策，或对家乡，或对自己的精彩路演。每一段陈述都在讲述一个故事，传播一个观念，带来一些思考。

舞台的仪式感、高水平的语言表现，以及背后的屏幕视频内容三者契合在一起，甚至在舞台上很多选手还别出心裁地用上了一些道具和场景布置，完整地看下来，每一位都是讲故事的高手，做仪式的能手，传递正能量的行家里手。

这档栏目简直是路演者最佳的学习教材。

我们可以再剖析一下这九个字。讲故事，做仪式，传能量。

讲故事，是提炼路演内容，没有好的内容，故事不吸引人，路演从根本上就失败了。

做仪式是提升商业文化品级，使故事通过最好的规格进行传播。

传能量是打造路演能量场景。

现在的新零售方法论里有一句名言，叫从场景出发，以场为出发点，将场内各类信息、体验、产品、设施、数据有机组合，才能更好地进入受众的思想，从而进行价值精准输出。

讲故事，做仪式，传能量形成的就是一套企业路演内容场景化系统。

成就一番事业光聪明还不行，还需要有强大的心力，有面对困难的勇气，有敢于创建的胆量，有把生意作为生命的意义的格局，**看到未来的无限风景，寻找人生的无限可能。**

聪明秀出谓之"英"。

这是一个酒香也怕巷子深的时代，也是一个勇于呈现，勇于表达的时代。不但要让自己耳聪目明，掌握发展规律，还要能够将自己的见解主张和方法分享出来，获取更多人的支持。

心力过人谓之"雄"。

心力已超越了方法，也是我们的最后一道精神防线，它要靠强大的信念和能量做支撑。做企业是一种典型的入世修行，所有的困难、纠结、思考、缠绕都是磨砺自己心性的磨刀石，重压之下，我们的心力不断强大，而路演更是这场修行里重要的道场之一，在路演时感受竞争残酷，人情冷暖。

想成为真正的创业英雄，可以通过不断的路演，有效提升创业者心力，**创业心力也是创业者在漫长的创业过程中修炼打磨出的人生堡垒。**

当我们对路演定义认知到这个维度，它能带给我们的收获和体验也一定远远超出了商业领域。

以上这四点就是在2015年出版的《路演兵法》这本书提出的最核心的主张。

▲ 2021年是中国共产党百年华诞。中国站在"两个一百年"的历史交汇点,全面建设社会主义现代化国家新征程即将开启。中国也需以全新的呈现方式迎接世界投来的目光。

中国路演人

人民网2015年年度报道的主标题是《习近平"路演中国"》。这个报道里非常详尽地综述了习近平总书记在2015年的各类外交活动,总结出了"路演中国"这样一个大题材里所包含的四大内容。

这四大内容分别是**中国故事、中国机遇、中国方案、中国态度。**

如果我们把中国类比成一个大企业,这四个内容很像企业的商业计划。

辉煌历史和灿烂文化,就是中国的故事。

百年未有之大变局,就是中国的机遇。

"一带一路"与人类命运共同体就是中国的方案。

求同存异,和而不同是中国的态度。

这份"路演中国"就像一份国家计划,而习近平总书记就是中国的路演人!

大到国家,中到城市,小到企业,微到个人,都在以路演的方式传递观念与价值。

在2016年6月,《环球》杂志发行了一期名为"路演中国"的特刊。里面有这样一句话,"通过习近平总书记的全球路演,让中国登上观念与价值引领的

▲ 黑钻石计划以"路演中国"文化工程全面激活并撬动百亿城市路演经济。

至高平台"。这句话非常精准地定义了路演的意义。请你一定记住这句话:**通过路演,登上观念与价值引领的至高平台。**

第二章 路演经济

微产业生态链自循环　小路演创优雅新商机

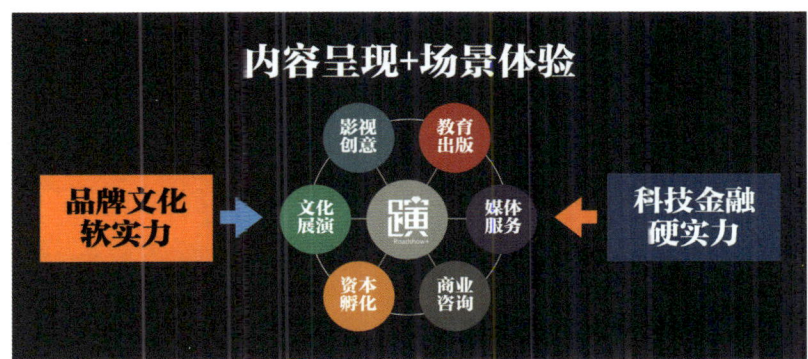

▲ 篇章研习引导图

导语

"足"代表着一步一脚印的态度及充足的准备。"寅"代表着变化与成长。

两者结合,可以有三层含义的理解:

第一,路演是一条优雅的长线,更要知行合一,千里之行,始于足下;

第二,路演的核心基因是面向未来的价值,既要脚踏实地,也要仰望星空;

第三,路演的核心内容是"演绎",最终目的是"看见",

所以是演绎愿景,看见未来。

路演已成为一个微产业生态链

这个微产业链条已经包含了广告、咨询、培训、会展、设计、影视、传媒、孵化、资本等众多服务业态。

而且伴随越来越多企业开始自己的路演,更多实践样板被整理出来。路演产品的服务也越发明确成熟,具备一定影响力的产业组织也涌现出来。

中国互联网产业的发展,将推动许多像路演这样原本微小的专业领域逐渐牵起手来形成一个个微产业生态循环。而通过产业观察,路演经济有这样几个发展态势。

需求多元化,内容系统化,配套专业化就是当下路演经济发展的态势。

第一,路演需求多元化。

伴随互联网时代的到来,传统企业的传播观念在改变,品牌意识、知识产权意识都得到增强。注册制的改革、资本市场分梯次建设,也让企业的资本意识被逐渐唤醒。

不能光低头干活,还要抬头看路,甚至还要学会自己去照亮前方的路,已经是越来越多企业的共识。在调研中发现,初创型企业、传统企业转型,以及城市的招商引资这几个板块对路演的需求最为迫切,他们对自身路演系统的建设推动也最为积极。

各类产业园、孵化器、众创空间、企业服务类平台和基地对路演业态的热情也在急速升温,路演成为这类企服平台提质增效的新引擎。他们集聚了众多优质企业,对企业的成长有需要,有期待。不少园区与孵化器在基础配套服务方面已经非常充分，但如路演一样的咨询类深度服务还很或缺。

近几年各地孵化器从业人员培训的课程内容已经开始在企业深度服务上加强，轻空间、重资源、精链接、深咨询是我在这类孵化人员培训时提出的孵化大趋势。

城市路演的需求也开始从外在形式打造过渡到呈现内容的创新，更强调媒体思维的新一代城市管理者上任后更加大刀阔斧地变革，念稿式讲话越来越少，有温度、有力度的展现越来越多。城市各类活动的频率与品质都在极大带动路演服务市场。

第二，路演呈现方式系统化。

以往路演用商业计划书、路演幻灯片可能就足够了，现在伴随着媒体技术的进步，企业需呈现多元的内容，更多技术被引入路演。路演咨询、路演直播、路演影片、路演环境的打造、更有体验感的VR／AR等虚拟现实技术、AI技术等都被充分地应用起来。比如去年因疫情蔓延，很多机构就把路演转移到了线上平台。路演技术上的应用，是不应该落后的地方。

第三，路演业态配套专业化。

随着城市硬件配套设施的完备，很多城市都进入优化自身营商环境的事务中来。除了工商税务一站式"零跑腿"等服务标准以及水电气基础配套以外，产业资源的对接和商业技术服务也是营商环境优化的重要抓手，而路演恰是进行软服务最好的业态。

从提出"路演事务所""城市路演中心"这样的新业态构想，到越来越多的城市有了路演中心的经营落地，这本身也代表着城市对这类业态的需求正在被释放，开始将路演业态纳入城市服务配套中来，力求通过专业的路演服务技术和系统来帮助企业提升价值。

同时，依托这些软实力服务机构，开展诸如路演活动对接，路演技术培训。像黑钻石的路演兵法、路演咨询师、路演系统落地班等培训也已在全国举

▲ 北京赛欧科园5F科创路演中心挂牌成立

办了数百场。

以路演中心为代表的路演空间已成为城市资源配套服务的一个新载体，也带动了大家更好地应用路演。投融资路演、各类创业创新大赛就是一些重要应用，尤其是在诸多大赛里，最终决赛环节几乎都是以路演的方式进行展示。

推动路演事业发展的四个动作

第一，进行更深度的路演教育。

原因有三个。

1.企业路演认知不足

在很多企业调研时，七发现大家对路演的理解普遍比较片面，这是作为一个路演传播者最不希望看到的。

经常感受到三个"不"，不了解、不需要、不重要，事到临头抱佛脚。

而且还有个不好的现象，越是科技型企业创始人，对路演的意识越淡薄。

大院大所的好项目确实很多,但能路演好的却非常少,或许是抱着皇帝家的女儿不愁嫁的心态。但这难道不是我们国家科技成果转化率低的一个原因吗?值得深思。

不少企业的路演,还停留在"一套BP一场秀、一个茶台一壶酒"的原始阶段。我总结了一下企业的状态是:研究产品是工匠,真正路演直转向。但我们都知道,发展要靠硬科技,沟通还需软实力。这点上,我们与国外科技研发转化的整套系统差距是非常大的。在硅谷调研时也发现,许多国外项目的路演,幻灯片的应用、阐述价值的角度、材料准备之细致,甚至企业家个人的魅力都给我留下了深刻的印象。

呈现力应该是软实力里最重要的组成部分。然而枯燥、乏味,却是大部分企业现在路演时的状态,概括起来就是三个"没":没逻辑、没气质、没意思。路演之后,台上台下一片尴尬和无奈。不路演吧,别人不知道;路演吧,丢不起这人啊!四句话总结一下:藏在家里没人看,路演结束是灾难,逻辑不清没故事,项目被批没意思。

能系统深度解决这些问题的办法就是进行路演观念的提升培训。

2020年我系统辅导了一个"国家高层次人才"带头的医疗检测项目,一开始这位带头人是不愿意参与这样的路演辅导的,感觉自己做好产品研发就行了。后来我与这位科学家做了一些深度沟通,他也回想起自己在国外的一些经历,确实感受到路演的重要性,而且很多内容也只有自己才阐述得清楚,所以

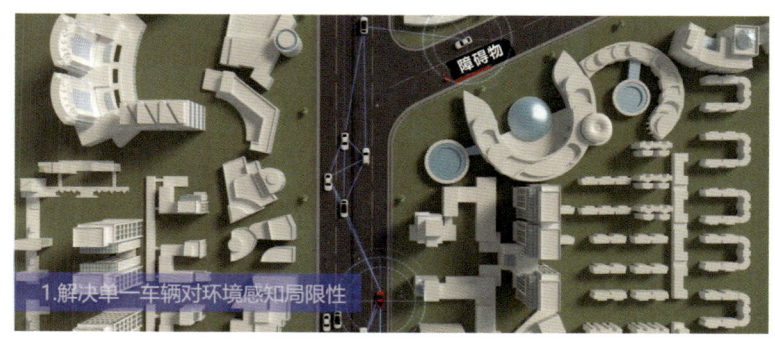

▲ 某院所以三维动画影片展示智能网联汽车云控基础平台项目。

▲ 2015年，作者在美国斯坦福大学参访并与副校长Tom Black交流。

也就全身心投入企业路演内容的筹备中。凡有准备，必被呈现。学习完的第二天就接到科委邀请去介绍项目，路演的内容刚好被用上了，自此也影响了很多身边的朋友。

2.缺乏高素质的路演团队

当企业理解和重视路演后，往往会陷入没有优秀路演团队的困境。因为需要有战略团队协助其完成非常多的内容。但路演对于很多企业与城市都是一个新课题，尤其企业了解路演在文化、品牌、市场、合作各个领域的应用之后，更会觉得缺乏以路演为核心工作内容的部门建设。

路演是从一个人到一个团队的过程。

我在很多分享场合里提到，要想培养自己企业的左膀右臂，搭建四梁八柱，或许路演是一个很好的方式。

3.路演活动品质低下

对路演没有认知，没有好的团队配合，没有呈现力，路演活动的结果是可想而知的，无价值、无体验、无结果，最后只能是个"三无路演"。

政府和服务机构为了推动城市发展，在举办活动方面是不遗余力的，但有心搭平台，却没人能唱好这个戏。总结起来就是：孵化营商初心好，活动尴尬受不了，三大痛点不解决，办场活动纯找虐。

路演先从教育开始规范。

第二，产业需要有强品牌的出现。

现今参与路演领域的企业规模与影响力都还很小，有些企业即便参与过，也仅仅是在自己主业之余的简单参与。**路演必须要像其他领域一样，需要出现头部企业的旗帜，**以此号召和带动更多优势资源进入。而这对于很多已经拥有优势资源和系统的企业来说是一个巨大的产业机会。

第三，路演经济需要专业服务业态出现。

一个产业的发展需要有代表性的经营业态出现。路演经济未来的发展或可参考企业会计服务和法律服务的形态，出现类似律师事务所，会计师事务所一样的专业服务业态。现在已经可以欣喜地看到由政府、孵化器、产业园，以及有着优质城市资源的企业纷纷布局路演服务。黑钻石如今已经在全国布局了四个路演中心，二十个路演事务所。期待未来，"路演事务机构"可以成为常态化被充分发展的商业服务机构。

路演是一套新方法，新价值，也是一个新业态。

商业服务领域的新业态我认为要具备以下三点。

1.细分性

它是专业细分领域的产物，这个社会已经不再是大而全的时代，**小而美、专而精是服务业的发展趋势，**越细分越专业，越专业越细分，所以新业态首先需要具备专业细分的特点。很多设计师、艺术家的工作室就属于这一特点。而路演也是在商业服务领域的专业细分。

2. 品牌化

服务行业很容易产品趋同,如何杀出一条血路,品牌将是最重要甚至也是唯一的身份识别。

3. 可复制

可复制才能形成产业规模。 路演业态里的产品、人才、服务以及空间载体本身就是灵活的轻资产,都具备很强的复制性。

第四,路演经济需要一个强有力的组织。

让所有参与这个组织的机构有归属感,使产业发展有协调,产品服务有标准,这样才能期许出现一个对社会有价值的产业。适时成立相应的产业联盟或协会是这个产业比较迫切的需要。

躬身入局:科创路演联盟

2019年,我创建的黑钻石集团作为国家级中小企业服务示范平台,依托大量的路演实践案例,以路演为服务特色,希望将全国孵化机构、金融机构、智慧资源在人才、空间、资本上全面联合,形成科技与创新的产业联合体,由

▲ 科创路演联盟(发起)品牌发布会。

此发起成立了科创路演联盟。计划以北京为路演经济服务的总部，向全国城市与企业输出路演理论与案例、路演人才、路演活动服务，**以此提升企业金融服务水平、促进科技成果转化、优化城市营商环境。**

从联盟LOGO的设计就可见我对路演经济的期待。这个LOGO就是路演两个字的结合体，路字的"足"字旁与演字的"寅"字旁。为了做好路演，我们也是够拼的，竟然还造了个字，我想这可能因为路演本身就是个新业态的关系吧。

"足"代表着一步一脚印的态度及充足的准备。"寅"代表着变化与成长。

两者结合，可以有三层含义的理解：第一，路演是一条优雅的长线，更要知行合一，千里之行，始于足下；第二，路演的核心基因是面向未来的价值，既要脚踏实地，也要仰望星空；第三，路演的核心内容是"演绎"，最终目的是"看见"，所以是演绎愿景，看见未来。

第三章 路演价值

杠杆价值四两拨千斤　学习思维四句理箴言

▲ 篇章研习引导图

导语

研究者把2011年到2013年间,
对224个公司路演分别制作成了30秒的短视频。
保留了传递情绪状态信息的"表达行为因素"(expressive behavior),
随后研究团队招来对企业估值有经验的志愿者,
来观看几百段视频,对路演者的竞争力、吸引力和可信度打分,
从而判断这个公司的估值。

路演给人的感觉越好，公司的估值便会越高

2016年，以斯坦福商学院为主要研究机构的美国学者们，发布了一个商业研究成果，就是一家公司在路演中给投资者们留下的印象，会实实在在地影响该公司的估值。影响有多大呢？**路演指数只需提高5%，公司估值就会提高11%。**

报告非常明确地指出 **路演给人的感觉越好，公司的估值便会越高。** 路演对于投资者来说是非常重要的企业信息来源。对于需要融资的公司来说，这份报告是一个重要的提醒，那就是：**重要的不仅是路演了什么，还包括由谁做路演，以及路演得有多好。**

这个研究是怎么做的呢？也很有趣，研究者把2011年到2013年间一共224个实际的公司路演分别制作成了30秒的短视频。保留了能传递情绪、状态、画面信息的"表达行为因素"（expressive behavior），随后研究团队招来对企业估值有经验的志愿者，来观看几百段视频，对路演者的竞争力、吸引力和可信度打分，从而判断这个公司的估值。结果显示，一个路演为平均水平的公司，路演指数只需提高5%，该公司估值定价就会提高11%。

这个研究对于很对机构投资者来说，影响非常大。投资者说："以往我们都建议和提醒管理团队，路演是非常重要的，现在我们有了量化它的经验性数据，对管理团队的路演水平判断也成了一家公司价值的信号。"

所以，如果你是一位正在准备路演的创业者，不要担心接受路演学习会使投资人感到被误导，觉得看不到真实的你；相反，它会增强你的自信心，使企

▲ 斯坦福商学院发布的研究成果，标题为《在企业IPO路演中，信使就是信息》。

业更具价值。

所以，**路演不是消费，而是性价比非常高的投资**，它能为企业带来长远的收益。将路演板块上升到战略投资高度来评测，也是对企业战略团队事业格局的一次考验。

路演也是当下最受欢迎的商业类学习课程。

据2019年国内知名投资机构服务商做的企业问卷调查，路演这类内容的学习培训，已经位列如产品运营、股权分配、商业模式设计、财务规划等等这些课程之首，成为最受创业者欢迎的学习门类。

路演的三大特点：价值充分、仪式感强、精准度高

路演之所以成为最受欢迎的课程，主要是因为它具备这三大特点。

第一，路演使企业价值呈现更充分。

路演不仅是一个结果，更是一个过程。路演不同于普通的商务沟通，它对内容的准备会更充分，企业也会针对性做演练。在准备过程中，企业不但梳理出很多有价值的内容，而且还沉淀出大量的价值素材。所以，路演做得越多越觉得价值输出得更透彻。

第二，路演使活动的仪式感提升。

仪式感是最近几年的热词。大家都在说生活需要一点仪式感，这样才能拥有一个有趣的灵魂。其实商业同样如此，**仪式里包含着认真的气质、严谨的态度、彼此信任的氛围，**本身就有很强的感染力。而在路演里，特定的空间完成特定的动作、特别的流程，也一定会让商业信息的传递比普通会谈更能感染人，企业价值自然容易被接收到。

商业也需要仪式感，路演是其中之最。

第三，路演的目标性强、精准度高。

在商业领域中，路演这一动作的定位本身就很高，务必要设定结果再去做筹划。因为企业的运营精力是企业最大成本，路演以终为始的资本思维，也注定其一定是有的放矢，不是泛泛之举。

路演属于精准传播，传播精准的内容，选择精准的场景，面对精准的人群。

路演学习的四个阶段

建议大家可以把路演学习分为四个阶段。

第一，化繁为简。

先把复杂的事情简单化，由此降低准入门槛，以点带面地聚焦核心，我们要做的是聚焦三件事。

1.你想通过路演实践达成什么结果。如融资、招商或是做强品牌，等等。

2.给谁做路演，明确目标人群。

3.你的核心竞争力是什么？

这三个问题能回答好，其实你已经思考并开始学习路演了。

第二，由简及易。

把简单的事情容易化。先选择容易上手的路演动作操练起来。哪些准备可以让我们路演更"容易"呢？

1.要有一套路演工具，工具可以让路演事半功倍。

2.要有自己的路演团队，你不可能一个人战斗。

3.要有具体的路演规划，不打无准备之仗。

当我们准备好这些也就等于为做好路演打下了坚实的基础。

第三，由易成趣。

不但要容易而且要有趣，尤其是阶段性的实践成果更让学习充满动力。

明确的事业方向，性感的品牌，积极的市场反馈，等等。不断总结路演价值，然后再优化路演内容。我们已经充分地运用路演了。

第四，化趣为道。

把理解和感受到的内容总结出规律再分享出来。**知识只有在被分享出来的时候，才成为自己的认知。**可以通过这几点思考来加强对路演的认知。

1.思考有没有可能让路演成为你原有商业板块里的一个新的组成业态。

路演是一个共性很强的商业业态。可以好好思考一下你的产业与路演是否可以产生关联。最近我在辅导一家大型餐饮连锁，辅导过程中，他们就觉得自己也可以成立一个针对餐饮企业的路演学院。

2.路演有没有可能成为你获取资源的新渠道。

3.路演是否能帮你获得新的社会影响力。

▲ 在路演系统落地班中，企业家们纷纷以整理出的路演导入系统路演企业，路演学习在商业领域已蔚然成风，有系统、有步骤的路演学习已成为企业家的学习诉求。

当你开始思考把路演作为自己企业软实力的一部分，那么路演就不局限于是新方法和新价值，而是一个属于你的商业版图里的全新业态。它完全可以与你原有的商业融为一体，你也开始了自己的路演事业。

第四章 四个核心

核心能力梳理唯四字　凿通商业任督新二脉

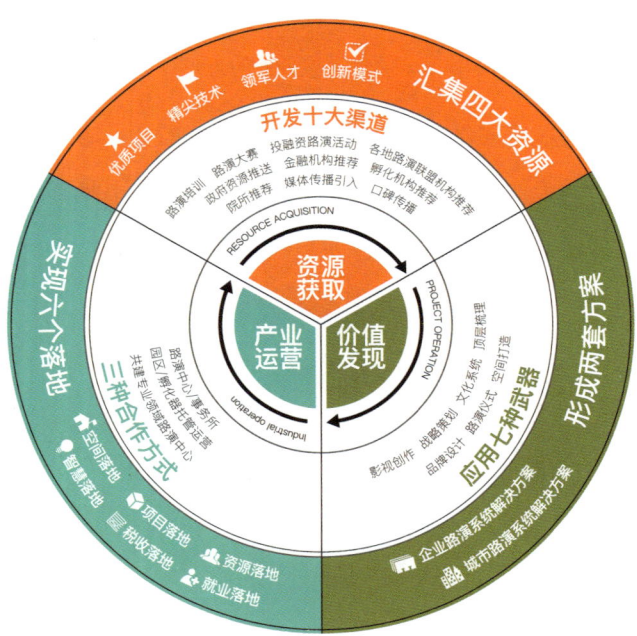

▲ 篇章研习引导图

导语

几乎90%以上的核心竞争力是在这四个领域里提炼出来的，
他们分别是技术、专利、人才、品牌，也比较容易记，
浓缩起来就是"术利人品"，
技术、专利、人才、品牌这四个领域是产出核心的要地重地。

一切的商业模式、产品计划、金融路线、伟大愿景都是建立在核心竞争力的基础上。

兵法云："知己知彼，百战不殆。"在策略上，知己的重要性甚至要大过知彼。梳理核心竞争力就是要做到对自身优势的了解，然后才能集中优势，发挥优势，势如破竹。

所以，要时刻提醒自己对企业进行省视。唯有看到和了解自己的核心竞争力，才能做出正确合理的商业计划。它也可以被视为进行商业计划书学习前最需要打通的任督二脉。

但部分企业对核心竞争力的判断容易走极端。

一种是沮丧型，不问好像都还行，一问哪哪都不成。

一种是自大型，拳打腾讯、脚踢阿里、头顶京东、口吞小米，就快打遍天下无敌手了。

这两种都是要不得。既不自怨自艾，也不狂妄自大。想找核心竞争力，你得知道在哪找。

根据对大量项目商业计划书的数据整理，几乎90%以上的核心竞争力是在这四个领域里提炼出来的，他们分别是**技术、专利、人才、品牌，**也比较容易记，浓缩起来就是"术利人品"，技术、专利、人才、品牌这四个领域是产出核心能力的要地重地。

一、从技术角度梳理核心竞争力

首先我们对技术下个定义,现在**世界知识产权组织把世界上所有能带来经济效益的科学知识都定义为技术**。所以,技术有两个特征:第一,它能带来经济效益;第二,它是一种知识;第三,它具有独特性。那么,你的企业有哪些核心的技术呢?如果看过《泰囧》这部电影,你应该知道,剧情里面王宝强的烙饼技术也是核心竞争力。

例如,黑钻石的路演就是黑钻石总结出来的一些关于路演的知识,它能提升企业的估值,也就形成了一套独有的商业路演服务技术,它与市场上的其他商业服务相比有很明显的独特之处,这就是核心技术了。

应该说当下大部分企业的核心竞争力都是从技术层面梳理出来的。

二、从专利角度梳理核心竞争力

专利是受法律保护的专属知识。

因为这个属性,专利可以单独拿出来列为企业的核心竞争力。在这里,我要花点笔墨给大家讲一个专利的故事。

历史上最为著名的专利之争就是集成电路的专利官司,称得上是世纪之战。为什么要那么拼命打官司啊,因为都是钱啊。

中国集成电路产值不足全球7%,市场需求却是全球1/3,从2013年到2018年,连续6年排名进口大宗商品第一,是排名第二的原油进口的两倍,超过铁矿石、钢、铜和粮食的进口费用总和!进口成本超过3000亿美元之多,这还仅仅是中国,可见这个市场有多么的巨大。

这个故事就是这些数字的源头。

1957年,美国有一家公司成立了,这家公司就位于现在被称为硅谷的地方,起名为"仙童"。

硅谷这个名字是在1971年以后才被叫起来,而仙童公司几乎就是硅谷的源起。这家公司影响之巨大世所罕见。它定义了集成电路技术,培养出了Intel、AMD等世界级巨头企业。在20世纪60年代美国集成电路大会上,参会的400人里,有370人是从仙童公司出来创业的。说是仙童一手孕育了硅谷也毫不为过。

这个故事就要从仙童研究集成电路的一本日记开始讲起。

1959年1月23日,仙童的技术创始人诺依斯忙完了一天的工作之后,开始写他的日记。这个人有一个特别好的生活习惯,写日记。他那天在日记里很详细地记录了一个闪光的设想:

"扩散、掩模、照相、光刻……整个过程叫作平面处理技术,它标志着硅晶体管批量生产的一大飞跃,也仿佛为仙童们打开了一扇奇妙的大门,使他们仿佛看到了一个深邃的宇宙:用这种方法不仅能做一个晶体管,也能同时做几十、几百乃至成千上万个!"

要知道,晶体管就是集成电路的基本单元,但用原来晶体管的制作工艺制作出来的晶体管很容易损坏,而用他日记里这种工艺或许是一个彻底的解决方案。

半年之后的1959年7月,仙童开发出全平面的半导体集成电路工艺,到1960年,仙童公

▲ 仙童半导体公司创始人、英特尔创始人——罗伯特·诺伊斯。

司制造出第一块可实用的单片集成电路。

但这个世界就是如此奇妙,"既生瑜何生亮"的故事不止发生在中国。就在诺依斯写那篇日记之前的4个月,1958年9月12日,德州仪器公司(TI)的青年工程师杰克(Jack Kilby)就将电阻、电容、晶体管等分立电子元器件集成在半导体晶片上,研制出世界上第一块集成电路!

关键来了,1959年2月,TI的杰克申请第一个集成电路发明专利,直到5个月后,仙童似乎才想起来,我们还没申请专利啊!1959年7月30日,仙童公司的诺伊斯也向美国专利局申请了专利。这官司就此开始打起来了,各自陈述、证明,一场牵扯巨大利益的专利之争就此开始。

这场官司一直打了两年。终于在1961年4月25日判决了:第一个集成电路专利被授予罗伯特·诺伊斯。

为什么呢?大家还记得诺伊斯的那篇日记吗,作为最重要的专利技术物证被采纳了!成为仙童拥有这项专利的定海神针。

所以,大家虽然现在不写日记了,但朋友圈倒是可以经常发一发,有时一些关键环节的留痕是非常重要的。

但是,对方怎么能就此善罢甘休呢,TI公司又把仙童告上法院,这官司又打了10年,最终,1969年,法院最后的判决下达,承认集成

▲ 世界上第一块集成电路。

兵法十三篇　043

电路是一项同时的发明。

我们会觉得那个杰克似乎很悲剧,还好,岁月也给了杰克补偿,在2000年10月,TI的杰克获得诺贝尔物理学奖。

这就是历史上最为著名的专利之争。

之所以讲这么多,是因为中国的专利意识还比较淡薄。曾与知识产权领域的干部去考察,有些地方的知识产权局叫作智慧财产局。

智慧财产!我觉得这个称谓可能对专利这项内容定义得更准确,这是我的智慧产物,就是我的财产。包括版权、设计、商标等,这些都要成为我们企业最重要的无形资产保护起来,而且要充分地应用起来。

苹果、华为、小米每年专利费都是天文数字,但这都是在建立自己的核心价值的护城河。

▲ 1958年,德州仪器公司(TI)的杰克·基尔比创建了第一块集成电路。

三、从人才领域梳理核心竞争力

这个很容易理解,你的企业是否有核心技术领域带头人,是否有有影响力的产业大咖,这些都是重要的价值背书。

我两年前辅导一家国产软件企业的路演系统,他们开发的操作系统市场潜力巨大。作为一家软件企业能够被政府迅速认可,为其提供了非常好的发展条件以及市场大订单,这背后离不开一位中科院院士的推动。院士考察和参观了这家企业的产品，给予了很高的评价，也与这家企业建立了稳定的技术合作关系。为企业增加了很重要的信用背书，这当然是核心竞争力！

四、从品牌角度梳理核心竞争力

品牌、品牌，有品有牌！

品牌的美誉度对企业的赋能大家都有共识。在服务业、零售业、快消品、文化类、教育类的企业，显得尤为重要。

品牌的美誉度也可以借助一些第三方权威机构来进行市场问卷调查，从而得出可引用的报告内容。

企业的各类政策资质、行业资质，也都是价值背书。许多企业在显眼位置摆满了各类资质证书就是这个作用。

总之，核心竞争力可以按照这四个点来进行梳理。当然也可以根据自己的企业特点来调整，目的是建立起对商业计划的充分信任。

建议大家一定要常常梳理一下自己的核心价值，梳理完会有一些不可思议的收获。

我几乎每年都做黑钻石完整推介路演材料的修订。因为公司发展的速度比较快，每次修订都要涉及核心竞争力的整理，每次都有一些新的体会。我把黑钻石的核心竞争力的提炼过程简单跟大家分享一下。

黑钻石属于文化传媒型企业，有一定的平台属性，所以"术利人品"这几个方面，我选择了从技术与品牌中提炼。

技术就是我们的路演商业服务技术，以及传媒和咨询技术。品牌是我们在全国各地拥有的路演中心与事务所，以及拥有国家级中小企业服务平台的资质，所以很自然就梳理出了三个核心竞争力。

第一，是通过路演的商业服务技术形成的新项目新技术的资源获取能力。

第二，是通过传媒与咨询形成的新业态新模式的价值发现能力。

第三，通过强大的品牌与资质形成的新产业新经济的落地运营能力。

黑钻石有一张商业模式运营图，其最内核的部分就是核心竞争力，外围则是产品和运营方式。将这些内容有机组合在一起，就能很清晰地看到黑钻石的运营逻辑，所以从这个角度来看核心竞争力还是企业的发动机。

你看，**表面上我们梳理的是核心竞争力，其实由此而延展出的就是我们完整的商业闭环。**

第五章 五维权重

价值呈现需五维权重　路演宗旨分三级层次

▲ 篇章研习引导图

导语

对于路演这种复杂的社会活动来说,

其涉及的领域涵盖了商学、社会学、心理学等众多领域,

没有预判力,就会被其复杂构成扰乱了思路,带偏了节奏。

制定正确的路演策略以及了解路演过程中的轻重缓急是非常重要的。

《教父》这部电影相信很多影迷都一定看过，直到现在还有很多电影爱好者拿这部影片来学习。

《教父》之所以成为"教父"，不仅是因为其史诗般的剧本故事、讲究的镜头运用，以及众多戏骨的精彩表演，更重要的是这部电影所传递出的丰富的人生哲学。

我对这样一句台词印象非常深刻也深深认同，那就是：**"花半秒钟就看透事物本质的人，和花一辈子都看不清事物本质的人，注定是截然不同的命运"**。

而看透事物的本质也可以理解为，因为对事物发展规律有了充分的了解，而对发生的变化可以做到提前判断！

老话讲，"预知三日事，富贵一百年"，指的不是超能力，而是能穿透迷雾看清事物发展变化的能力。

对于路演这种社会活动来说，涵盖了商学、社会学、心理学等领域，没有预判力，就会被其复杂构成扰乱了思路，带偏了节奏。开始路演前务必制定正确的路演策略以及了解路演过程中的轻重缓急。

接下来我们就开始学习路演策略的三个层次与路演呈现的五个权重。这部分内容也可以看作《路演方法论》的核心执行宗旨。

路演的三个层次：吸引、相信、跟随

或许是因为这几年资本有些过热，对资本利用、资源对接这类事件媒体非常热衷于传播。

随意在搜索引擎里搜索"十分钟融资千万"这几个字，便会出现很多传奇的融资故事，当然这个传奇是要打引号的。

千万不要被这样的标题党带偏了路径，更不要认为一场路演就立刻融资千万数亿，从此踏上人生巅峰。这种危险的想法已经让企业有一只脚踏在了悬崖边。

应用路演绝不可以短视，更不能急功近利，否则它就会变成一把双刃剑。

路演是一条优雅的长线

中国人有句俗话："放长线才能钓大鱼。"这里的"大鱼"指的是更懂你、更适合你的投资者或合作伙伴。他们不是一时冲动，不是被蛊惑和煽动，他们充分了解我们的优势和劣势，但他们依然选择相信你，选择跟我们战斗在一起，这才是长远健康的伙伴关系。如此好的伙伴，值得你耐心准备出真正吸引他们的优雅路演。

那么，如何做到拥有优雅的路演状态呢？

我们可以把**路演分为三个层次：吸引、相信、跟随。**也对应了三类不同阶

▲ 在路演中心的路演辅导工作站内，路演辅导师针对不同发展阶段的企业，给出相应的路演规划与策略，使企业路演目标更清晰合理。

段的企业：初创型企业、成长型企业、领袖型企业。

初创型企业路演的战略目标就是两个字：吸引。

以阐述创业的初心以及产品的市场前景为主。立足于初创这个阶段来路演企业。

例如，2019年，我辅导投资了一家儿童英语启蒙机构。当时这家企业创始人找到我的时候才创业两三个月。创始人的专业是英语同声传译，但因为要在家里带孩子，放弃了工作。通过三年在家里对孩子的陪伴和教学，竟然总结出一套启蒙0—3岁孩子学习英语的方法，也将其写成了书籍，出版后非常受宝妈们的欢迎。他想把这份事业继续做大，计划要做市场的开发和早期融资，所以要开始自己的路演。

他创作的这些启蒙方法论里，有一个给父母的很重要的建议：就是让更多父母用陪伴的方式去见证孩子成长。他自己就是这样做的，他认为，在市场上有很多不够合理的儿童英语机构，让很多孩子丧失了这个最佳的陪伴期，这个创始人觉得他有责任也有能力站出来做些事情。

你看，这份创业初心能量正，非常感染人。我当时给这个项目的建议就是以阐述创业初心以及对市场的理解就行了。

一般初创企业规模太小，实证的数据不多，不要空讲大模式、大逻辑、大道理，可以多去展示实际的案例故事。

经过一年的路演成长，这个项目经历了各种路演，不断增加曝光率，修正路演内容，目标的合理化使团队执行起来非常精准。仅一年时间，市场收益就扩大了10余倍，经过充分的创业初心的展示，吸引到了几位非常认同这份创业使命的高级管理合伙人，企业的管理系统也完善起来。在2019年12月12日的双十二路演年会上一演成名。如今这家企业已经进入儿童英语启蒙的头部领域。

我还记得双十二路演大会时，我坐在台下，身前身后不少投资界朋友都感叹，这个项目真好，很想去深度了解一番。当初设定的"吸引"这个路演战略目标已充分实现。企业定下"吸引"的目标，进而踏上"相信"的殿堂。

▲ 投资并辅导企业在各类路演活动中进行项目展示，前期的路演策略和内容的制定尤为重要，以适合企业发展阶段的路演内容去有效展示项目，实现路演系统的阶段式实施。

如果说，**初创型企业阶段性的路演战略目标就是吸引，进而相信。** 那么，**成长型企业阶段性的路演战略目标就是相信，进而跟随。**

我们可以这样来定义成长型企业，已经过了产品研发、管理团队组建的阶段，开始市场开发、品牌影响、系统建设等经营内容，视为成长型企业。不是初出茅庐，却还未名满江湖。

成长型企业的路演目标是"相信"。

对持续健康经营的相信、对团队的相信、对创新的相信、对品牌的相信等等。**如果初创型企业路演是一柄长剑走江湖，那么成长型企业就得是十八般武艺样样精通。**同时，我们也建议企业可以在这个阶段释放融资的信号，因为这个阶段可表达内容多、想象空间大、企业干劲足。我辅导过的大部分系统化的路演方案基本都出自成长型企业。

立足相信的目标，实现跟随的结果。

领袖型企业的路演战略目标，无他，唯有跟随。

领袖型企业指的是在经营规模、品牌影响力、核心技术上拥有足够优势的企业。他们的企业动作会给产业发展带来影响。

领袖型企业的路演内容重点自然就是呈现产业方向。它既有这份能力，也要承担这份责任。让更多的人看到产业方向，社会资源很自然地向企业靠拢形成跟随。

领袖型企业的路演多以论坛峰会式的分享或商学院教育的方式来完成。各式龙头企业也纷纷开办自己的商学院或研究院，以吉利大学、达摩院为首的企业教育和研究机构，除了培养人才与产业研究，更重要的是通过这种高屋建瓴的方式和姿态去影响和引领产业方向。所以这不仅仅是企业经营内容的延展，更是领袖型企业的路演方式。

路演是一条优雅的长线，成功的路演一定是符合事物发展规律的，先吸引，然后相信，最后跟随，优雅地寻找到最适合我们的合作伙伴。

在吸引、相信、跟随这个路演层次认知的基础上，我们该如何设定路演的呈现内容呢，接下来我们讨论路演呈现的五个权重。

没有呈现就等于不存在

在路演领域，呈现力几乎就是最核心的宗旨。

根据路演的内容，我们可以把路演呈现分为五个权重。

路演呈现的第一个权重是"美丽"。

美丽指的是路演时要注意形象、服装得体、仪容仪表等。这部分很好理解，只做强调，不过多阐述。

路演呈现的第二个权重是履历。

我们有过什么样的职业背景，经历过哪些项目，这些远比穿什么衣服打什么领带更重要。

2018年，我担任中关村"雏鹰计划"的评委，对中关村范围内的2000多家

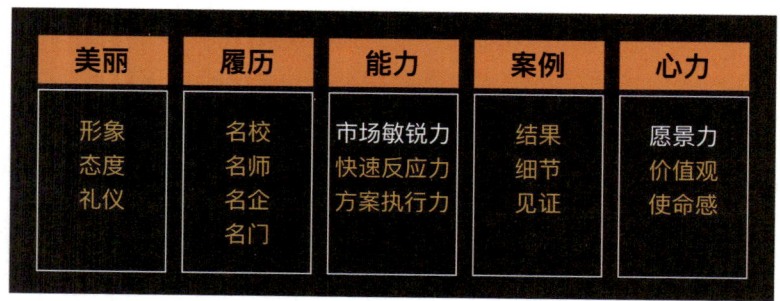

▲ 路演呈现力五个权重示意图。

企业进行评审，当时有u30组和u35组，评判企业是否具备政策支持的资格。一周时间要看完所有资料，还要评审完现场答辩，时间非常紧。

评委组就开了个会，决定统一看重点，其中一个重点就是创始人的职业基因，职业基因都有什么呢？有这四大名：名校、名师、名企、名门。

名校，清华、北大、复旦、交大等；名师，名师出高徒，师从何人；名企，是否进过BAT等大厂；名门，系出何门，也可以理解为产业赛道。

这就是名校、名师、名企、名门，这些虽然不是价值的全部，但自报家门报的漂亮会增加许多信任分。

路演呈现的第三个权重是能力。

能力我一般注重三点：**市场敏锐度、快速反应力、方案执行力。**

市场敏锐度，指的是能否发现问题。

快速反应力，指的是能否立刻行动。

方案执行力，指的是能否拿出方案。不但如此，甚至还在执行过程已经拿回了相应的测试数据和市场反馈。用行动说话，用实力证明，这就是能力。所以越行动越有话语权。

路演呈现的第四个权重是案例。

初创型企业能路演到案例就是很好的路演了。**因为每个案例都是企业价值**

▲ 作为中关村雏鹰计划的评委，对项目进行资质评审现场。

的全息呈现。甚至，做案例就是企业发展中重要的破题式动作！

有一次去兰州新区创业创新基地做大赛评委导师，提前会辅导参赛项目路演。在培训的互动环节里，一个年轻创业者问我说，我现在团队人不多，市场也不太好，我们没资源，我们也不被人认可，我们该干什么呀？听起来这个创业状态确实挺挠头的。我的回答很简单，三个字：做案例。案例并非是指体量很大或盈利最高的项目，甚至也并非一定是已完成的项目，而是能够体现企业价值全流程的产品工程。

前几天看一部2008年的老纪录片，名字叫《北京记忆》。其中一集讲的就是北漂一族。有一个做装修的创业者，他说刚来北京闯荡时，亲戚给他介绍了一个装修的活儿，20多万，价钱很一般。但他刚刚入这行，很需要积累人脉和经验。当时很多东西他也不会干，怎么办，先答应下来，边做边学，边学边干，反正要把这个项目做下来。也是因为这股认真劲儿，最后项目完成得竟然很好，做完这个活儿，客户又给他推荐了很多业务，自此后面的活儿就源源不断了。这就是案例思维。

我经常要求公司的伙伴一定要有复盘的习惯。复盘才有案例，不复盘的服务只能叫产品。**案例才是能力的终极体现。**

应该说，"美丽、履历、能力、案例"，这四点基本上把眼睛能看到得的价值都呈现出来了，但呈现力不仅要入眼，还要走心。

路演呈现的第五个权重是心力。

心力包含着精神与信念，使命与愿景。

企业家精神就是企业呈现心力的重要内容，应该说近几年，机构投资者对企业家精神越来越重视。不仅看财报，对于企业是否带着使命感经营，是否带着健康的价值观经营，是否带着清晰的愿景去经营，已经成为机构投资者的价值判断共识。

把企业家精神呈现得充分，对企业全方位获得社会关注和支持会起到非常大的作用。

2018年，我辅导了一个军民融合类的项目上市路演服务。这是一家专门为航空航天设备提供电容器的高科技企业，企业创建了几十年，企业创始人还在北大荒做过知青，返城后从工厂工人做到车间主任，最后下海创业。

我采访这位企业创始人的时候，听他讲人生的经历听得很入迷。因为那里面隐藏着中国企业家的韧性与耐力。听起来虽然只是个人经历，但背后却是大时代的缩影。像这样的企业，路演时候其实已经不需要在产品品质上做过多描述，中国几乎所有的高精尖设备都用到这家企业的产品，结果已经说明了一切。同时，这家企业也为许多国家项目不计回报地付出。采访中，企业创始人说了这样一句话，他说："我这辈子所有的努力付出，全都是在为做这个企业而准备，为这个国家而准备。"

▲ 与企业创始人深谈是企业路演服务必不可少的过程，企业家的创业精神也是最为宝贵的无形财富。

这份企业家精神已经凝聚成了强大的家国情怀。我当时就建议，以路演企业的家国情怀为主线。事实证明，结果非常成功。就在去年，这家企业已正式登陆了A股主板。这些路演内容企业现在依然在继续使用，很多领导和合作商去企业参观考察时，看到这些路演，都被这家企业的精神所打动。

路演是一条优雅的长线，路演崇尚的是呈现主义。 唯有把握住最重要的呈现权重，我们才能穿越层层迷雾，抵达事业的彼岸。

还记得那句台词吗？

"花半秒钟就看透事物本质的人，和花一辈子都看不清事物本质的人，注定是截然不同的命运。"

第六章 商业计划

商业报告写九大核心　指点江山讲一个故事

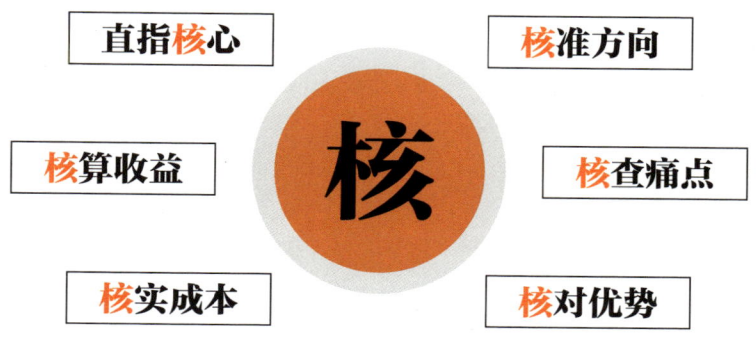

▲ 篇章研习引导图

导语

一套优秀的商业计划书几乎就是一份商业领域的学术报告，
它也是一个逻辑推理严谨、即将开启的让人热血沸腾的故事。
能做好商业计划书，你的商业认知与商业逻辑能力才能被充分证明，
这也是我们学习路演要交出的第一份答卷。

古人云："凡事预则立，不预则废。"

商业计划就是对商业项目的合理预演和深度思考。它也是路演系统里"核武器"一般的存在。**核查痛点、核对优势、核实成本、核算收益、核准方向，然后直至核心。**一套好的商业计划将使整个项目思路清晰，规划合理，执行得力。在落地过程中无论在哪里遇到问题，其实都可以从这里寻找答案。

所以，一套优秀的商业计划必须逻辑推理严谨，甚至称得上是一份商业领域的研究报告。同时，它也应该是一个让人热血沸腾的"故事"。

对于很多创业者来说，在事业未充分开展之前，商业认知与商业逻辑能力只有通过充分的商业计划才能够被证明。即便是一些创业多年的企业者，也要借助商业计划去继续推进事业更长远的规划与发展。所以，商业计划的设计筹划，就是我们学习路演要交出的第一份答卷。

很多人面对设计商业计划有很大的压力，归根结底是因为对于商业整体架构没有一个清晰的认知。不知从哪里开始思考，千头万绪无处下手，想的一多，焦虑一起，脑袋一晕，恐怕就容易放弃。

本章内容主要针对商业计划的完整结构进行阐述，让大家知道一个完整的商业计划需包含哪些内容，如何填充这些内容。而部分板块的详解会有单独篇章来解读。所以这也是商业计划的一个"概述章"。在这个"概述章"里，我们首先来了解如何做一个商业计划的概述。

撰写商业计划概述

撰写商业计划概述，简单到只需要一句话。别看它简单，我建议写好之后，留下手稿或文件，这几乎就是项目创始的原点级文物。

商业计划的概述，它的句式是这样的：

以什么方式，为谁，解决什么问题，从而获得什么身份或价值。

把商业计划以这个句式概述出来后，它几乎就是企业的"一句话路演"。

以黑钻石公司为例，尝试一下。

"我们以教育和咨询的方式，解决企业与城市的呈现力不足、缺乏路演系统的问题，我们的收益有产品服务收益、政策收益、资本孵化收益等。"

简单润色后，改为："黑钻石是以路演活动为资源入口，实现优质项目获取，然后通过教育与咨询方式进行价值发现，解决企业与城市的呈现力不足，进而将项目资源转化为可资本化的产业在城市中心落地，形成toB（business）+toG（government）+toF（finance）的收益模型，打造可持续的微生态孵化闭环。"

商业计划概述就是企业的一句话路演。

将看似复杂的商业计划极简之后，才能看到商业的本质。这是最适合作为商业计划开篇的内容。

2019年，我辅导了一个湖北美丽乡村规划建设项目。这是一个以粮食酒酿造、文化旅游、乡村特色产业为主体的项目。整个项目的主体建设已经结束，开启了招商引资和产业投融资这个阶段的工作。到了当地后，项目负责人很郁闷地说，我们这个项目看似不大，但实则也是个乡村产业生态链，跟别人一介绍就需要好长时间，如何能快速地让别人对我们有个基本的认识，然后我们再展开介绍呢？

我们调研后，梳理了完整的商业计划，在开篇部分就是项目的商业模式概述：

以乡村绿色生态产业链的方式，为瑶族故里最美乡村解决酒业销售难、品牌价值弱、附加值低等产业痛点，以此获得产品销售收益、培训收益、文旅收益、孵化收益，实现乡村精准帮扶等社会收益。

▲ 考察湖北美丽乡村项目，在手工酿酒作坊调研。

基本将这个项目最重要内容概述了出来，简明扼要。现在这个项目的部分产业实体已经落地开业，成为当地乡村振兴的一个样板案例。

接下来，我们着手完整的商业计划书的内容整理。

一个完整的商业计划书，是由九个板块构成的，环环相扣，步步推进。

第一个板块：产业趋势与产业背景分析

趋势与背景就是通常所说的项目存在的大环境。这部分阐述相对宏观，引用相应的行业分析报告与相关行业的实证。银行、保险及权威的产业研究院的数据也可以作为论据而引用。

但趋势分析这部分内容不宜过多，毕竟我们的核心目的是做项目阐述，而不是做产业分析，能体现对行业有见解即可。

▲ 中国古瑶文化之乡——内冲，正在建设中的中华古瑶第一村，传说瑶族部落曾因战乱而被迫流散，族长以牛角作为部落的信物，以待部族有重聚之日。

第二个板块：分析产业政策与实例解析

政策对产业的影响非常大。**最大利好来自政策，最大风险也是政策。**所以对政策的关注、解读，甚至应用，都是商业能力的体现。

平时就需要多收集整理相关政策法规一类的材料，我们自己更应该成为解读政策的专家。

2019年我辅导了一家做垃圾焚烧处理设备的企业，是面向政府采购的商业模式。垃圾分类与垃圾处理本就是社会上的热门话题，国家也出台了各类政策，只要能把这些政策消化理解好，就更清晰了主要客群关切。

辅导小组查阅了近两年内的大量关于垃圾回收、节能减排、能源再利用等相关政策。再根据企业产品特点，延伸查阅了包括特色小镇、美丽乡村等领域的数百个政策。最后根据政策归属，追溯到发改委、环保部、住建部、国土部、科技部、工信部等众多部委的相关文件。

这部分政策内容整理后，直接延展出了未来的产品研发方向，并将现有产品的特点重新进行了梳理。商业计划的每一条都直指政府需求，极大强化了在路演过程中的吸引力。如今这家企业仅政策项就获得了数千万的支持，产品订单合同也接连不断。并在2020年获得了创客中国大赛二等奖。

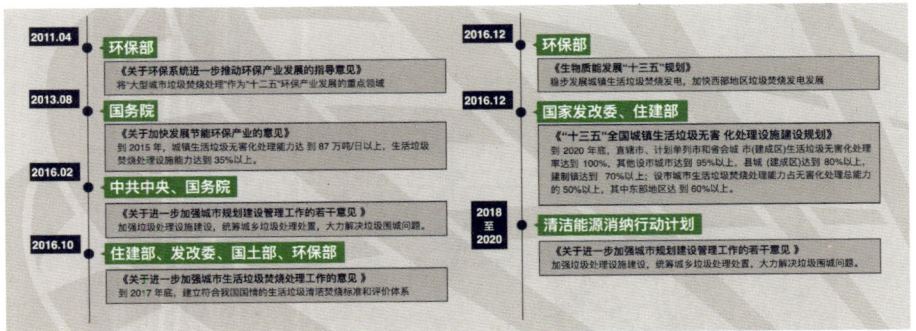

▲ 企业商业计划书中关于政策的收集整理。

第三个板块：核心优势分析与阐述

书画江山核为境，没有核心竞争力分析的商业计划是没有亮点的。除了"术利人品"这些核心竞争力分析以外，也可以做更充分的竞品对比来凸显竞争力。

第四个板块：项目的主形象与品牌系统

这是以呈现力为导向的商业计划书里比较独特的内容设置。

这个阶段我们可以适当将项目印象元素进行呈现。例如项目或产品的LOGO、色彩、品名、释义，等等。将理性的分析涂抹上一层感性的渲染，这不仅是对一个项目更形象化的展示，也是让整个事业逐渐有了画面感的开始。

第五个板块：主营产品阐述与案例

对于产品与服务的展示应该是每个商业计划中内容比较丰富、展示频次较高的板块，所以这个部分要进行的是呈现方式的升维。除了常规的文字、图片以外，再配以更有感染力和信息量的影片方式来进行华丽展示。

▲ 某食品类项目商业计划书中关于项目主形象的释义。

2019年，我辅导了一个海鲜单品类的项目——黑虎虾的路演咨询，在商业计划的产品展示部分，原本是呈现一些好看的产品图片，或者是用虾做的各类菜品的照片。我觉得吸引力不足，还是要创作一部关于孟加拉黑虎虾的产品路演片，**影片是提升呈现力最有效的工具。**

这部影片从孟加拉国家的风土气候生态地貌讲起，通过大量的实景镜头，展示了孟加拉黑虎虾拥有的天然海草喂养、低密度养殖等独特优势。强化了消费者对这款虾品的信任。影片在路演过程中也起到了非常关键的作用，成为这个项目路演时的一大亮点。但呈现这件事永无止境。

食品类产品最大优势就是可以立刻品尝。每次路演这款虾品的时候，都会安排伙伴在外面煮上一锅 看完影片，听完路演，出门吃虾，终生难忘。

除了产品的详尽阐述以外，在这个板块还需要有带着客户美誉见证的经典案例，这也是需要企业在经营过程中不断积累和收集的。

第六个板块：产业业态规划和运营逻辑

到这里，商业计划已经需要一定的综述，我们将企业未来的产业业态、核心价值、产品、文化乃至运营顺序和时间安排都有效地浓缩为一张图纸，这既

▲ 孟加拉黑虎虾的海上打捞作业场景，以此体现黑虎虾的自然营养、美味健康。

是承接前面阐述的企业内容，也展望着企业未来的发展图景。

如果说商业模式概述是一句话路演，那么这个板块就是一张图路演。

第七个板块：成本与收益分析

成本分析主要是阐述出成本内容，如人力成本、房屋成本、生产成本、运营成本，营销成本，等等。在成本上的列项倒推也就是企业的运营方式。

整体收益也可以理解为盈利模型，如产品销售收益、衍生服务收益、第三方合作收益、品牌收益、政策收益，等等。

有条件的项目也可以出具相应财务报告和服务合同，以更好证明收益可能。

对于待开展项目也可以对未来的收益进行合理预期，这对项目商业计划的价值完整性会有很大帮助。

第八个板块：市场与资本的规划路线

在这个板块里，要清晰地提出企业有哪些路演诉求，以及针对性的合作方式与规则。例如市场合作、招商合作、融资诉求等。

但是仅有这些大的合作框架是不够的，一个足够精彩的合作规则里，一定包含着给予对方的价值，甚至还要包含对本项目的风险与价值分析。通常来说，我把这个部分称为"资本路线图"。

第九个板块：商业计划综述

阐述了这么多板块后，受众对项目的认知已经有了一定基础，这时路演方有必要再对这个项目做一下综述，可以类比为最终陈述。与概述不同，综述体现的是项目方的合作态度、价值主张，以及事业决心。

商业计划是我们进入商业领域的通行证，也是我们开启路演之门的金钥匙。

但商业本身就不该拘泥于某种形式。上述的九个板块是商业计划里通常会包含的内容，照此形式自然可以将其创作出来。在这九个板块里其实还藏有另外几种类型的商业计划，我逐一点出，盼大家妙用。

板块	内容要点
一、产业趋势与产业背景分析	引用产业报告，数字分析
二、相关产业政策与实例解析	引用政策文件与实例调研资料，政府工作报告
三、核心优势分析与阐述	技术、专利、人才、品牌等
四、项目主形象与品牌系统	品牌源起、文化内容、品牌印象等
五、主营产品阐述与案例	主营业务产业、服务的描述，项目展示
六、产业业态规划与运营逻辑	产业链条式业态延展（顶层梳理）
七、成本与收益分析	财报分析或财务预期
八、市场与资本的规划路线	市场计划、资本计划、股东收益
九、商业计划综述	决心、态度、主张

▲ 商业计划书九个框架及内容要点。

商业计划的"五个一"工程

1.一段话式的商业计划

这个是指我们在开篇时提到的商业计划概述。它的应用场景极多,酒会上、电梯里、简单互动时、时间紧迫时都非常适用。

2.一张图式商业计划

这张图的作用远不止于商业计划。我所辅导过的几乎所有项目都会描绘一张企业的顶层战略规划图,是非常清晰的战略推演,也是企业经营方向的指南。

3.一部影片式商业计划

影片式阐述商业计划是呈现力的提升,它不但可以精彩演绎产品部分,还可以阐述整部计划。这类形式已经越来越多地被应用。

4.一套路演幻灯片式商业计划

绝大部分路演都是通过路演人阐述幻灯片,来完成推介商业项目。所以很多人就把路演幻灯片干脆当成商业计划书了,其实不然。

商业计划书内容更全面、翔实、丰富,适合以书面形式发送给机构或投资者。路演幻灯片则不同,它是配合路演人在路演现场使用的,虽然内容是从商

▲ 路演人在向投资人阐述项目,在路演过程中,对商业计划的阐述需要灵活多变,以适应各类路演场景的应用。

业计划书当中摘取出的关键部分，但呈现方式、编排逻辑都可以更灵活，也更讲究现场的体验感，要根据时间和对象及时做调整。我一般都建议企业要有多个版本类型的路演幻灯片。

5.一个完整的商业计划书

包含上述四种类型，也包含本篇九个板块的完整商业计划书。更多时候我们只能把它打印出来，在我们用路演幻灯片阐述的时候，这个计划书作为补充材料被翻阅。但不要觉得它无用，它才是我们最完整的商业思维的展现。

所以如果你的企业已经完成了自己的商业计划，尝试把它拆解出前四种类型。如果还没有，也可以从一段话、一张图开始仔细描绘你的商业图景了。

上述就是商业计划的"五个一"工程。商业计划书，最应该常去翻阅它的人，正是作为创作者的我们自己。**因为它就是那个让我们热血沸腾、不停奋斗的"故事"。**

第七章 七字逻辑

搭七字框架知所先后　顺思想认知则近道矣

BP框架	重要呈现	路演标准	关键浓缩	
一、建立信任	企业基因与背后资源	"心"声夺人	自信	信
二、阐述痛点	对社会带来的意义	感"痛"身受	趋势	意
三、核心竞争力	能力不是科普 而是震慑	不明觉厉	亮点	核
四、案例故事	有细节，有结果，有见证	见微知著	价值	故
五、平衡运营	有文化，有团队，有系统	虎嗅蔷薇	态度	感
六、此刻未来	财报、预期与展望	有情有"溢"	思考	来
七、投资方式	合作规则与未来价值	喜大普奔	格局	投

▲ 篇章研习引导图

导语

没有逻辑就没有认知,没有认知就没有任何价值。

我们能听懂一个正常人讲话,但是无法理解一个醉汉的胡言乱语。

是因为胡言乱语没有逻辑。

而没有逻辑的商业路演就如同醉汉呓语,

可能只有另一个喝多了的人才能听懂吧。

在辅导企业路演过程中，制作路演幻灯片是一个高频的动作。我发现，很多企业路演最重要的问题并不是没有路演内容，而是在内容的编排上十分混乱。一些好项目大家也需要很吃力地理解，本来是100分的项目，只得了60分。一般的项目就更是一塌糊涂。反之，**逻辑顺畅的路演幻灯片不但会让人更易读懂项目价值，还会让路演人更轻松地驾驭现场，顺畅地完成路演。**

▲ 苹果公司幻灯片软件。

其实，我们可以从两个制作幻灯片的软件名字上看到幻灯片的属性：微软公司的幻灯片软件名字是"PowerPoint"，字面意思就是掌控关键点。苹果公司的幻灯片软件名字是"Keynote"，字面意思是关键信息。

▲ 微软公司幻灯片软件。

所以，**抓住关键点是幻灯片的内容梳理宗旨，不要面面俱到。**所以不要认为路演幻灯片就是把商业计划书换个地方换个格式。路演幻灯片只拿关键点。

而**逻辑是幻灯片的内容编排宗旨，何为逻辑？五个字：思想的规律。**将提炼出来的关键点按照一定的逻辑编排在一起，才能要点突出，符合思考规律。

▲ 阿尔伯特·爱因斯坦
哲科思维帮助爱因斯坦找到宇宙当中的万物至理。

爱因斯坦曾说：逻辑优先于现实，只要逻辑上成立，现实当中就一定会发生。

逻辑是用来强化认知的。没有逻辑就没有认知，没有认知就没有任何价值。

举例来说，我们能听懂一个正常人讲话，但是无法理解一个醉汉的胡言乱语。是因为胡言乱语没有逻辑。而没有逻辑的商业路演就如同醉汉说梦话，可能只有另一个喝多的人才能听懂吧。

提升一个人的逻辑思维很难，需要日积月累的思考锻炼。但我们要梳理出一个具有逻辑的幻灯片相对容易，然后用幻灯片去规范路演人的逻辑思维和阐述内容。

投资人关心什么

在我阐述路演的七字逻辑之前，我们需要先清楚一件事情。弄清楚我们要去路演的对象到底是怎么思考的，也就是投资人都关心什么。

每次讲到这里，总会有人抢答说，投资人关心回报，关心退出。这都没错，那么既然我们说的是逻辑，就多少再深度一些。投资人关心的那么多，总要分个主次吧，如果我们要排个序呢，我们的路演顺序不就自然排序出来了吗，它要与投资人关心的顺序一致。

抽样问卷调查显示，投资机构最关心的前三点。

第一，关心投资安全。

对于投资机构来说，投资最终目标是实现成功退出。请注意，此处不是实现投资收益，也不是实现投资循环，而是实现投资退出。退出未必有收益，但能退出才意味着最大程度的投资安全。对于投资机构来说，第一关心的就是投资安全。

第二，关心投资体验。

很多头部机构也非常看重参与感，他们看重被投项目的成长中有自己的参与。

第三，关心投资回报。

投资回报是很自然的事情。一个很有趣的现象是，成熟的机构认为没有回报也是很正常的事情。

至少我们可以从这个调查里能够窥探到投资机构的想法：首先安全，其次体验，最后回报。这就是我们路演对象的思想规律。

路演幻灯片的七字逻辑

大家可以先熟悉一下这七个字：**信、意、核、故、感、来、投。**

分别代表着：**信任、意义、核心竞争力、故事、感性、未来、投资。**

第一，建立信任。

路演人在路演的时候就已经建立了一定程度的信任，那么路演的效果也会事半功倍。这就是把"信"这个字作为逻辑开篇的原因。

当然，不同风格的路演人会有不同获取信任的方式：精彩的自我介绍、权威的第三方推介、哪怕形象气质俱佳，甚至现场做好互动等等方式均可以在不同程度上获得关注和信任。

无论什么方式，我的建议就是要能够用"心"声夺人。先声未必夺人，反而失了分寸。

每次路演的时间都不会很长，但是路演首要的是让人感受到满满的诚意，所以路演人也需要一定的人格魅力。

这就是逻辑第一字："**信**"。

第二，阐述痛点。

有了基本信任后，很多人觉得"事"不宜迟，该直入主题。但阐述项目所能解决的社会问题，以及解决社会问题带来的社会价值与意义都是项目本身的重要组成部分，务必不能略过。

所以这个板块的"痛点"阐述极为重要。我们可以定下一个阐述标准，那就是：感"痛"身受。

有同感不等于同意，但有痛感才会痛下决心。所有这些社会痛点、待解决的问题都在彰显着项目本身所能带来的社会意义。

这就是逻辑的第二字："**意**"。

第三，核心竞争力。

明确痛点后，很自然地要引出我们的能力，所以接下来要分析的就是核心竞争力的阐述。

提到"核"字，大家一定会想到核武器。国家研制核武器的作用是什么呢？震慑！或者叫战略威慑。

对于企业来说，核心竞争力就是企业的核心能力。在路演过程中，要起到的作用其实是一样的。那就是通过阐述核心能力，使受众对企业的价值有更充分认知，甚至是一种震慑式认知。

但往往在路演过程中，路演人却没有把握好边界。尤其是一些科技型项目，在阐述核心能力的时候恨不得做成一场学术报告。殊不知这首先会降低路演的吸引力，同时也会带来知识产权类的商业风险。

▲ 案例是路演过程中重要的信任建立背书，在课堂中，为学员举例案例积累的重要型，以及如何复盘出有价值的案例。

所以在核心竞争力板块的阐述可以给大家一个标准，这个标准也是个网络热词："不明觉厉。"不知道你在说什么，但是感觉很厉害。其实阐述核心竞争力要的就是这个"厉害"！

逻辑的第三个字：**"核"。**

第四，案例故事。
案例是能力的终极体现。

所以在阐述完核心竞争力之后，要自然接续上企业能证明自己能力的案例。但很多路演人在阐述案例时或一句带过，或啰里啰唆。

第一，案例的阐述要受到重视。没有案例就像整篇论文没有论据一样，单薄。

第二，**案例就是一个把企业产品或服务价值全面展现出来的一个故事。** 这个故事要有画面感，能继续强化项目的信任度。但不宜大而全，故事的细节非常重要，可以用"见微知著"作为阐述的标准。

如果非要以简化了的认知来理解"路演就是讲故事"，那么这个故事就是从阐述案例开始的。

逻辑的第四个字：**"故"。**

第五，平衡运营。

企业的价值是一种综合能力的体现，良好的运营团队、企业文化都是路演里不可缺少的部分，但这些必须建立在前面几个板块清晰呈现的基础上。所以在这个时候，我们可以开始展示运营了。

运营部分包含阐述项目团队构成、市场开发能力，以及部分团队文化。如果说前面几个板块都是比较刚性的内容和理性阐述风格，那么这个部分就是可以平衡路演的柔性部分和感性的阐述。

让受众感受到运营中的细腻，既有铁血也有柔情，刚柔并济。似"虎嗅蔷薇"般，感情充沛，感人至深。

逻辑的第五个字：**"感"。**

第六，此刻未来。

对项目基本情况展示后，终于可以开始展望未来了。这也是很多路演人在幻灯片里容易缺失的部分。对当下的阐述只需要整理，而对未来的展望却需要思考。

现阶段大部分项目展示未来还主要是依托项目的规划展望、财务预期等等。

这部分阐述需要做到两个字，一个字是"情"，企业现在经营情况、经营态势。第二个字是"溢"，溢价的"溢"。市场溢价、资本溢价。合在一起，也就是这个板块需要路演的标准："有情有溢"，而这个板块也是我们展望未来的开始。

逻辑的第六个字：**"来"。**

第七，投资方式。

表达路演诉求。思考并设计出相应的投资方式。其实这部分并没有什么阐述标准，投融资就是水到渠成的事。

但我觉得要为路演人在此时此刻设计一个心态的标准，可以憧憬一下路演后的情景以做心理暗示。思来想去，或许这四个词连在一起就是路演人所

▲ 在课堂中为企业路演人阐述路演逻辑的重要性，逻辑梳理是企业路演过程中最为重要的动作。

期待的。它们分别是：喜出望外、大快人心、普天同庆、奔走相告，大家也猜到了——**"喜大普奔"**。其实是想提醒大家，路演人必须要有一个良好的心态，否则很多人担心被拒绝和受打击，连最基本的投资方式都不敢阐述，这大可不必。

用最后一个字鼓舞自己吧，逻辑的第七个字：**"投"**。

信、意、核、故、感、来、投。七字逻辑，理解为一句话也很容易记忆。

本章虽然讲述的是路演逻辑，但里面分别包含了路演框架、呈现内容、路演标准。

首先要建立信任，做到"心"声夺人；其次阐述痛点，要感"痛"身受；再次阐述核心能力，阐述到"不明觉厉"；然后讲述案例故事，要"见微知著"；接着是平衡运营，似"虎嗅蔷薇"；开启此刻未来，要"有情有溢"；最后是投资方式，带着"喜大普奔"式的乐观心态。

路演幻灯片与商业计划书最大的区别就是它需要与路演人很好地互动配合起来，关键内容、逻辑顺畅、状态准确，达到顺其自然的效果。

无论是做事业还是在生活中，**大家接受你想法的真正原因就是因为接受了你的逻辑。**

第八章 细节八条

路演人身份双重定义　演绎场精进八个细节

优化路演的八个细节

1. 故事吸引　2. 品读政策　3. 感痛身受　4. 塑造人格
5. 团队出场　6. 转危为机　7. 热情幻想　8. 别光谢谢

▲ 篇章研习引导图

导语

商业路演不同于表演,最终还是要以自身核心价值为主要内容,过于作秀会弱化核心价值的分量。

所以我对此类表演形式的路演一直持审慎的态度。

反倒是对有沉浸感的企业价值故事式的开场情有独钟。

何为路演人

我们有必要对路演人做个界定。

路演人在路演过程中应该起到什么作用呢?打个比方:女孩子现在见朋友,最高待遇据说是要先洗个头。如果是女孩子很在意的对象,她不仅洗头可能还要化个妆。企业路演也是如此。

企业路演过程也很像是商业领域的男女朋友见面。没有点技巧不但很容易相亲不成,还很可能被对方拉黑。

双方见面之后,一个讲方言(企业),一个讲外语(投资),没法沟通。

好不容易能沟通了,但上来就问,家底如何,存款多少,学历高低,换谁心里都不能舒服。

终于把家底的事谈完,该表态了,一个说,你要是不娶我,你这辈子就娶不到老婆了!另外一个也不示弱,你要是不嫁我,这辈子也就嫁不出去了……这亲可不能这么相。

路演人就要有效地化解这些矛盾。

可以**给路演人明确两个身份:一个是化妆师,一个是翻译者。**

我经常出去讲课,为了对得起观众,偶尔也要化妆。我发现好的化妆师给你化完妆后,你还是那个你,但看起来气色很好,精神许多,看着也赏心悦目。这不好的化妆师呢,化完妆后怎么看都不像自己,至于悦不悦目已经没有意义了。

路演人就是要把握好路演内容的阐述与分寸。说少了企业价值不到位,言

▲ 路演直播前进行各种文稿、材料、服装、背景等准备，每次路演也需做一些化妆，而路演人本身也就是企业的"化妆师"与"翻译者"。

重了则显得浮夸虚假。

路演人既要像化妆师一样为企业增光添彩，挖掘价值，也要像翻译者一样将企业想表达的以对方能听懂的方式进行演绎，让双方互相尊重，对等沟通，达到翻译的最高标准：信、达、雅。

路演阐述的八个细节

路演人如何做到忠于真实，且能意境相通。在路演过程中有一些细节一定要留意。这些细节可能无法完全体现在幻灯片的内容里，甚至只是一些路演的状态和分寸，但**这些细节是路演人润物无声地带出的项目价值，潜移默化地给出的企业能量。**

我们可以把这些细节称为路演阐述的最后一公分。

细节一，沉浸式的故事开篇。

万事开头难，路演也是如此。如何能做到开口脆，应该是很多人期待的状态。商业路演不同于表演，最终还是要以自身核心价值为主要内容，过于作秀会弱化核心价值的分量，所以我对此类表演形式的路演一直持审慎的态度。反倒是对有沉浸感的企业价值故事式的开场情有独钟。

通过故事化描述让人们迅速了解和感知这个项目所要带来的价值。我辅导过一家儿童美术教育机构创始人的路演，开场故事就非常吸引人。

这位创始人一登台，就讲了一个小故事：

我们机构有一位四岁的小学员名字叫祖拉。有一天，来到学校，一进门就摔倒了。因为疼啊，孩子就哭了，这时候老师赶紧跑过去，看了一下就是摔的疼了。

老师就引导式地问："祖拉，你摔疼了吧，但是你知道疼痛是什么颜色的吗？疼痛是什么形状的呢？我们要不要把它画出来呢？"祖拉说："好。"就在她摔倒的那块地板上，开始画"疼痛"。

祖拉画出来的"疼痛"是墨绿色的尖尖的形状。然后祖拉又做了一个只有天真的孩子才会做出来的创作动作，就是在这个尖尖刺刺的物体上画了一个笼子。祖拉边画边说："把疼痛关起来，疼痛就死掉了，就不疼了。"

这就是四岁的孩子在机构学习绘画所获得的想象力、感知力与表达力。

这个路演的开场故事给了我极其深刻的印象。直到现在我做分享的时候，还会拿这个故事案例作教材。

我也清楚地记得，当时这位创始人在以这个故事开场的时候，现场所有人都聚精会神地在听。我猜想，大家甚至是在思考，可以自然地把自己对身体的感知，对世界的认识呈现出来。老师引导得好，孩子表达得好，这个教育机构真好。这就是成功的故事开篇。**路演的开场不要过于追求华丽，真正要追求的是吸引。**

细节二，唠叨式痛点阐述。

关于痛点的阐述，我留意到这样一个现象。很多路演人在阐述行业痛点或社会问题时蜻蜓点水，虚晃一枪，并未起到很好的感"痛"身受的效果。痛点或者问题是建立整个商业项目逻辑的支点，这个支点若立不住或者很模糊，是非常不利于逻辑充分建立的。

▲ 某生态保护项目的路演幻灯片中，阐述土地盐碱化石漠化的数据。

很可能后面聊了半天，大家还不太清楚你到底在解决谁的问题。

但不少路演人会有这样一些认知误区，就是认为不要去重复大家已经知道的事情。**知道不等于感受到**，痛点要多唠叨几句，别怕烦。

细节三，多维度政策解读。

很多政策的文字表述过于严谨，路演人要将政策做一些基本的解读，使之与项目价值、风险系数、市场空间关联在一起。阐述时，对时事政治的旁征博引都是很好的路演动作。

总之，不生硬地搬出政策文件，而是从政策带来的影响谈起，这样才容易被听众理解和接受。

细节四，拟人式竞品对比。

竞品对比通常都是比较简单的列表，除此以外，我们还要更生动一些。以拟人化的方式，将竞品与自己产品做一些特点分析。

苹果公司与微软竞争时，有一次专门拍了一部短片，短片里有两个人，一个是傻乎乎很邋遢的程序员，一个是很帅很酷很博学看起来非同寻常的电脑玩家。大家一看就明白，苹果的潜台词是：苹果很酷，苹果很帅。

▲ 在路演中国大会上,某项目路演人在向机构阐述自身项目的市场前景与政策导向。

你看,产品拟人的效果就出来了。与其说这是路演技巧,是营销方式,不如说是企业文化的重要组成部分,因为我们开始**为企业塑造人格**。

前段时间一部评分不错的的悬疑影片《利刃出鞘》的导演对媒体表示,苹果产品经常作为道具被植入电影中,但苹果公司绝不允许剧情里的坏人使用苹果产品。所以如果是一部悬疑电影,观众如果知道这个规则,通过看谁用苹果产品就可以提前猜出谁是好人,谁是坏人。

华为前段时间深受美国打压,立刻推出短片《悟空》。悟空是一个天不怕地不怕的角色,或许暗指的就是华为不服不怕的企业性格。

大家有时间也可以多在企业品牌人格化方面多下点功夫。一个平时没有人格化的品牌在路演时就会显得呆板,缺乏记忆点。

如果把你的**企业类比成一个人,它是令狐冲?是韦小宝?是老顽童?还是张三丰呢?**

如果能够做竞品分析,分析到拟人化的程度,那么这一定是路演里的亮点部分。

细节五,英雄式权威团队。

有不少路演人,在路演时,介绍团队的时候只是用很简陋的几张照片、几个人物简介,照本宣科地念一念,似乎就已经尽到了共事之谊。

团队构成是企业运营能力的重要体现,一个匹配均衡的团队是企业重要的

▲ 用拟人化方式形成企业人格化认知，进而帮助企业完成竞品分析。

无形资产。

我建议路演人在这个环节要多用点心思，可以给团队成员每个人设计一个一句话的故事。

例如：张三，曾在某上市公司任职，六个月完成公司第三轮融资，人送外号"招财猫"，等等。

你看古代将军在外征战时，都是有帅旗的，两军对垒要先报上名号来。**路演就是企业征战的前线阵地，团队值得拥有英雄的名字和荣耀的旗帜！**

细节六，机会式风险分析。

没有任何一家企业没有风险。既然没有企业可以无风险，那么如何能在风险中找到风口，在危险中找到机会，才是企业的本事。路演时不用刻意回避这样的话题，要懂得如何去阐述风险分析。

我辅导过一家做保温新材料的企业。企业产品是主要应用于电力设备、能源设备的新型保温材料。这些项目都隶属于大型国有企业，准入门槛就是这个项目的风险。在路演时，创始人也自问自答了这个问题。他们与这些企业共建了产品实验室，共同建立起行业标准，而且进行陪伴式研发。企业的这种战略眼光和魄力也征服了现场的机构投资者。如今这个项目路演后顺利建起了自己的规模化厂房，企业规模逐渐扩大。

不做鸵鸟式路演，有风险也要大胆面对，因为勇于面对本身就是价值。

细节七，合理化财务预期。

公司财报是不少初创企业羞于展示的部分。首先我们要改变观念，一上来就赚钱，而且大赚特赚的行业，我是没看到过。

即便是"国民老公"都一度变成限制消费执行人，可见创业之难。

展示财报这个动作的意义是体现一家企业的经营规范能力，并不简单是盈利能力。

别忘记了，我们除了财务报表可以展示以外，还可以对未来的经营做财务预判。清晰合理地将未来几年财务的变化做预判，这个才是关键，这也是很考验企业对未来局势的判断。总之，我们面对路演财务情况，首先记住它的目的是呈现企业的经营规范度，其次才是价值。

细节八，烙印式主张收尾。

说了这么多细节，路演也该收尾了。很多路演人都在路演幻灯片最后一页很客气地打上了"谢谢""Thanks"这类字样。出于礼貌我们可以表达感谢，然而我们是不是忽略了一点，通常最后一页幻灯片是停留时间最长的。因为路演完还需要做互动问答等环节，如果主办方没有那么紧凑的安排，不出意外，这页幻灯片应该是在屏幕上停留时间最长的。

要知道，路演的信息那么多，在最后搜索项目信息时，其实只有这一页幻灯片在大家面前，这是能起到重大价值的一页幻灯片，不要浪费它。

我一般会建议路演人在最后一页幻灯片上放上企业或项目的价值主张，形成"主张式收尾"。

以上就是路演阐述的八个细节。**细节决定成败。**路演时我们处理细节的能力也是受众对路演人能力的考量，只有考虑充分，且要做大量的演练，这些细节才不会成为障碍，而成为路演成功的基石。

第九章 九影传播

生动光影雕刻未来景　人文精神温润心中梦

▲ 篇章研习引导图

导语

一图值千言,一影胜万图。
一张图片能带出的信息量、生动性,远胜万语千言,
而影片因为其声光电的综合效果,
感染力要更胜一筹。

2015年5月，谷歌研究发表了一份报告，后来这份报告被各大投资机构转载引用，核心信息就是**"在未来的互联网世界里，我们看到的80%的内容都是视频的形式"**。

这意味着什么呢？

首先视频的创作与其在互联网的应用将会是一个巨大的市场。2015年后短视频的风口一直吹到现在，5G时代的到来，最先获得红利的也将会是短视频领域。

另外，也意味着我们了解信息的方式将更多是视频的形式，这一点相信大家是非常有体会的。微信里的15秒视频、视频号的开通、抖音短视频、各类门户网站的视频专栏，已经让我们养成了"先看为敬"的习惯。

2019年7月30日的《人民日报》有一篇评论称：**"研究显示，人类存在'生动性偏好'，更易被视觉性显著的信息吸引。"**

其实这个偏好生活中随处可见。例如：新闻里图片被查阅浏览的次数要远超文字；同时播放动态视频与一张静止图片，我们的视觉焦点会不由自主地被动态视频吸引。这本身就是电影学院的一个课堂实验。

一图值千言，一影胜万图。 一张图片能带出的信息量、生动性，远胜万语千言，而影片因为其声光电的综合效果，感染力要更胜一筹。

在路演呈现方面，路演影片就是把这个"生动性偏好"发挥得最好的路演工具。

在路演系统里，商业计划书是路演必备的基础架构；路演场景更多是强

▲ 传媒工具在路演中的应用极为广泛，影片是最为重要的表现形式，但路演影片的创作区别于普通企宣影片，更为重视其商业模式与商业计划的展示，而非企业基本面的表达。

化路演氛围与调性；而只有为路演创作的视频影片，才能非常有效地增强路演内容的生动性与感染力，甚至能节省出大量的沟通成本。它就像现代战争里，战士用到的动力外骨骼，极大强化我们的路演作战能力。甚至如果在路演工具上有了充分储备，路演方式都会随之升级，产生互为推动的良性循环。

因工作原因，我常常为一些项目去统筹商业计划与可研报告（可行性研究报告）。厚厚的一沓文件，想翻上一遍都难。一般我都会建议，无论如何，要给可研报告配上一部视频路演短片，一个浓缩的视频版可研报告，被看到和看完的概率会大很多，而且会被记住，印象深刻。

乔布斯在每次发布会的时候都会大量地应用视频，甚至平均每15分钟就会播放一段视频短片。

现在很多路演大赛，甚至已经明确要求，项目方要自带路演短片，在路演者上台前作为推荐视频使用。

九种路演光影武器

常用且实用的路演影片有九种类型，它们各有千秋。对企业不仅是锦上添花，更是雪中送炭。这也是极具应用性与趣味性的板块。**清晰地看见企业价值，对所有人都是一种鼓励！**

1.顶层规划战略布局路演影片

这类型的影片是以企业的顶层规划战略布局图为蓝本，是从战略高度上全面展示企业的业态规划、商业模式、核心产品、战略宗旨、企业愿景等内容，是一种以影片的方式完成的企业战略维度的路演。

这类影片比较适合规模较大、经营业态较多的企业。

我曾辅导的海银集团是一家有30余年历史的老企业。该企业在城市深耕方面包含地产、城建、社区、物业、娱乐、金融等众多经营主体。在路演系统导入过程中，我们为其创作的一部《城其久远》，就是以顶层规划战略布局的结构展示其企业，取得了很好的企业战略传播效果。

▲ 黑钻石路演全案服务项目海银集团的路演内容之一：《集团顶层规划战略布局路演影片》。

2.项目商业计划路演影片

这类影片可以称之为影像版的商业计划书。它是按照商业计划书的逻辑和板块进行创作。一般长度为5—8分钟。

在路演前，受众如果先看到这部影片，在听路演人的路演时，会更容易了解项目。它是路演系统里必不可少的演绎工具，同时这类路演片在黑钻石辅导路演实践里也是创作数量最多的。例如云南吉盛祥茶业商业计划路演片，岭南国医小镇商业计划路演片，上海牧粮实业商业计划路演片，都是逻辑清晰，且在路演过程中起到巨大推动作用的经典案例。

3.产品价值演绎路演影片

这种类型的影片聚焦于体现产品或服务本身，把产品特性、价值好处、应用场景表现透彻。

产品发布时，产品价值演绎路演片是一定要隆重登场的主角。更精细一些的创作也会将产品故事更丰富地讲述。让产品表达不像说明文那样，而是在场景里被自然理解。北京鑫丰南格"医家护"APP演绎路演片就是比较典型的样板。产品价值演绎路演片是应用率极高的路演武器，对于很多产品驱动型企业，有时候它的作用甚至高于顶层规划战略布局路演片，是不能被忽略的价值武器。

4.招商赋能路演影片

对于有着招商合作需求的企业来说，需要让合作伙伴更好地知晓加盟合作内容与利弊。一部赋能招商路演片便是这类企业的首选路演工具了。

一般对于已经有了合作伙伴的企业，通常影片会选择"以商招商"的形式，用合作伙伴的美誉去赋能招商。对于新成立的企业，就要充分罗列出一些加盟政策、加盟优惠条件，以及加盟后的收益分析。让加盟商看到合作前景、坚定合作信心。黑钻石曾操作过"来一杯"奶茶赋能招商路演片，每次我在一些课堂做完案例展示，总会有人来问我加盟的事，可见其影片的感染力多强。

5.服务案例复盘路演影片

案例到底用什么方式去演绎呢，当然是案例影片。这类影片不但可以在面向资本路演时提升信任度和理解力，最关键是它可被应用在市场开发领域。

当然它的制作要求真实、有效、资料齐全，有时还需要案例当事人给予大

▲ 鼎汉技术是创业板上市公司市值二十强企业,是轨道交通产业的领军企业,黑钻石为其创作了路演系列影片,在企业国内外展会、项目招投标、吸引高端人才、提升团队文化等方面进行了大量应用,反响良好。

力佐证,这样的影片才够生动。

黑钻石操作过的大部分经典案例都会在复盘后,创作一部这个案例的综述影片,例如DANCER舞蹈艺术中心案例,青海玉树州城市招商路演案例等,都非常完整地记录了整体的服务过程,几乎就是一个个精练的路演教材。非常值得借鉴参考。

6.团队文化纪录片

团队之间的默契、信任、共患难、共奋斗的精神是激发受众感性认知的最好内容。

我曾辅导过一家做智慧校园集成解决方案的企业,有十余年的发展历史。是由一群埋头苦干的理工男组成的企业。当时我建议,一定要有一部描述团队文化的影片,因为他们太需要了。这群人本身就不爱表达不善于表达,这个部分就要由影片来补充。后来成功地融资1个亿,创建人很感慨地跟我们说,真的,投资人来看我们路演的时候,都得带着纸巾来,没想到我们生活中的点滴故事,串联起来竟然有这么大的能量。

前文中提到的海银集团,在其路演系统全案咨询里也不乏精彩亮点,但最具感染力的还属企业团队文化纪录片——《我和我的海银》。本片从方式上不

▲ 辅导海银集团路演系统中创作的企业团队文化纪录片，将企业数年的文化凝聚力用影像方式进行表达和传播。

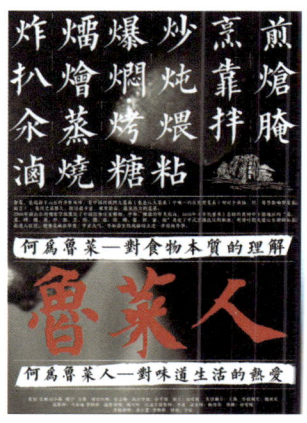

▲ 黑钻石影业为济南闫府私房菜创作的微纪录片《鲁菜人》，在其品牌发布会上播出，助力企业获得良好的品牌传播效果。

喋喋说教，目的上不刻意煽情，而是将集团的一个个故事串联起来，带出的是企业真实性格和独特气质。非常适合发展中企业观看，也会带来很多经营方面的自我思考。

济南的闫府私房菜是有着40年历史沉淀的鲁菜品牌，企业团队的建设方式还保留着传统师徒制，使其团队多了一份家人般的温情。企业发展与时俱进，使品牌既给老客户保留着传统店面味道，又不乏品牌流量粉丝的拥趸。在企业品牌发布会上，一部《鲁菜人》企业文化纪录片正式出品，表现了一群热爱鲁菜、宣传鲁菜、传承鲁菜的人物形象，将每个人物与鲁菜的故事进行串联，是一部耐看又实用的品牌路演工具。也使品牌知晓度更上一层楼。

往往就是这些很小的故事，才更能体现企业的真实价值。应该说，团队文化类影片是黑钻石早期就定型下来的经典产品类型，黑钻石所倡导的人文精神在团队文化影片里体现得淋漓尽致。思想、追求、梦想，这些宝贵的社会精神财富得以彰显。

团队影片也将长期伴随企业成长，成为企业的一张全家福，每每看到这张全家福， 内心会自然而然地涌动起源动力。这是在路演系统里的一大秘密武器。

7.企业品牌微电影

企业应该不断强化自己品牌的人格化建设，而影片是最快速建立这种认知的工具。

这类影片通常是比较流行的微电影形式。有些以创始人经历为主线，或者截取企业发展的某个阶段为框架。当然也有单纯讲述一个故事，然后表达企业的价值主张。通常在企业的大型品牌发布会上，这类影片是必不可少的，可以提升企业品牌传播度，扩大社会影响力。

我曾辅导过的企业里在教育类、美容业、快销品类都用过这类路演工具，效果是非常明显的。当然，这类影片创作成本非常高，但一旦创作出来就是一个重磅武器！

2018年，黑钻石伙伴们还特意把我曾经的路演经历改编为一部名为《我的路演》的微电影，虽然只是团队内部习作，但作为当事人，看到影片时依然哽咽良久，不能自已。可见其故事魅力之巨大。

8.成果美誉影片

企业在社会上发展，商业声誉、客户口碑是很重要的，但是往往我们在路演的时候，这些美誉客户不会随时随地出现，替你美言几句。

但我们知道，他们的见证是非常有力量的，客户说一句顶我们说一百句。那么成果美誉片就是将这些客户的见证进行有效收集。

这类型的影片在城市路演，招商引资的场合也很常见。黑钻石为北京市丰台区拍摄的产业招商片《荣耀》就应用了这种方式。我常常在全国各地讲述这个成果美誉片的时候播放这部影片，效果都非常好，能起到出奇制胜的作用。因为影片里收集的见证必然是比较知名或相对有代表性的人士，经常会有人看着看着就看到了熟人。所以成果美誉片也算是一个炫耀式武器。

9.创始人阐述片

创始人阐述片就是Founder Talk，为什么是最后建议这种类型影片呢？因为我一直以来的路演主张是创始人要在现场路演，既然在现场，自然用不到这类影片了。但在一些特殊条件下，例如异地、跨国、疫情、身体不适等，确实还需要有一个影片快速大量地传播，让人更方便地了解到企业项目。

Founder Talk通常是对创始人进行专访，配合其商业计划书的内容进行

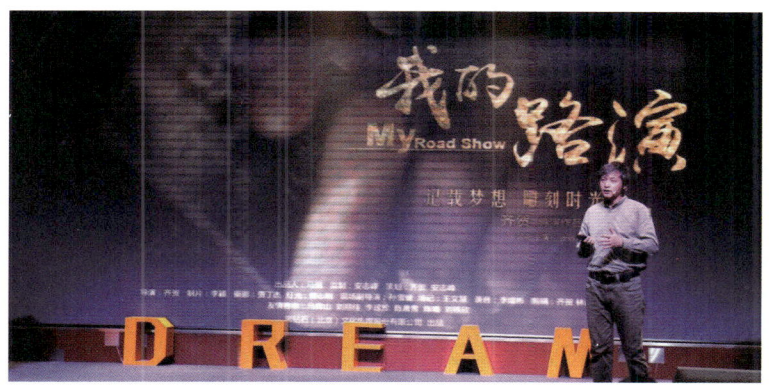

▲ 以黑钻石早期创业路演经历改编创作的微电影《我的路演》首映现场。

创作，这种类型影片的好处在于成本比较低，效率高，对于初创型企业非常适合。

路演的九种武器：

1. 顶层规划战略布局路演影片——企业的战略维度路演。
2. 项目商业计划路演影片——影像版的商业计划书。
3. 产品价值演绎路演影片——直观呈现产品的特性，适合产品发布会。
4. 赋能招商路演片——先赋能再合作，适合企业招商会。
5. 企业经典服务案例复盘路演影片——不但呈现企业价值，而且适合开发市场。
6. 团队文化纪录片——激发感性认知，是企业的一张全家福。
7. 企业品牌微影片——提升品牌的人格化认知，社会化传播。
8. 成果美誉影片——收集客户见证，适合招商引资。
9. Founder Talk——企业创始人阐述，适合初创型企业，成本低效率高。

路演人带来温度，路演工具带来清晰度。

对于路演影像工具，我们既要看到它的作用也要看到它的局限。影片工具最大的好处是可以非常生动地把商业计划、产品特性阐述清晰，给受众带来感觉和信息，但路演人带来的现场感、创业的温度，是路演工具无法替代的。我相信，这已经不是科学技术的范畴，**无论到了何时何地，人无法被取代的最重要原因，就是那种人性温度。**

第十章 数字转"画"

数不胜数显转换有道　画里有画创维度无限

▲ 篇章研习引导图

导语

这个广告语当时非常火爆,
不少商家也以这个句式纷纷打出自己的广告语,蹭一次热度。
最有画面感的还属兰州拉面:
我们兰州拉面一个月的销量连在一起,
就能把地球绕成一个毛线球。
又霸气又可爱。

有效记忆

神经学里有个概念叫作"有效记忆"。人的记忆跟大脑收到的刺激有关,平时不断反复的背诵课文、单词、电话号码、人名甚至是密码,其目的就是去刺激大脑,从而让它记住。

但科学实验也证明,**外界的任何刺激都不如内在的意愿驱动**。也就是大脑自己是否愿意去记住。

问题来了:什么是大脑自愿会记住的东西呢?

第一,容易记忆的。例如视频、图片这类生动形象元素。

第二,相关利益元素。相关利益越大,人的记忆能动性就越大。

同样的道理,我们应用到路演领域,作为路演人,要将路演的内容进行进行有效转换,使其成为有画面感、有相关利益的内容。本篇我们就来说一说商业计划里最常出现的数据要素如何进行画面感描述。

并非每个项目都能很好地应用数字带来的价值。要保证受众在看到这些数字的时候,脑海里的画面与我们想象的画面是一样的。反之,数字也会成为枯燥和乏味的根源。有必要花一点时间,**让路演时用到的数字具有画面感!**

举几个数字元素应用的知名案例。香飘飘奶茶,广告语大家应该都很熟悉:一年卖出3亿多杯,杯子连起来可绕地球一圈。后来销量翻了几番,它的广告语改起来也容易。直接把一圈改称两圈,三圈,一路改下去,香飘飘奶茶的销量也从3亿杯直奔12亿杯。特劳特为其做广告定位的目的就是将香飘飘定位为奶茶行业的领跑者。我们读到这个广告语的时候,是不是也似乎看到了一个奶茶杯在绕着地球转圈的感觉。画面感出来了,感觉很自然就来了。

我觉得这个案例很巧妙的地方在于地球的引用。我们从小生活在地球,无论科技如何发达,我们对地球的敬畏是停留在认知基因里,地球很大,我们很小,是基因记忆。将小奶茶与大地球做了一个链接和对比,很有画面感。

这个广告语当时非常火爆,不少商家也以这个句式纷纷打出自己的广告语,蹭一次热度。最有画面感的还属兰州拉面:我们兰州拉面一个月的销量连在一起,就能把地球绕成一个毛线球。又霸气又可爱。

数字元素的应用

数字在路演中的应用可以分为三种类型:数字对比、数字概率、数字类比。

1.数字对比

纪录片《公司的力量》里面有这样一段数据描述:

美国经济学家德隆的研究表明:从旧石器时期,到公元2000年的250万年间,人类花了99.4%的时间,到15000年前,世界人均GDP达到了90国际元。然

▲ 某幼儿教育机构的数字版路演幻灯片,总结大量经营数字来说明企业价值。

后花了0.59%的时间，到公元1750年达到180国际元，从1750年到2000年即在0.01%的时间里达到6600国际元，增加了37倍，换句话说，人类97%的财富是在过去250年，也就是0.01%的时间里创造的。

这一大段数字的对比非常清晰，给人一种紧迫感，很多财经类新闻的报道都采用这样的方式。

例如，2019年7月26日，《经济日报》有一则报道，是国家统计局发布新中国成立70周年经济社会发展成就。

报告显示，我国文化产业已经进入快速发展的新时期，文化产业增加值在国民经济中的占比逐年提高。2018年，我国文化产业实现增加值3.8万亿元，比2004年增长10.3倍，2005—2018年文化产业增加值年均增长18.9%，是同期GDP增速的三倍；通常一个行业增速达到GDP两倍就是很值得投资的行业了。文化产业增加值占GDP比重由2004年的2.15%，提高到2018年的4.30%，翻了一番。

单纯的数据是不足以说明成长性的，一定要有数据比对。

2.数字概率

这里给大家分享一个关于市场占有率的传奇故事——传音手机。

听到这个手机品牌名字还以为是某黑科技手机的外号，但实际上"传音"公司是深圳的一家手机制造厂商，其制造的手机占非洲市场将近40%，非洲手机市场占有率第一，全球手机市场占有率第四。2018年以全年营收226.46亿元的成绩，成为"一带一路"倡议下出海企业的标杆。可谓雄霸非洲通信行业的国内科技公司。

这家公司与手机中的战斗机波导有着很深的渊源。

2005年，从波导离开的竺兆江在香港成立传音科技，当年，由于国内手机竞争激烈，他为开拓波导的国际业务经常看到日韩手机品牌的广告，但几乎难以看到中国手机的广告。非洲是仅次于中国、印度的全球人口第三多的市场，非洲市场的发展又比中国大陆慢，如果能够运用现有的技术与资源，推出适合非洲市场的产品，应该会有不错的机会，于是有了接下来的故事。

2008年7月，传音锁定非洲市场。竞争远没有国内市场激烈。而且，手机对于非洲消费者而言，就像早年中国人使用"大哥大"一样是身份的象征，于是被中国等市场淘汰的功能机，在非洲重获新生。传音选择用功能机打开非洲市场，以相对较少的投入获取更大的销量和利润。超大铃声、四卡四待、拍照不再只有牙齿，都是传音手机的特点。

伴随着非洲通信基础建设日趋成熟，用户对移动通信的需求日益增强，非洲已经成为全球成长最快的手机市场。这么牛的一家企业到2016年，才进入人们的视野。2018年，传音终于超越三星，成为非洲市场最大份额的品牌，距离其进入非洲市场已经10年。

这就是传音手机的非洲传奇之路。不求更大更强，找到市场，降维打击，实现超高占有率，这就是传音手机的商业逻辑。

故事讲完了。其实从经营额来看，传音与大厂手机品牌企业相比还有很大的差距，但换一个维度的统计，换一个市场，传音的价值被瞬间凸显了出来。

这种统计方式也很适合早期企业，起点低，所以增速快，增速的百分比就是个很漂亮的数字。

3.数字类比

数字类比有个很好的句式：**这相当于什么？**

如何理解相当于什么？

就是换一个计算维度，绕地球一圈就是换了一个维度，换一个大家会惊讶、感叹，同时又能读懂的维度。

例如，黑钻石自从做了路演辅导后，每年有大量的路演活动、培训、辅导、大赛等。做了一个粗略的统计，约为8500多个小时，8500个小时大家会觉得是一个特别长的时间而已，形成不了什么记忆点。

那么将其换个维度，问：这8500个小时相当于什么呢？8500个小时相当

▲ 某环保类项目路演影片中关于数字部分的截图。

于一个大学生大学四年的学习总时长。换算到这个时间后，再品读价值就完全不同了，这相当于办了一所路演学院！没错，这就是要传递的感觉。

我曾辅导环保轮胎的项目。轮胎用的是可回收的橡胶材料，材料可回收的环保特色是项目一个亮点。在项目路演里有这样一段描述：

中国有7亿辆自行车，自行车轮胎的市场规模达到500亿元，如果使用本材料，每年可节省折损成本200亿元，节省天然橡胶15万吨，这相当于一个海南省橡胶产区一年的产量。

我们知道，海南是橡胶产量大省，数字转换为一个画面。

2018年，我辅导了一个垃圾处理领域的项目，这是一个能源循环利用的项目。在他的商业计划书里有这样一页内容，大致是垃圾填埋场每天都散发大量的恶臭气味。我当时就提示说，这个"大量"说得不够具体，是否可以做一些数据描述。

后来他们经过了详尽的测算后，是这样呈现的：

一个1000吨垃圾填埋场，每天的恶性气体排放相当于10万辆小汽车的一天尾气排量总和，本能源循环工程稳定运营一年，可有效回收恶性气体，产生天然气制品是430万立方每年，相当于节省了500万升汽油，相当于2万辆小汽车的气体减排。

这个项目的价值描述就非常充分了。

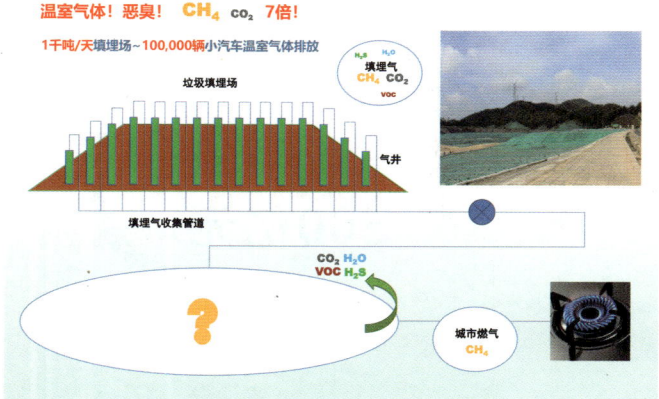

▲ 某垃圾处理类项目商业计划书中关于数据转化的应用。

总之,**数字本身没有意义,它带出的感觉才有意义**。能够挖掘数字,并将其转化为可以读懂的内容,我们的路演就会**化枯燥为生动**。

其实当我们能够营造画面感觉时,能转化元素又何止是数字呢?

第十一章 人P合一

掌控关键一页连一语　思想驾驭一问配一答

> 路演人与幻灯片的关系
> 别跑题：演员与剧本
> 问与答：智者与秘籍

▲ 篇章研习引导图

导语

发挥出影视特长,把写脚本的方法都拿过来,
把自己讲到某个地方的时候,
要做什么样的动作、什么样的表情都标记出来,
演讲稿里面也就出现了"呵呵"字样的标记,
是在提醒自己讲到这里的时候要"呵呵"一下。

"呵呵"的故事

在分享这个话题之前,先分享一个自己路演的故事。这个故事的名字叫"呵呵"。

创业早期,准备公司路演的时候,焦点就放到了要把幻灯片做酷做炫,各种版式设计、各类元素搭配、各种特效,可谓一顿操作猛如虎。

然后看着页面,开始在心里"默路"(默默路演)。这个页面要这样讲……那个页面要那样讲……内心盘算着各种包袱,也期待着满堂彩。似乎已经听到了喝彩声欢呼声一般。

等到正式上台才发现,琢磨那么多精彩的、帅帅的、酷酷的词儿全都不知跑到哪里去了,一开口都变成了嗯……啊……然后……然后……然后就没有然后了。

▲ 在电脑幻灯片软件的注释栏里将路演主要内容做备注,起到提示路演人的作用。

这几乎是所有刚开始要路演、要分享的人都会犯的毛病。**错把腹稿当定稿，丢人现眼没得跑。**

当时就痛定思痛，怎么办，写吧，一顿操作猛如虎，出彩还需文字补！

把每一页幻灯片要阐述的内容全部写出来，放在相应的页面注释里，发挥出影视特长，把写脚本的方法都拿过来，把自己讲到某个地方的时候，要做什么样的动作、什么样的表情都标记出来，所以演讲稿里也就出现了开篇提到的"呵呵"字样的标记。这是在提醒自己讲到这里的时候要"呵呵"一下。

当我开始做了这个准备动作以后，再去分享幻灯片内容时，并非一定要看着这些文字去读。依然是阐述风格，但语言已经被精修过，听者会很受用。路演状态也与之前自己脑海中设想的逐渐吻合。

道理其实很简单，**当我们把文字更精准地写出来时，对路演内容与逻辑都是一个强化过程。**

内容熟悉后，情绪才会放松，头脑才有精力去做一些其他发挥。到后来，对分享内容非常熟悉时，幻灯片上的注释文字也就慢慢变成一个个的关键词。只要一看到关键词，就已经知道该去延展什么内容了。

我发现，自己已经可以与幻灯片"互动"起来，这样的路演感觉实在是非常"如意"，写稿提炼关键词的路演准备工作也一直保持到现在。

路演这件事情，**无论你做多少精细准备，最终都会感觉值得。**

这就是我的"呵呵"的故事。

我把这种**路演人与幻灯片的合理匹配、融合互动的状态**称之为"人P合一"。

路演人与幻灯片的关系

路演幻灯片与路演人的阐述到底该是什么样的关系呢？我有这样几个体会。

通常我们都习惯把幻灯片叫成PPT，那就PPT好了，PPT就是"别跑题"！不少路演人上台后情绪亢奋起来，话匣子打开后，很容易自由发挥起来。这个

▲ 在路演课堂中为学员讲解幻灯片的呈现要点,达到路演人与幻灯片的合力演绎。

时候PPT就可以行使它的功能了。它恰好是用来限定路演内容的,保证该有的有,不重要的就没有,别跑题!路演人与幻灯片的关系的第一层境界:**幻灯片引着路演人路演。**

第二,**路演人与幻灯片是捧哏与逗哏的关系。**路演人不去重复PPT的内容,而是以解读和阐述为主。PPT也要充分发挥其光影特性,给整个路演带来充分的信息量。两者合力让路演信息充分、精彩生动。路演人与幻灯片的关系的第二层境界:**路演人就着幻灯片路演。**

第三,**路演人与幻灯片其实是问与答的关系。**

路演人更应该是一个引领者、启发者。我们希望传递的观念是自动自发地在受众内心产生,所以一个好的路演人,应该是提出对的问题的人,那么答案在哪里呢,没错,就在幻灯片里,将要传递的观念变成答案放入幻灯片,让受众自己去思考,而不是被路演人灌输。到了这个状态,就是路演人与幻灯片关系的第三层境界:**人P合一。**

我在课堂带学员们做这样一个路演互动小实验。幻灯片里放着一张香蕉照片,我问学员,大家觉得世界上最有营养的水果是什么,现场的人无论认为什么水果是最有营养的,但在那一瞬间都会在潜意识里思考:香蕉是世界上最有营养的水果吗?

只要他一思考，路演人发起提问的目的就已经达到了。看似简单的方式里也蕴含着东方禅学的奥妙。如果应用自如，你也许已经掌握将观念输送出去的一个技巧了。

路演阐述的四种技巧性语言

在很多路演场景里，我们发现，经常是路演人光顾着自由发挥，幻灯片毫无用武之地，又或者路演人干脆照着幻灯片上的文字念，完全没有发挥出路演人的价值。

人P合一，不仅仅是技巧，更是一份面对路演的态度。

那么如何做到路演人与幻灯片的充分融合呢？这里包含了内容互补、问答互动、逻辑互联，应该说它能让我们更充分地应用工具和场景，不是一个干瘪的背诵或读稿。

一般路演不超过10分钟，正常人在有声阅读时，每秒钟约读四个字左右，这是我们可以听得清楚的语速，少了就太慢，像《疯狂动物城》的"闪电"那样，我们受不了；多了会太快，听众不易听清。每秒钟大约读四个字，留出前后气口等，一分钟也就180—200个字，10分钟也就是1800—2000个字，其实是一段并不长的文字。

所以，我们完全有必要，也有能力把每个字都精雕细琢，把每个语气、重音、衔接都设计好、演练好。

为什么有些人路演自然流畅，有些人阐述得干干巴巴，一点都不圆润，怎么办，"盘它"！

我们就盘一盘路演时要说的那些话。

首先，我们要尽量避免这样一种路演方式，那就是**满屏的文字加上催眠式地念稿**。路演的文字稿件是用来修饰语言精准度的，但不是直接拿来就念的。另外这种念稿方式路演也会留下企业呆板、不灵活的印象。

根据科学研究表明，**默读速度是正常人有声阅读时的5—6倍，** 也就是说，还没念完，别人已经看完了。去读已经投在了屏幕上的文稿是最不可取的路演方式。

想要做到与幻灯片的完美融合，语言关一定要过。

第一，核心定义式语言。

定义式语言，就是给事物下一个定义。比较适合传播观念。

每年罗振宇跨年演讲都会批量生产一堆这类语言，蛮适合拿来做事业座右铭的，换个大家能听懂的表达方式，也就是金句。

当然，路演不是做脱口秀。没有创作金句的必要。但转念想想，如果我们对产业，对企业的定义，精准又精彩，传播力、感染力自然会更强。所以，以打造金句的标准来修饰一下语言还是有必要的。当然这些能够加持你事业观念的金句未必都自己来造，一旦学习到，要多收藏而且充分应用出来。

例如，黑钻石一直主张人文精神。很多人也都问，人文精神到底是什么。

我在分享这个主题的时候，通常也会做这样一页内容，里面写着这样一段文字：

求同存异、和而不同的处世方法。

文以载道、以文化人的教化思想。

形神兼备、情景交融的美学追求。

俭约自守、中和泰和的生活理念。

这是我在学习习近平新时代中国特色社会主义思想时，提取出来的重要内容，这几句话把东方文明倡导的人文精神表述得淋漓尽致。

下定义是编织自身商业思想体系的重要手段，这也是我平时要求自己做的最多的商业练习。

推荐两部短片，一部是**《中国共产党与你一起在路上》**，里面都是定义式语言，非常有力量。另外一部是美国苹果公司应用时间最长的广告片，名字叫**《非同凡想》**。文字是由乔布斯与美国广告届鼻祖克劳一起撰写，甚至亲自配音录制的旁白，也强烈推荐。

总之，用定义式语言搭建起我们路演的整体框架，甚至在路演结束后，受众可以记住企业的定义式主张，我相信你已经是一个成功的路演了。

第二，逻辑关联式语言。

它更像是一个语言技巧。

只要使用过路演幻灯片的路演人一定有体会，有时受条件限制，我们在路演的时候只能看到当前页，无法看到下一页幻灯片内容。除非我们对内容非常熟悉，否则在翻页的时候总容易卡顿一下。甚至还可能在展示某一页时，一时嘴快，把后面的内容都提前讲完，结果才翻到下一页，只好略过。

现在幻灯片软件都有提示下一页内容的功能，当我们路演时，能看到幻灯片的下一页内容，就可以**设计连贯语，将上下页联系在一起，**听起来就自然流畅很多。这个逻辑关联式语言，就是用来做阐述幻灯片衔接部分的。

有一次，参加一个项目品牌发布会。一位做服装企业的行业大咖上台分享时，因为现场没有比较成熟的幻灯片设备，她只能看到当前页面提示，所以，她在页面衔接的时候，经常用这样一句话来过渡：

"接下来就有意思了……"

"接下来就更有意思了……"

这是非常有路演经验的分享者。

当然，路演时一气呵成连贯自然是最好的，但这种逻辑关联语使用的地

▲ 在课堂里也经常用定义式语言进行教学，对于学员更好地理解和应用路演可起到画龙点睛的效果。

方可不止是在路演时，大家也可以在生活中留意。

第三，自问自答式语言。

这是有分享经验的人常用的一种语言方式，这种语言的好处就是将单方面的内容信息传递，略微调整成了具备一定心理互动功能的演绎。

例如，我要为大家分享路演如何操作，我可以这样直接来表达。

路演的操作就三件事：做仪式，讲故事，传能量。

但是有路演分享经验的人，会这样来演绎：路演既然有这么大的价值，那么到底如何来操作呢？三件事：做仪式，讲故事，传能量。

相当于自己扮演了一个配角，先问了一句，然后自己再回答。有点一人分饰两角的味道。别小看这自问自答，实则是在替受众问，所以才具备一定的互动功能。

第四，重点重复式语言。

主要表现形式是对一些重点语句、文字进行二次重复。主要目的是对重点内容进行强调，从而加强认知与印象，可以比较有效地缓解路演时的紧张。但不要过多使用，否则会适得其反。

语言组织对于路演是非常重要的，但还要切记，我们毕竟不是演讲比赛，重点还是放在内容和逻辑上。这些都准备充分了之后，再有效地**通过定义语言进行重点锚定，逻辑关联语言进行自然过渡，自问自答式语言进行心理互动，重点重复语言进行内容强调**，到最后把这些融会贯通，变成我们的一种习惯和素养，"人P合一"指日可待！

"人P合一"或许还有另外一种解读，我们常说要打造IP，我们看一下这个IP，I是自己，P指PPT，也许IP可以理解为：

把自己的价值和观念通过PPT传递好，每个人都是一个IP。

第十二章 融资方案

空间时间格局巧变换　被动主动优势可逆转

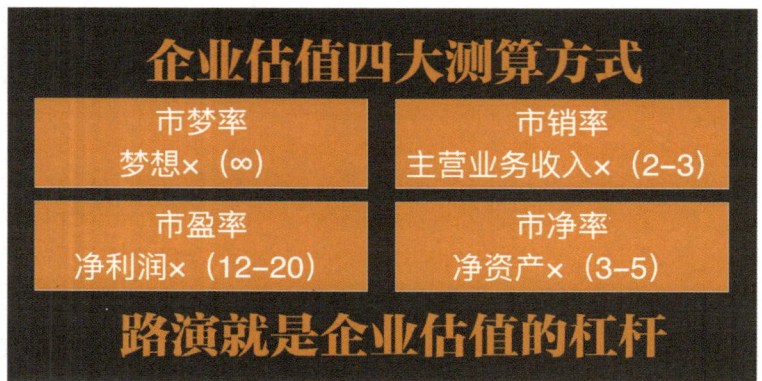

▲ 篇章研习引导图

导语

每个企业都需要有一张清晰的资本路线图,

它记录的不仅是企业经营数字变化,更是资本运营的预判。

有了它,才能对每个阶段资本应用、资本价值、资本路线做充分呈现。

这对投资者是非常有用的。

本篇阐述的内容或许在整个商业计划里，只是很少的内容，但也是最关键的内容——融资方案。

三个基础资本观念

先明确几个资本观念：

第一，融资不仅是融钱，更是融智融资源。

我们的资本思维里不要局限于资金概念，如果对方给你带来市场，带来好的渠道，这也是价值。当然可以折算成股份。具体要看企业处在哪个阶段，哪些资源对自己更为重要。

应该说我辅导过的90%以上的企业，它们真正需要的是融智融资源这个维度。换句话说，**有了人与资源，从市场上赚回来钱才更长久。**

第二，融资是以空间换时间的企业经营动作。

看似稀释了股权，但拿回来了资本和市场，企业可以快速发展，占领市场。在资本足够充裕的条件下，甚至可以重新制定行业规则。这些都是没有资本就无法做到的事情。所以**创业者其实要在空间和时间上做好平衡与判断。**

现在已经有很多方式可以让创业者不必过于担心权利被架空。2020年2月11日，京东最新的股权结构曝光。在京东提交给美国证监会（SEC）的一份

▲ 陕西关中古镇袁家村里的醪糟店外展示的股东名单。村里几乎每个小店都是村民自愿投资共同筹建，最朴素的融资方式，也是对资本最真实的理解。

文件中显示，京东集团（Nasdaq: JD）创始人、董事局主席兼首席执行官刘强东直接及代持京东16.2%的股权，代表73.7%的投票权。也就是不到20%的股权，拥有近80%的投票权，依然是大权在握。所以**设计规则的能力决定了我们未来的成长空间。**

第三，资本的基本要求是规范。

在资本没有介入的时候，自身对企业经营要求不会特别严格。但资本一旦介入，法务与财务必须规范。因为企业相当于已经开始社会化，所以立志于打造一个规范企业的创业者对资本不用排斥，它可能是我们真正做企业的开始。

1.融资也是融智融资源。

2.融资就是空间换时间。

3.规范、规范、再规范。

三个关于资本的观念介绍完，再发出两个融资前的灵魂拷问。

1.企业需要多少钱？

2.企业值多少钱？

企业需要多少钱？没有越多越好，或者有钱就行，需要对与你发展相关的成本进行测算。同时还需要有合理的股权分配意识。

企业值多少钱？估计这个能很淡定回答的人很少。

四种企业估值算法

一般来说,估值有这样几种方式。

1.市盈率倍数法

就是净利润乘以相应倍数,一般十几倍、二十几倍,到上百倍不等。根据你的行业属性、风险系数、盈利能力等测算出来。

2016年,我辅导某医疗器械领域企业的全案路演,这是一个按传统经营模式经营的企业,对于在资本估值方面没有什么经验。因需满足国家要求的产能标准,所以工厂还在扩建当中,并未投产,需要配套自动化生产线,资金缺口约为7000万元。

该企业创始人是科技研发型企业家,对于公司估值等问题思考不多。我们就建议,以企业投产后的年预估利润来测算。

预计年利润为1800万元,并按20倍市盈率作为其企业估值。得出其企业估值为3.6亿。融资7000万,则需转让约20%的股份。企业对此估值没有异议,经过两个月的路演,资金也已匹配到位。

这就是典型的以市盈率倍数法为估值计算方式的案例。

2.市净率倍数法

由公司的净资产乘以一定倍数,一般3—5倍,较适合资产流动性高的企业作为估值方式。

3.市销率倍数法

公司主营业务收入乘以一定倍数,一般2—3倍。比较著名的是亚马逊和京东,都是采用市销率来测算估值,亚马逊是1.88倍,京东是2倍左右。

4.市梦率倍数法

有个想法,有股干劲,有个信念,好!按市梦率,双方谈妥就行。

这四种是比较粗浅的估值算法归纳,但真正做估值的时候还需要请第三方机构来做判断。我们自己也要心里有数。

融资金额		稀释或转让比例	
说明资金用途		阐述阶段成果	
估算收益		退出方式	
阐述资本外收益	投资风险分析	价值	风险

▲ 企业设计融资方案时需呈现的内容表。

大家有没有注意到，这几种算法里都有个"率"，它是一个综合指数，我们可以把它称为杠杆。**谁的杠杆效力越强，谁的溢价能力越强。**而这个杠杆效力是有路演的贡献在里面的。

两个灵魂拷问后，我们终于可以正式踏上资本之路了。

每个企业都需要有一张清晰的资本路线图，它记录的不仅是企业经营数字变化，更是资本运营的预判。有了它，才能对每个阶段资本应用、资本价值、资本路线做充分呈现。这对投资者是非常受用的。

八点融资内容

第一，设定一个融资金额。

刚才我们已经通过灵魂拷问解决了这一点，就是**企业需要多少钱。**

第二，稀释或转让比例。

这里有两个词，一个是稀释，一个是转让。属性不同，要注意区分，不可乱用。

第三，说明资金用途。

拿到投资后，具体怎么用，扩大经营、吸引人才、市场开发、品牌路演等等都行，这里可以有个具体的规划。

第四，阐述阶段成果。

应该说前三点是陈述，但到了第四点以后才是路演要发挥价值的地方。这笔资金按照规划应用后，市场如何，品牌影响如何，团队将怎样等等。这些阶段成果的预期要呈现出来。很多路演人没有思考这么详细，或者说简单略过，这部分要强调。

第五，估算收益。

这里的收益主要是指资本溢价收益，当前的估值与三五年后的估值做对比，清晰地看到本次投资的收益比。

第六，退出方式。

是寻求并购、上市、股转债等方式，如果有条件，还可以将下一轮的意向投资方或并购渠道做以说明，能更好地提升本轮投资者信心。

第七，阐述估值以外的收益。

除了估值溢价收益以外，还可以带给投资者其他收益。例如项目本身的影响力、渠道资源，甚至是口碑、荣誉这些都可以作为价值内容很好地整理出来。

要充分考虑投资人的参与感价值。

自己也参与过一些朋友的项目融资，一是项目好、要支持，二是对项目进行更深的体验和感受。其中，一个做巴马健康水的伙伴，在第一轮融资时，答应给第一轮的投资者们三年某个额度的免费用水。到今天我办公室喝的还是巴马的水。

▲ 在马来西亚槟城做文化产业创新经营业态考察。

总之，这些权益根据你的企业所能给的条件可以逐一列出来，会产生一定的吸引效果。一切都是为了要给投资者一个无法拒绝的理由。

第八，投资的风险分析对比。

这是个蛮有趣的技巧，很有用。但使用时需要一点勇气和胆量。

我有一个马来西亚的好朋友，名字叫Tony（嗯，这个名字有点火呢）。Tony之前是做餐饮的，后来把很多夜市的大排档整包下来。经过精心的打造，很多大排档成了外地游客必去的打卡地。后来他又把目光投向了更有商业附加值的文旅项目。

马来西亚的槟城是联合国文化遗产城市，每年有大量的游客涌入。当地有一种有趣的迷你博物馆商业形态，各种门类博物馆藏在古城的大街小巷，咖啡博物馆、相机博物馆、猫头鹰博物馆等等，但经营品质良莠不齐。

Tony就想是否可以将这些博物馆进行深度开发和整合呢？他组建了footprint足迹公司。深耕东南亚的文化旅游空间，把城市和区域的文化进行创意改造，做成各类文化衍生品以及非常吸引人的博物馆空间，然后寻找大型的旅游区与旅游酒店，进行谈判合作。因为其项目设计得非常吸引人，所以往往能够谈到一个很好的入驻价钱，甚至是免费空间。

他的足迹项目到今年已经有了15个博物馆

▲ footprint创始人Tony早期路演其项目现场,其路演风格与内容给投资人留下深刻印象,极大助力其项目发展。

空间,利润也非常好。几乎每次去马来西亚都一定要去这些博物馆转一转。

这个项目最早在内部路演的时候,我就在现场,其中有一页幻灯片我觉得真是精彩,他将原本是投资人需要做的风险分析动作,提前在路演的时候呈现了出来。他是这样阐述的:

大家投资后,如果项目失败,会损失钱、损失口碑、损失精力,当然我们也无法快乐地一起玩耍了。但是项目一旦成功,你将获得百倍于现在的投资回报,你会赢得一个巨大的文化市场,你会拥有一个终生为伴的好朋友。

有情有理,刚柔并济,融资非常成功。

我们应该积极参与投资人对自身项目的所有分析环节才对。**化被动为主动,**主动引导,主动沟通,最终形成平等对话,甚至是心理优势逆转。

路演内容、路演逻辑、路演细节、路演武器都是在传球、过人,而融资环节是最后的临门一脚,这个时候不能犹豫,也不要担心,要给投资人以最自信的状态,**相信自己路演的每一个字都是正确的决定。**

第十三章 高光时刻

路演之前说七件小事　平常之心备三个预案

▲ 篇章研习引导图

导语

路演现场本身就带着郑重的仪式感，带着现场的感染力，
从而也会让机构产生强烈的表达欲，
所以这个时候听到的反馈更真实，更丰富。
每多路演一次，就多增一份商业的内力。

路演者开始面向受众进行路演时，企业或项目开始正式接受投资者的检阅。无论结果如何，**勇敢地去路演时，就是企业的高光时刻。**

本章内容是我在担任各类创业大赛导师及评委时总结整理出的赛前培训资料。有效地将每一场路演转化为企业对外发声的一次契机，这离不开更有章法的准备。

在迎接高光时刻前，我们需要做好的七件事！

它们分别是：**定目标、盘资源、找亮点、巧呈现、备预案、攒经验、平常心。**

一、定目标

每次路演前，一定要对本次路演的目标再次明确。在整体路演系统中，需要设定三个目标：**当下目标、阶段性目标和长期目标。**目标设定的基础是面对的人群与自身需求。

二、盘资源

再次盘点一下身边的资源，是否能有更充分的调度和借力。

为了让大家更容易盘点资源，我特意为盘资源做了一个顺口溜：

▲ 伴随各类创业创新大赛对路演要求的提高，部分大赛主办方也在大赛前对项目进行路演辅导，并设置了路演演练室，供选手进行更充分的路演准备。

产业链里找金砖，
资质背后寻靠山。
灯下藏着神队友，
朋友圈里列名单。

资源首选产业链，产业链上下游的企业与项目的发展存在紧密关联，也是相关利益方，我们是否已经让他们知晓了我们的路演？

"资质背后寻靠山"是指很多企业在经营过程中，都或多或少获得过相应的行业资质、政府给予的身份等，现在很多城市都有相应的城市产业引导基金，这些基金的关注可以通过这些资源来协助获取。

前段时间媒体报道说有家创业公司资金链断裂，眼看就要关门了。结果公司里一个清洁工阿姨拿出600万给公司完成了融资，至于为什么要做这笔投资，这位阿姨说："喜欢公司的氛围，希望大家都不要走。"且不说这报道是否有演绎的成分，但我们常常灯下黑却是真的，**越是身边的资源越容易被忽略。**所以，想想，身边的那些神队友他们知道你的路演吗？

除了一些明确的资源要通知和沟通，一些平时留意不到的地方也要加大影响力。网络越来越多地扮演了沟通角色。

我们每个人每个企业在网络里都或多或少有着自己的人设，这些资源平日潜伏着，一旦你主动发出邀请，或表露心迹，这些资源或将成为你路演现场最神秘的嘉宾。

三、找亮点

再次回看项目路演幻灯片，还有没有被遗漏的亮点。经常有一些企业在临上台前，一拍大腿，"哎呀，我咋把×××给忘了呢，赶快加上加上"，搞得团队手忙脚乱。我们提前把亮点再强调一遍，为了方便大家记忆和理解，还是编成顺口溜：

行业基因不怕少，
独特技术不怕小，
项目案例不怕孬，
行业牛人不怕炒。

行业基因不怕少， 你以往的行业经验、专业属性一定要有阐述，不怕少，就怕是头脑一热冷门跨界的，会让人很担心。所以在这一点上要看是否能够再突出。

独特技术不怕小， 技术没有大小之分，不是说非要能上天能入海才是技术，能少点资源浪费，多点人文关怀，这都是技术，所以要再思考，技术价值方面是否都已呈现到位。

项目案例不怕孬， 很多人纠结，我这个案例还不够好，不太合适，不够完美。案例所代表的是你系统运营的完整性，案例本身就是价值，所以项目案例不怕孬。

行业牛人不怕炒， 这里的炒不是炒作之意。我们可以把它理解为价值塑造。社会价值观导向以后会越来越向尊重科技、崇尚技术、尊重社会贡献这个方向引导。所以，行业里的大咖牛人本就是应该被推崇的明星。所以，注意看看团队里的牛人在路演时是否可以有更好的亮相,给予项目路演更多的能量加持。

四、巧呈现

带上产品 , 带上团队, 带上观众,带上浪漫。

1.带上产品

如果产品是可携带、可体验、可观看的,一定要带上。

我辅导过一家奶茶企业,总部在山东,每次来北京参加路演活动,都要在路演现场搭起一个浓缩版奶茶店。这一整天,几乎现场所有人都是一边喝奶茶一边看路演。轮到这个奶茶项目创始人去路演的时候,我觉得她似乎就是在自己家的奶茶店门口路演一样,**变客场为主场**。

我在甘肃给某个大赛做决赛评委时,一个农业机械改良项目路演,竟然把农机车从大门口开进了会场,直接从评委席前缓缓地开了过去,恍惚间像是来到了田间地头,大家对这个项目的路演印象也就特别深。所以,别光带幻灯片,记得带上产品。

▲ 兰州某大赛农业机械改良类项目将设备直接开到路演现场展示,给评委和现场观众留下了深刻印象。

2.带上团队

项目路演不是智力答题的综艺节目,在条件允许的范围内最大化呈现企业价值就是了。**带上团队一起去路演,是对项目路演能力的有效补充,也是一次很好的企业战略同频。**

一般团队若能集体到场,而且在他们的路演过程中安排一个团队集体亮相的小仪式,这份集体感能让大家感受到团队对事业的热忱。所以,不要让你的团队缺席企业的路演,让他们成为参与路演的一分子。

3.带上观众

主动邀请对项目感兴趣的资源到场,企业自己邀请来的资源就会有三分熟悉和亲近,比起完全陌生的观众,他们对项目的加持力度会更大。这样听起来是不是有点像明星见面会了呢,道理是一样的,**核心宗旨就是要让企业成为这场路演的主角。**

4.带上浪漫

参与过的大部分路演活动现场气氛基本上都是枯燥和乏味的,**而路演人的浪漫主义情怀就是驱逐枯燥的那一抹阳光。**

浪漫一点,让主办方给点登场的专属背景音乐;

浪漫一点,为特殊的嘉宾准备个用心的小礼物;

浪漫一点,用一段舞台剧来讲讲企业案例故事。

总之,浪漫会带来感染力,只要表现得当,商业当然可以很浪漫。

五、备预案

路演现场什么情况都有可能发生,唯一可控的就是多做预案。

▲ 北京某净水技术科技企业将净水产品与设备带到路演现场,更直观地让机构看到技术效果。

1.设备预案

路演活动如需要用到主办方的路演设备,文件就需异机拷贝,就会涉及各种操作系统的切换。电脑设备、遥控笔、连接线,如果有可能尽量全自带。否则那种硬件的陌生感也会给路演带来一定的干扰,同时务必要到现场提前进行演练。

2.问答预案

不同的机构关注角度不同,会问出各类问题。我们要理性看待,更要提前准备回答内容,而且机构也希望通过这种交流获取到企业更多信息。但有不少创业者面对这些问题时,在问答环节容易带一些情绪,这个完全没必要。回答问题直接、简练,不去旁征博引,**最好能直接以数据和案例回答**。总之,切忌不要把问答环节当成辩论场。

3.商务预案

这是很多企业路演后最缺失的准备。机构想再多看一些企业的资料,"抱歉,没带。"有些项目在现场与机构谈得非常好,希望可以签订个投资意向书，顿时喜出望外，"抱歉，也没带。"机构计划直接去公司看看，"抱歉，今天没人在。"

当我们决定要开始路演，我们就必须全方位地做好被观察，去沟通的准备。不要小看任何一场路演所带来的商机。

六、攒经验

要把每次路演都当成做一次项目体检。

在路演过程中所获取的资本反馈的价值丝毫不亚于请专业团队做一次市场调研。这也是为什么我会鼓励大家一定多做路演的原因。这种反馈在其他场合很难拿到。路演现场本身就带着郑重的仪式感，带着现场的感染力，从而会让机构产生更强的表达欲，这个时候听到的反馈更真实，更丰富。**每多路演一次，就多增一份商业的内力。**

七、平常心

平常心不是没有欲望的佛系，而是在努力之后淡然从容看待结果的心态。保持好平常心，才能在路演这条漫漫长路上走得长远。想要有一颗平常心，给大家几个建议。

1.要有创业者的温度

自己就能够发光发热，自带感染力。

▲ 某路演大会中为选手控制路演时间而设计的时间沙漏。

2.要有专业的态度

既然我们是项目方,就要拿出我们的专业,不要机构一点质疑,就丧失了自己的专业性。

3.要有事业的风度

做事业的人需要大气度、大格局,而不是去和人抬杠较劲。

创业者的温度,专业的态度,事业的风度,**路演自此也就成了一种修行。**

这就是我们迎接高光时刻前需要做好的七件事!

七八分长短

十五页分明

图影吸睛处

千字做精修

团队齐上阵

问答案在手

创业需路演

准备方解忧

路演是讲故事,做仪式,传递能量。以更易理解的方式去解析路演,应用路演,并形成一套可执行的系统方法论。

路演也是种下一颗种子。我们精心地准备了那么多工具、场景、文字,都是为了将这颗种子种得纯正:

种下性格的细节,记住一个人物;

种下数字的画面感,了解一段成长;

种下观念主张,则成就一番事业。

当然我们也要深知,播种与收获不在同一个季节,但我更加相信天道酬勤的规律。只要种子种好了,就有收获的希望。

将法十八篇

Roadshow Methodology
Eighteen Cultivation

第十四章	年度统筹	第二十三章	仪式传承
第十五章	商业CT	第二十四章	品牌规律
第十六章	黄金部队	第二十五章	价值矩阵
第十七章	文化语境	第二十六章	十全事美（上）
第十八章	产业秘境	第二十七章	十全事美（下）
第十九章	红点理论	第二十八章	案例！案例！
第二十章	未来之图	第二十九章	园区路演
第二十一章	火线阵地	第三十章	城市路演（上）
第二十二章	企业环路	第三十一章	城市路演（下）

"将法十八篇"引言

"兵法十三篇"是战术层面的路演基本功,"将法十八篇"则是战略层面的路演点将台,从全局出发,从长远筹谋,力图为企业打造一套可持续提升价值的内容场景化系统。

"将法十八篇"是整套《路演方法论》的重中之重,共计十八个篇章。

写作本书的70%的时间和精力都是用在"将法十八篇"里。

"商业CT"篇对企业发展规律周期的理解进行了阐述,以此来打开大家认识企业的方式。"黄金部队"篇里我提出了企业的五大路演人理念,相信随着路演系统落地班的开办,会有更多企业用路演人来定义企业的战略团队。

"文化语境"篇里有许多企业心心念念的文化内容打造方法。

"产业秘境"会带我们发现企业的深层次价值,阅后会有捡到宝的欣喜。

"红点理论"是方法论里最短的篇章,但内容十分重要,是我们理解"未来之图"篇的基础。而"未来之图"以说是"将法十八篇"里的扛鼎之作,它也是应用路演的方法对未来做的深度思考。

"火线阵地"第一次将路演的九大场景进行了整理和剖析,企业可以根据自身属性选择应用。

"企业环路"是许多企业朋友一直希望我分享的企业环境路演的方法内容，这次终于升级出来，正式发布。

"仪式传承"篇是写得最为投入的篇章，也记载了自己一段难忘的时光，对于理解商业仪式，真正执行商业仪式能起到操作指南的作用。

"品牌规律"与"价值矩阵"两篇上下关联，都是以品牌路演为焦点，从对品牌原理的分析开始，到企业品牌运营的系统方法为落脚点，助力企业打造出自己的传播矩阵。

"十全事美"上下篇是方法论里涉及案例最多的篇章，50余个项目蕴含其中，可称得上是路演故事小百科。会让我们对企业的十大类型故事有全面的形态理解和内容参考。

"案例！案例！"篇是方法中的方法，如果一定要选一个篇章定义其价值，那么非本篇莫属。"案例案例，一本万利，"如何复盘出一个有效案例呢，十个步骤已经阐述好了。

"园区路演"篇分析了数个不同类型的园区在经营中的难点，而路演刚好是园区可以应用且带来提质增效的方法。

"将法十八篇"的最后两篇内容我留给了城市，"城市路演"上下篇，将最近五年在**招商引资、创业创新、营商环境**等领域的实践进行了梳理，同时也整理出了城市路演的七大篇章，是非常重要的工作实践。

这十八个篇章既是对路演系统高维度高价值的应用，也是自身商业思想体系的丰富与修正。**"兵法十三篇"的核心在于"法"的运用，"将法十八篇"的焦点却是"将"的修为，**俗话说千军易得，一将难求，**拥有战略思维的人永远是受社会欢迎的将才。**

让我们一同向着梦想进发，高举路演战旗，放开思想的缰绳，去尽情领略"演绎愿景、看见未来"的美妙吧。

第十四章 年度统筹

七大系统铸将领修为　七大模块成完整动作

▲ 篇章研习引导图

导语

使企业零散、碎片、随机、被动的市场与资本计划，
形成一个完整、链接、主动、可控的执行动作，
最大化实现所有动作的价值。

将者，其才、其度、其势，皆在于统军制胜也。

可见统筹能力是作为管理者很重要的素质。对于企业路演系统，因其全周期应用属性，也会全面涉及企业各个领域，包含企业文化、团队建设、营销合作、产品推广、资本对接等。统筹工作是第一要务。

本章作为"将法十八篇"的首章，将带大家全面了解统筹企业路演系统的七大模块，可分别用一字概括为：人、文、书、影、景、仪、年。

这是一个以年为单位的执行统筹，七个模块既可单独应用，又互为关联，整体导入会效力倍增。**它是从可执行角度出发的规划设计，也是从结果目标倒推的沙盘推演，**使企业零散、碎片、随机、被动的市场与资本计划，形成一个完整、链接、主动、可控的执行动作，最大化实现所有动作的价值。

模块一，路演团队——组织系统

人生逆旅信当先。

人，才是建立信任的根源，才是创造价值的主体。所以，首先统筹路演团队。

在路演重点应用的五个内容领域，将路演团队按照**市场路演人、技术路演人、品牌路演人、文化路演人、资本路演人**进行划分。

他们专业背景与特长不同，但他们是企业里的最强组合，也是冲在企业发展最前面的探路者。

在企业辅导过程中发现，企业对路演人的筛选划分是一个重新定义人才价

▲ 为北京市科技企业孵化器从业人员进行企业路演系统导入能力提升培训。

值并理解组织架构的过程。更有想象力的经营者在对路演人的筛选过程中,就已经植入了对打造更强组织系统的期待。

模块二,核心语境——文化系统

文润品格意志坚。

文化以一种柔性的方式塑造着企业最刚性的信念!

文化就像种子,有了它的存在,企业才充满生命力与希望。而在路演中,**文化是企业路演系统的语境库核心**,所以核心语境也必是取自文化内容。那么一个有趣的现象就出现了,曾辅导过的无论是初创企业,还是发展中企业,不管企业文化是否已经健全和丰富,**当企业在统筹路演的核心语境时,都对企业文化系统的升级优化起到了助力作用**。而且以路演的角度优化文化核心语境,必将为语境注入更强的路演属性,更有感染力、传播力、价值力,更有独特性、专属性、逻辑性,这是以往文化内容创作时或多或少会欠缺的思考。

文化系统的梳理用多少笔墨与精力去完善都很值得,但需明确,文化核心语境的提炼是用来服务路演的整体战略,内容不宜过多,抓住**关键词、使命、愿景、价值观、价值主张、宣言**等几个核心板块内容即可。

模块三，商业计划——价值系统

书画江山核为境。

商业计划是我们描绘事业的重要依托。它上承人文（团队、文化），下启场景（活动），是将路演系统带入可执行层面的核心纽带。此时的商业计划包含的内容更多，类型更全，需根据不同的路演人、路演内容、路演场景进行灵活调整。整体逻辑必须一致，它代表和传递着企业在当下与未来的全面价值。

模块四，内容呈现——传播系统

影刻响羽故梦连。

古代，有种名为响羽箭的兵器，在弓箭上捆绑响哨，箭未到，声先到，起到震慑前敌与传递信号的作用。

媒体时代，内容即传播。具有传播力、影响力的优质内容就是那支传递声音传递内容的响羽箭。它们经过精心的策划和设计，以最凝练的方式传递出事业热情和价值，通过这支"响羽箭"呼唤并连接起企业者的梦想，并最终实现放大企业影响力的作用。

内容可有多种类型，但目的只有一个，影响力传播。

但好内容并非在用的时候才去准备，而是准备好了才会被用出来。

不少企业在去参加展会前、去路演前、开发布会前，才临时准备展示传播内容。第一，匆忙中不会有好创意；第二，如此片段式、临时性规划出来的路演内容必然主题不够统一，资料无法共享，造成精力与财力的浪费。

更重要的是，故事内容的重要性和创造的积极性将被淹没在匆忙之中，很可能就放弃了以最好的方式去呈现企业价值的机会。

我们以年为跨度，设计年度主题，整体筹划企业传播内容。有计划地将各个故事价值最大化，不单单在路演现场使用，还可以在全媒体领域广泛传播。

充分设计出每个故事内容所需使用的各类场景,以及传播渠道。

同时,对每个故事内容在何时进行创作,何时出品做出时间规划,因为故事内容的创作时机很重要。启动过早,企业状态与资料准备不足,启动晚会贻误战机。创作本身还有一些优化调整,所以要把完整的路演内容时间表融合进整体的路演系统年度运营图里。

总之,这是一次**站在影响力角度的集体头脑风暴**。

模块五,路演场景——活动系统

路演是内容场景化系统。不同场景指的不是场合,而是主题。不同主题使用的内容、需要做的准备也截然不同。企业的文化路演与市场招商的调性就明显不同,资本路演与品牌发布焦点也不一样。

作为城市,"会、节、坛、周、日",都是重要的城市品牌招商路演的主题,某某大会、各类节庆、主题论坛、科技周、文化周、消费日、品牌日等等,不同主题也决定了不同的场景。

企业常规路演场景分为九种:**产品招商、品牌发布、行业展会、企业沙**

▲ 每年由政府主办的各类活动也是企业展示自身价值的重要平台,提前进行呈现内容的组织,将使企业更好地承载城市对企业发展的助力。

龙、**人才招聘**、**行业大赛**、**融资说明**、**媒体矩阵**、**企业年会**。覆盖企业各类经营活动。

组织系统、文化系统、价值系统、传播系统都是为活动系统而做的准备。在路演场景中，企业开始向公众展示价值，方知路演内容是否得当适用，公众是否接受，在场景里才能得到最真实的反馈。正是"景题入世感冷暖"。

模块六，路演仪式——传承系统

一个企业的商业品级会通过仪式被呈现出来，没有好的仪式，路演是没有灵魂的。同时仪式也是企业文化传承的重要方式。

路演仪式是路演系统七大模块里对企业自身文化素养要求最高的板块。**场景因仪式的注入才变得能量不同。**

路演仪式主要指场地硬件以及核心流程以外的**礼遇设计**、**献礼展演**、**仪式动作**、**礼宣文字**、**礼赠信物**、**礼仪音乐**等带有文化承载力的软内容与细节。这六点构成了一个完整、系统、有品味的仪式。什么文化品位的企业，做出的仪式就会是什么样，也就会吸引同样属性的人到身边来。这就是"仪引金刚来堂前"。想吸引健康长久的伙伴，最终还是需要提升企业文化品位。

模块七，年度统筹——执行系统

企业路演不图一时之快，需步步为营，要全情投入。一个企业能够以年为跨度来督导整体路演系统的执行，才是最大效能地发挥每一次路演价值的最好方式。

执行内容包括对商业计划、传播工具、内容及数量确定，对路演活动主题、数量、时间进行确认。对路演活动仪式标准进行衡量矸判，得出整体成本预算，合理推演出如覆盖客群数、覆盖区域数、营收额、融资额等目标。最终把整理出的数字、时间、主题、人员、目标全部汇总到一张年度运行图中。

人、文、书、影、景、仪、年作为企业年度路演系统的七大组成模块，一起构成了路演的内容场景化，全面了解后将会对企业充分执行路演战略有指导作用。

第十五章 商业CT

十点评测事业能见度　风险筛查商业免疫力

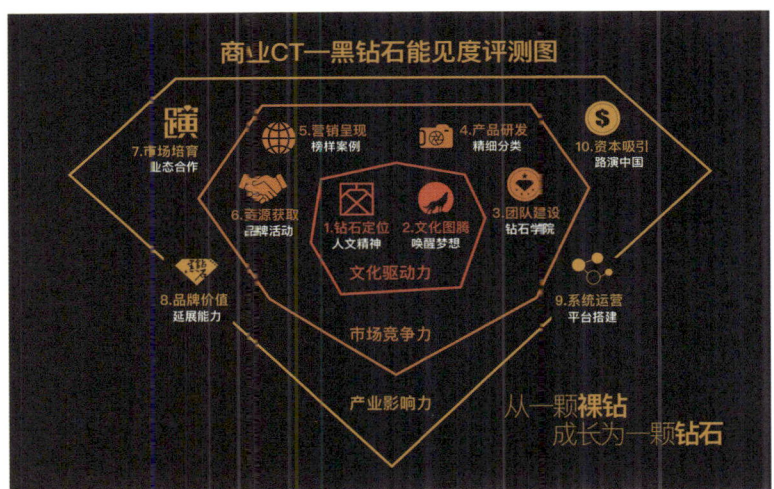

▲ 篇章研习引导图

导语

企业会发现,这三种力量需要被整合起来,
文化驱动力,市场竞争力,产业影响力共同构成了企业免疫力。
拥有了这份免疫力,
我们终于可以登上商业的竞技场了。

建立企业路演系统的目的是为了搏击商海，力争头筹。它也是一场高强度的商业竞技。

在这场竞技之前，我们首先要确保企业自身至少是健康的。有一个健康的机体才能通过不断训练去持续发展。

现代医疗体系里，CT技术的应用，极大提升了诊断的准确率。伴随健康意识的进步，定期做体检已成为一种健康习惯。

通过做CT，全面透彻的观察身体，提前做病灶的筛查，防患于未然。企业发展也同样需要对自身"机体"进行"商业病灶"的筛查，从而避免在运营过程中的"健康"风险。

投资机构对企业投资前，按流程都会有初步尽职调查，是对企业的"初步打量"。初步尽职调查的主要内容包括**管理团队、行业分析、竞争强度分析、商业模式、经营预期、政策影响**等。当然，从更全面的企业经营来看，远不止这些尽职调查内容。

这个过程，我们可以把它称为企业的**能见度观察**。也是我们进行企业路演系统强化的第一步。

企业能见度，是对企业宏观的商业观察和预判。

假如企业在被"整体观察"阶段就看不到希望，被"仔细打量"的机会就更小了。想拥有微观呈现的机会，先要过了宏观判断这一关。

我们之所以要研究企业的能见度，目的不是去做评论员，而是通过了解这套诊断方法后，可以常常来审视自己，起到有则改之、无则加勉的警醒作用。

所以，能见度绝不是简单的第一印象，它是企业分析自己运营生态的一套方法，可以优化自身的运营系统。

那么企业的CT如何做？我们是否也可以得到一张清晰全面的图像，用来判断企业是否健康呢？

2020年的新冠肺炎疫情，给全民普及了一个常识，有一项非常重要的机体健康指标，那就是免疫能力。

朋友匿一度很火的一句话就是**"免疫力就是核心竞争力"**。这句话也特别适合企业的运营系统。

商业生态与自然生态有许多相似的地方，都是单丝不成线，独木不成林，一棵孤树很脆弱，一片森林就很坚韧。

商业也是如此，你是否具备长久持续发展的生态链，是否有从一颗种子成长为一片森林的可能性，这就是企业的能见度给企业运营带来的反向思考。

商业生态的五个系统

一、种子系统，包含商业定位与文化语境。
二、孕育系统，包含团队建设与产品研发。
三、萌芽系统，包含营销推广与资源获取。
四、成长系统，包含品牌延展与市场培育。
五、收获系统，包含产业链条与资本吸引。

这里要敲黑板了！**成熟的企业，是这五大系统同时拥有，并且形成完整的循环。**人体每时每刻都要产生新的细胞，也会有老的细胞死去。企业也是如此，必须有完整的新陈代谢，这五个系统是共存的，企业才是个生态体。

接下来我们对这五个系统逐一阐述。

1.种子系统，包含商业定位与文化语境

企业的种子系统要做两件事：**商业定位与文化语境。**

第一是拥有明确的企业商业定位。商业定位一般蕴含在企业愿景里。

用黑钻石举例，黑钻石的商业定位就是人文精神，它包含在黑钻石的愿景"具有人文精神的传媒机构"里。伴随着物质条件的满足，人们对精神价值的追求将被充分释放，人文精神本身就是一种成熟社会的刚需。它就是黑钻石的商业定位。

第二是有精准的文化语境。有了这两点，商业定位与文化语境，企业种子系统的DNA就已经链接完毕，无论在哪旦生根发芽，这家企业的本质属性都不会变。

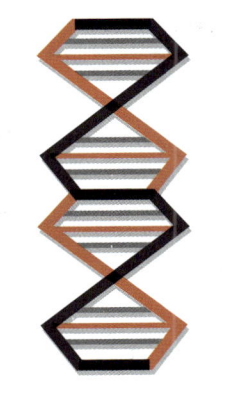

▲ 商业定位与文化语境是一个企业的成长基因。

2.孕育系统，包含团队建设与产品研发

如果有可能，每个企业都需要有一台"制造商机"的机器，企业才会永远拥有希望。

孕育系统包含两个内容：**团队建设与产品研发。**为什么用孕育这个词，就是因为团队和产品是企业最耗心血的部分，孕育本就带着血脉相连的含义。孕育出来的团队，忠诚度会更高，孕育出来的产品投入度也会更好。所以，在这个系统里，我们要评测企业是否有完备的团队建设。

黑钻石以自身的路演学院板块作为培养人才的摇篮，路演咨询师、路演辅导师、企业导演这些专业人才的培养，既可以为行业输出人才，也

可以为自己所用。这能有效地跨过文化创意型企业的人才瓶颈。

黑钻石的产品研发思路是进行行业细分研发。即便是在很传统的影视创作领域,黑钻石也细分出了投融资路演影片、产品路演影片、招商路演影片等不同影视表现类型的产品。以细分市场做针对性产品研发已经成为黑钻石的一种思考习惯。

所以,只有拥有了好的团队建设,才会有更符合市场诉求的产品,这个企业才会充满商机。

3.萌芽系统,包含营销推广与资源获取

萌芽系统要做两件事:**营销推广和资源获取**。嫩芽破土而出,在拼命地汲取阳光和雨露,但现实很残酷,身边开始杂草丛生,不断在抢夺资源。

▲ 黑钻石导演商学院毕业典礼场景,迄今为止已培养路演创作类人才千余名,如今导演培训课程已完成线上内容搭建,成为传媒、策划、咨询、影视类从业者非常欢迎的学习内容。

企业在哪个领域受到的竞争最激烈呢,是营销和资源领域。这是最为吃紧的地方,挺过去,企业就活了,挺不过去,企业就没了。中国中小企业平均寿命2.9年的重要原因,主要是萌芽阶段没挺过去,都是小嫩芽,抢不到资源,也不会做很好的营销。

应该说,但凡是经营得不错的企业,在营销上都有自己的绝招。黑钻石是以精品案例分享为核心的营销推广,案例是黑钻石营销的法宝,是真正开启企业市场之门的金钥匙。

在资源获取方面,黑钻石是以品牌型活动进行资源获取,例如路演兵法、路演系统落地班等

等。也就是说，黑钻石在营销推广和资源获取上是有抓手的，这两点是黑钻石最重要的生存命脉，使黑钻石可以从萌芽阶段顺利过渡。这个系统必须是无时无刻都要运转着，才使得源源不断的市场萌芽被激活，最终破土而出。

4.成长系统，包含品牌延展与市场培育

渡过了萌芽系统的生死线，企业终于拥有了开始增加价值的成长系统。成长系统的代表性动作有两个：**市场培育与品牌延展**。

第一个动作就是市场培育。市场培育的动作需要企业有一定的成本负压能力。一旦企业建立起市场培育动作，长远收益的积累也就开始了。

对企业来说，这才是真正战略意义上的成长。开始对一些种子市场进行市场培育，养成客户习惯等等。虽然这些暂时不能转化为收益，但是假以时日，它会成为未来重要的市场。例如黑钻石在早期就开始不厌其烦地做各类路演科普教育。如今各种政府大赛、园区路演培训首先会想到黑钻石，这样就逐渐带来市场培育的收益。

第二个动作是品牌延展。应该说**品牌延展力是企业价值是否能被充分释放的重要指标**，核心品牌后面是否能有一个"+"，是否可以围绕着核心品牌延展出一系列品牌矩阵，形成客户心中第一反应，这就是品牌延展力。

做好这两个动作，证明企业的成长系统已经完善，是一个可以被期待的商业主体。

5.收获系统，包含产业链条与资本吸引

终于，企业进化出了收获系统，拥有收获系统的企业有两个象征：**产业链条搭建与资本吸引力。**

这时候的企业已经能够承受一定风险，也有了相应的"底气"为企业营造良好的外部发展环境。

第一，产业链条搭建。将上下游产业链组合连贯起来的规划，使企业可以融入更大的生态体系，也可获得更多上升的通道。

第二，资本吸引力。企业是否有宏大愿景来吸引资本，这也是所有企业创

建者的出路。

黑钻石以建设推动"路演中国"事业而不懈努力，将全国的好项目、好人才、好模式进行价值发现和产业落地。我相信无论是资本、市场，还是社会，都会需要且欢迎这个计划。

至此，企业五大系统组合完毕，商业生态也成了一片森林，真正构成了持续健康发展的生态系统。

这里面涉及商业生态系统的十个方面，分别是**商业定位、文化语境、团队建设、产品研发、营销推广、资源获取、品牌延展、市场培育、产业链条，资本吸引**，找到每个方面的运营抓手，让企业从容地运营循环起来，进入一个良性螺旋式上升进程。

企业能见度的三种力量

如果我们把这十点再细分一下，可以发现它们其实也汇聚成了企业所需具备的三种由内而外发散出来的力量。

商业定位与文化语境，一起构成了企业的一种内在驱动力，这是企业家精

▲ 透过企业的路演来观察其商业能见度是最为便捷直接的方式。企业也要通过每一场路演来全面体现自身价值，图为《路演中国》一书的发布会，其体现着企业的研发、营销、市场、产品、资源等多方面价值。

神的最好体现。"哪怕战斗到最后一个人,也要干下去"的一种文化驱动力。

由团队建设、产品研发、营销推广、资源开发这四点共同构成了企业的市场竞争力,应该说企业在市场主要竞争的就是这几方面。也是我们投入精力最多的。

第三种力量是由品牌延展、市场培育、产业链条、资本吸引共同构成的产业影响力。

我们通常注意的往往是市场竞争力,而通过企业能见度的分析后,尤其是通过路演系统的导入,我们会发现,这三种力量需要被整合起来,**文化驱动力、市场竞争力、产业影响力共同构成了企业免疫力**。拥有了这份免疫力,我们终于可以登上商业的竞技场了。

经过商业领域的CT,从宏观上可以给出一个基本的健康指数,企业是否符合行业的大趋势,是否有差异化经营,是否有平台优势,从而形成完整的商业逻辑、创新能力以及资本出路,这些都可以观察得到。

企业的能见度观察,就是从各种维度来透析企业的可能性,最终得出一张企业的CT成像,企业从此就在我们脑海里立体而丰富起来。

第十六章 黄金部队

汇众智奏路演集结号　司其职聚五行新组合

品牌路演人	有咨询背景　媒体思维　对产业趋势有预判
市场路演人	有技术背景　营销思维　熟悉企业项目　可整理案例
技术路演人	有产业背景　市场思维　可跨界资源整合　成果转化
文化路演人	有人事背景　合作思维　知晓企业历史　懂人情世故
资本路演人	有财务背景　战略思维　创始人或财务总监

▲ 篇章研习引导图

导语

文化路演人、市场路演人、品牌路演人、技术路演人、资本路演人，
他们分工不同，侧重不同，擅长不同，但当他们把各自的路演分别准备好，
一个企业的完整路演也就跃然而生，
呈现出一个丰富多彩的企业生命体。

路演人，是一群为探索企业发展不断精进的探路者。

企业路演人该具备什么样的职业技能与人文素养，如何做出各具特色又无缝衔接的系统路演，如何打造一支能把企业价值持续输出的团队呢？

首先，根据路演系统的领域划分以及大量企业年度运营内容，我们需要五种类型的路演人：**文化路演人、品牌路演人、技术路演人、市场路演人、资本路演人。**

他们路演的内容和角度有很大差异，对他们的履历背景，自身特质要求也各不相同，因此，他们的路演组合会更全面地体现企业价值。

而路演就是一场团队的持续接力。

文化路演人

文化路演人是企业最难培养的核心骨干，因为他们的成长需要足够长的时间。最好是企业成立了多久，他们就陪伴了多久。他们是公司元老级人物，不仅知晓企业历史，而且对企业的点滴成长都充满感情。

从文化可以覆盖到的经营领域判断，文化路演人更需要的是人事领域的职业背景，是公司运营的重要润滑剂。

有了文化路演人，公司很多事情就有了沟通的余地，大家就增添了归属感与荣誉感。

文化路演人需要准备的路演内容：

▲ 大事记是企业用来展示自身发展历程的主要方式，图文并茂可更直观，更能加深印象。图为黑钻石发展大事记。

1.整理人物传记

创始人的经历，创始团队的成长经历，文化路演人要了如指掌，甚至比他们自己都要了解自己。**一切文化都是从人开始的。**

2.梳理企业大事记

企业大事记是企业的成长基因，每一件大事都包含着许多重要价值信息。 所以，大事记的整理和阐述，也是文化路演人的功课。甚至每年都有大事记整理，这样在企业发展到一定阶段的时候就很容易做复盘。

3.发掘文化事迹

文化事迹指的是能够代表企业价值观的事迹。

我曾辅导过洛阳一家以三产农用三轮车为主的企业。这家企业以中国传统文化孝道作为企业核心价值观，认为爱家才能爱企，孝道文化要落到实处。企业里有一位员工，为了让老父亲在晚年也能看到祖国的大好河山，骑着自己改装的三轮车，十余年里，带着父亲走了大半个中国。这个事迹不但成为企业的文化事迹，而且被央视深度报道，这位员工也成为企业文化的榜样。

4.收集文化物件

文物可不仅是用在国家文化、历史展示中。在企业创建过程中，曾发挥过价值或见证过企业历史重要时刻的物件，它们身上都蕴含着企业的文化内涵，这也是文物。还记得自己用过的第一台电脑吗，还保留着第一份合同吗，这些都是企业文化物件，**将路演企业的文化聚焦于一个个物件所蕴含的故事上，这就是文化建设里重要的博物方式。**

在辅导北京市燕山地区的城市路演时，专程去燕山石化企业考察，在企业展馆外，伫立着用40多年前的大型工业设备而制作成的一组雕塑，旁边用文字标示着："这是一段岁月，一片热土，一个企业发展的见证。"应该说每个企业都有自己的奋斗史、发展史，那就具化为物件，这样可以更好地去解读企业文化成长脉搏。

5.演绎文化核心语境

有了人物传记、大事记、文化事迹、文化物件的铺垫，以往感觉乏味的企业使命、愿景、价值观、价值主张等内容就不再是一行行文字，而是一组感人至深的故事。**伴随着对企业文化的理解认同，也将带来对企业产品和价值的认可和尊重。**

▲ 黑钻石的文化物件收藏展示，里面有最早的设备、曾用过的道具、出版物、文化衍生品等，成为对外介绍企业的"故事角"。

品牌路演人

企业的品牌路演人要对品牌有深度的认知。《路演方法论》中，对品牌本质的定义就是**传播、美誉与资质**。所以，品牌路演人需具备一定的企业咨询背景，同时在媒体传播方面有相关经验。

品牌路演人需要准备的路演内容：

1. 品牌源起

做自我介绍的时候，大家都会有一个习惯，就是从名字开始介绍自己。企业也是如此，但是与个人介绍不同，企业名称背后有着极大的品牌延展意义。

例如苹果公司的名字是"向科学致敬"；华为是"心系中华有所作为"；百度是源自"众里寻他千百度"；小米的MI是缩写于Mobile Internet移动互联网，另外一个缩写是源自Mission Impossible（完成不可能的任务），也寓意着"小米加步枪"式的艰苦创业。

没有任何一家企业的名字是草率的。

黑钻石的品牌命名源自一次南非之旅。这个品牌故事几乎是我在讲述黑钻石历史时必讲的内容。

我曾经辅导过一家奶茶企业，品牌叫"来一杯"。名字的由来是最初奶茶店开在了学校旁边，因为奶茶好喝，同学们放学就挤到店里，喊着，"姐姐，来一杯，姐姐，来一杯"，老板一想，反正这店不能就叫个奶茶店吧，得有个名号，于是便命名为"来一杯"奶茶。现在这个名字已经成为声名鹊起的奶茶连锁品牌。

总之，品牌路演人要将品牌的源起阐述清楚，因为**有了源起，也就有了追溯过去与讨论未来的可能。**

2.品牌资质

品牌路演人要对企业品牌资质的价值和背景有充分的认知。资质通常指的是企业所获得的各类身份和荣誉认证。

例如，黑钻石有个重要的资质：国家中小企业公共服务示范平台，这个资质意味着什么，是品牌路演人需要做出的呈现。

国家中小企业公共服务示范平台，是为贯彻落实国务院促进中小企业发展和大众创业、万众创新的政策措施，引导中小企业公共服务平台不断提高集聚服务资源的能力、完善服务功能，促进中小企业创业创新发展，经工业和信息化部认定，围绕大众创业、万众创新，以需求为导向，为中小企业提供信息、技术、创业、培训、融资等公共服务，具备管理规范、业绩突出、公信度高、服务面广，具有示范带动作用的服务平台。

这是工信部的官方发布内容，可见，这样一个资质授予企业，本身就是一种信任。对于建立品牌信任有非常大的帮助，所以品牌路演人要熟知企业的品牌资质及其背景。

3.品牌矩阵

品牌矩阵不同于媒体矩阵，它是企业在不同产业业态里露出的核心符号。

以黑钻石为例：在路演教育板块里有诸如路演兵法、路演英雄、路演系统落地班、路演咨询师、路演中国等教育品牌，线上也有"路演大侠APP"作为展示窗口。路演联盟在各地的路演中心也是联盟的合作品牌。

以上所有的品牌载体都在为核心品牌而助力，所以当企业开始产业链式发展时，需延展出一个品牌矩阵，品牌路演人要将这个矩阵清晰呈现，以此强化企业的无形价值。

4.品牌标准

品牌标准指的不是行业资格审批一类的行政标准，而是一种企业自律。它是从企业开始输出品牌型人才建立起来的。

▲ 具备商业素养的导演人才培养，是黑钻石从创业早期就开始的品牌人才计划。他们操作项目时有着鲜明的黑钻石风格和标准。图中为联盟路演中心运营团队在进行方案路演阐述。

　　黑钻石在创建早期为了更好地组建高水平创作团队，开始大力培养传媒人才队伍，于是就启动了"导演特训营"培训活动，将黑钻石的创作方法论形成案例解析，进行培训交流。

　　在五年多的时间里，培训了上千名商业与艺术兼具的全媒体运营者，他们来自全国各地，涵盖影视从业者、设计师、品牌策划、企业营销等领域。

　　从那时起，黑钻石在路演领域的创作方法就被许多企业服务机构所采纳和引用，例如"信意核故感来投"这样的逻辑公式，既好用又好记，已广为流传，这某种程度上就是在建立行业的创作标准。

　　如今，科创路演联盟又在大力推动路演咨询师的培养，为全国各地的孵化器、产业园、路演中心输出综合素养高、咨询能力强的路演人才。路演咨询师的"传调辅规管"五大能力又成为衡量一个孵化器从业人员的水平认证，这又是在建立行业标准。

　　品牌路演人必须能带领大家认知企业有哪些方面是在为这个行业探寻标准，为行业输出价值。

▲ 某传统制造型企业在厂房里放置了会议平板,并设置专职技术路演人对来访者进行产品与技术路演讲解,就在生产线旁进行路演更让人印象深刻。

技术路演人

技术路演人并非一定是技术专家,有一定的技术背景即可。技术路演人更重要的是在技术原理与价值的认知基础上,具备一定的产业资源与市场思维,能够站在产业高度上去整合技术要素。因为**技术的应用与转化才是技术路演人的工作重心,可以称之为"技术统战部"**。

2019年9月,中关村示范区科技成果转化工作推进会上,在中关村管委会的推动下,成立了技术经理人协会。技术经理人就是既懂技术,又懂孵化,拥有市场资源的专业型人才,以解决企业科技成果转化这个重要难题。

技术路演人需要准备的路演内容:

1.技术背景路演

企业技术源自自身研发,**技术的根基决定了技术的发展空间,技术所解决的问题决定了技术的价值空间。**

2.技术带头人的路演

技术带头人的行业资历、背景、案例、功勋的收集整理,这些既是重要的信息，也是进一步补充技术价值的内容。

3.技术成果转化的前景

在中国，技术数量远超技术转化数量，大量的技术连实验室的门都没走出去，造成巨大的智慧资源浪费。技术路演人要在这个环节充分推导技术的市场前景与应用场景。**技术永无止境，对技术应用场景的思考也应永无止境。**

市场路演人

市场路演人，是企业最需要大量培养的路演人。**以路演的方式开发市场，是对传统市场开发方式的创新。**市场路演人需要有技术背景，更需要有营销思维，且对企业的市场案例非常熟悉。

市场路演人比起文化、品牌、技术路演人，他的路演形式和内容更为丰富。因为直面市场，所以路演的作用最易显现，其中最重要的就是产品或服务的演绎。每一位市场人员都应该以市场路演人的标准和要求提升自己。

资本路演人

资本路演人最佳人选就是创始人自己，著名企业阿里巴巴就是由马云亲自挂帅去路演。因为，创始人对企业的战略发展清晰，也有足够的权限，否则无法完成与资本的对话。

企业五大路演人——**文化路演人、市场路演人、品牌路演人、技术路演人、资本路演人，**他们分工不同，侧重不同，擅长不同，但当他们把各自的路

▲ 某企业技术路演人的背包内装有电脑、微型投影仪、音响、各类转接线、电源，甚至还有彩笔，以备各类场合随时使用。

演分别准备好，一个企业的完整路演也就跃然而生，他们可以完美地契合在一起，**呈现出一个丰富多彩的企业生命体。**

应该说**文化、品牌、技术、市场、资本**就像企业的五行相生。

文化为金，企业精神是一颗最宝贵的金种子，从而衍生出品牌。

金生水，品牌为水，品牌的故事与传播都要像水一样，润物无声。

水生木，技术为木，需遵循自然，不可拔苗助长，才转化结出市场果实。

木生火，市场为火，要点燃市场，持续热度，才能星火燎原。

火生土，通过市场的开发，提升企业价值，进而吸引资本，沉淀出企业最深厚的资本土壤。

土生金，资本的注入可以再助力文化提升，树立企业更高远的使命与愿景。

从文化到品牌，从技术到市场，从市场到资本，企业就此进入良性循环。

本章最后，提出一个郑重的建议，**路演部需成为企业的一个常态化部**

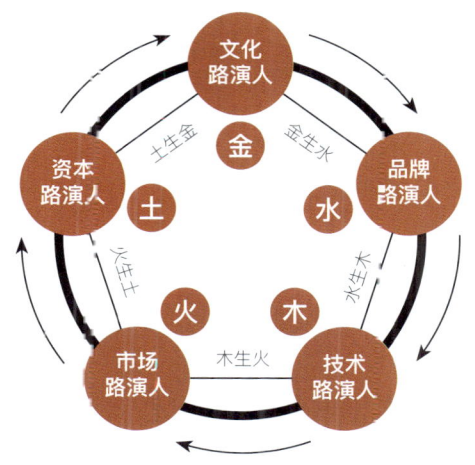

▲ 路演就是一场团队的持续接力。

门,它是原企划部门的功能提升,同时也在为企业的战略部门做最为优质的人才储备。

总之,以打造不同领域路演人作为高端人才培养抓手,以此牵动企业的组织系统建设,才能真正打造出一支能够在事业前方不断探索、不断创造价值的**路演黄金部队!**

第十七章 文化语境

核心语传播普世价值　软实力塑造集体人格

使命	企业从何而来　解决什么问题
愿景	企业到哪里去　终极身份与地位
价值主张	实现从使命到愿景的桥梁　输出价值观的感召口号
价值观	企业整体价值取向　选人标准　以此吸引人才
宣言	对经营理念的定义集合
关键热词	具有普遍认知、可产生共鸣的印象词汇合集

▲ 篇章研习引导图

导语

右下角是寄信的地址,也就是这封信从哪里来,替换为使命;

左上角是收信的地址,此处替换为愿景;

左下角写邮编,替换为价值观;

中间写的是价值主张,右上角是贴邮票的地方,替换上企业的LOGO。

由此就形成了企业以"文化之名"寄给未来的一封信。

企业的价值观、团队信念、战略决策等都受着显性或隐性的企业文化影响。

那么企业文化究竟是什么呢？

在诸多文化阐述中，我认为《中国文化课》一书对文化的定义最具方法性。

▲《中国文化课》封面。

文化是一种成为习惯的精神价值和生活方式，它的最终成果，是集体人格。

所谓方法性就是它不再是我们简单的认识和了解文化，而是可以借助这个定义去充分延展和使用文化。

· 我们将其延展至商业领域，那么企业文化可以定义为：**企业的事业方式与精神价值所形成的企业集体人格。**

何为企业的事业方式呢？

例如制造型企业，他们的事业方式就是井井有条，一丝不苟，流水线作业，按时上下班交接，一切都像机器零件一样周密运转，连团建的时候也都是整齐划一，要求一致性，这就是大部分制造型企业的事业方式。

互联网型企业的事业方式就截然不同，作息不固定，工作地点不固定，思维灵活跳跃，乐于接触、追求、吸纳新鲜事物，有时甚至很难区分他们到底在上班还是在无聊。这两种是比较典型的企业类型。

除此以外还有贸易型企业、服务型企业、文化型企业、科技型企业。事业方式没有好坏之分，它是由行业生产经营特点决定的。事业行为在日积月累中不断强化着人的思考方式，这种思考方式将为形成的集体人格带来重要影响。

何为精神价值呢，**企业在生产生活过程中所沉淀积累出的信念、认知、决策，乃至企业的故事，这些都是精神价值。**

改革开放四十年后，企业家精神已经作为重要时代精神被国家鼓励与推崇。**企业家精神就是企业最为重要的精神价值，**以及由此衍生出的团队奋斗精神、创新创业精神、追求极致的产品精神等等。

相对而言，生产型企业更青睐务实和创造的精神价值，互联网企业更倾向创新和颠覆的精神价值。所以，不同行业所推崇的精神领袖也不同，有推崇务实、奋进、永不言败的褚时健、任正非，有推崇革命创新、追求改变世界的乔布斯、马云。

当我们分析到这里，你会发现，一个企业的人格化形象也就出现了。这群人，遵循着什么事业习惯，以什么方式思考，信仰是什么，追求是什么，偶像是谁等等。

▲ 路演学习课堂中，企业创始人与团队共同梳理出企业文化语境库，并带领团队在台上阐述出文化语境的内涵，共同完成一次以文化语境为核心内容的路演。强化了团队对企业文化的理解。

文化即以文化之，而企业文化也是在用"润物细无声"的方式潜移默化带给人教育、影响与塑造，最终形成企业的集体人格。

当我们谈论起某些服务和产品时，听到原来产品服务是来自某一企业，就会立生好感，这是因为我们已经对这家企业的人格产生了定式思考。这也是文化最终极的魅力与价值。

善用企业文化去教育人、塑造人的企业带头人，才能称得上是商业领袖。所以将文化更充分地应用在路演中，也是我一直以来的主张。

应该说，路演时语境库的核心就是文化，**一切沟通都需通过价值观的同频，才具备信任基础。企业的使命与愿景会使路演更具感染力，宣言式的经营定义使企业更具商业仪式感，价值主张也将是企业呈现时出现频率最高的词汇。那些企业经营关键热词，就是企业在不同阶段带给别人的第一印象。**

所以，梳理好文化核心，就是整理路演系统的关键词，就是为企业路演人提供核心语录。

路演的语境库核心是文化，但路演系统里的文化语境梳理却并不等同于打造文化系统。文化系统是另一个复杂和专业的企业软实力建设领域。路演系统里的文化语境主要是将企业文化内核，如使命、愿景、价值主张等作为路演时的重要内容主轴，由此延展出各类更具实效的路演工具，也就是如何在企业路演里运用文化的问题。

文化语境梳理的三个误区

第一个误区——咬文嚼字。

很多企业爱在文化字眼上较真，导致文化语境梳理了一次又一次，悬而不决，无法确定成文也就无法充分应用。切记，梳理企业文化不是做文章，能真实精准表达企业的理念才是最重要的，切莫因文字的推敲而耽误了文化语境的形成，在这个方面，**要有先做完再做美的创作观。**

曾去一家很不错的科技企业调研，谈到文化语境的内容梳理，这位企业家就长叹一口气，感慨身边没有好文笔的人，写的东西都不满意，不好听，也不顺口，还不够美。光价值主张都写了100条了，都不过关。

这种文化语境的梳理方向就有偏颇，文化虽需严谨贴切，但在文字美感上太较真，实属力气用错了地方。

第二个误区——繁文缛礼。

部分企业在文化上过分延展，名目繁多，各种宗旨、信念、范式、理想、精神、口号、作风、准则……这一通文化内容下来 能把所有人绕迷糊。切记，梳理文化语境一定不能贪多，更不能乱用。

八年前，我在南方一些生产型企业调研，那时像虎门、中山、惠州、东莞等一些生产重地的企业都开始做企业文化建设，强化团队文化认同，提高企业文化凝聚力，这当然是很好的事，但执行起来，就变了味道。

朋友的企业有500多名员工，每天在厂区里做操、跑步，然后拿着一本厚厚的企业文化手册开始朗诵。各种拼凑的文化内容，生硬的文化形态，让

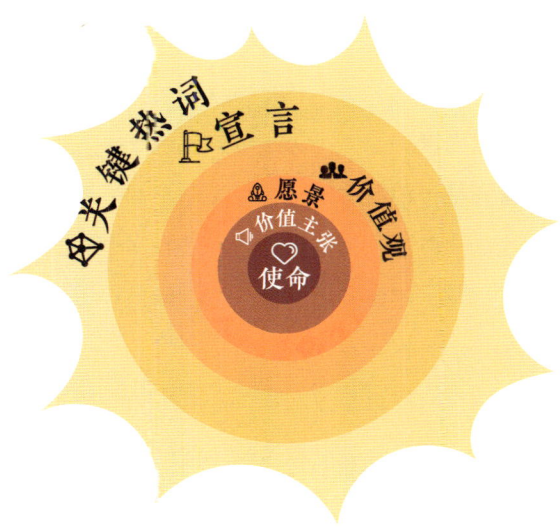

▲ 企业的使命是企业文化内核，通过价值主张的链接，向企业的愿景延展，从而吸引有共同企业价值观的团队，形成企业共同的宣言，在经营中不断衍生出相应的关键热词。

我这个观摩文化的人感受不到文化魅力，反倒希望这环节赶紧过去，免了这份尴尬。企业未理解文化，在应用时难免空洞乏味，变成形式，实践后也只会适得其反。果不其然，没过多久，企业就恢复如常，不再以文化之名，行劣制之实。

第三个误区——大做文章。

有的企业不管自身企业情况如何，不管自己真实想法如何，一味求大、求高、求全。文化最忌空洞，空洞则无用，不仅无用，还有反作用。所以不要借题发挥大做文章，要实事求是，有真情实感才是好文章。

文化核心语境的六个内容

我认为文化语境库有六个方面是具有实用价值的，它们分别是**使命、愿景、价值主张、价值观、文化宣言、关键热词**，其他内容都是通过这六个方面逐渐延展出来的。

第一，使命。
使命就是企业为何而来。

应该说，**使命首先是一种使命感，** 这种使命感都是渐进而来，一般刚开始创业就怀着满满的使命感总让人有些担心，在遇到某个大的挫折，或做事过程中感受到了极大的成就感，使命感才逐渐夯实，所以可以从这两点上寻找一下使命感。找到使命感，使命也就有了。

以黑钻石为例：黑钻石最早是以影视创业，以传媒立业，以路演展业。在项目方案的发布会中，企业为此而欣慰荣耀，团队因此获得鼓励而凝聚，黑钻石感受到了巨大的成就感，也深感这份塑造价值的动作是如此宝贵。黑钻石以此为事业的起点，演绎和记录最伟大的成长力量，后经润色，黑钻石使命最终确定为：**演绎城市与人的成长**。这就是通过体验和感悟而逐渐树立起的使命。

第二，愿景。

愿景就是企业要到哪里去。

它可以理解成为**对企业目标、方向、身份的感性描述**。一个清晰的愿景是企业向未来出发所吹响的集结号。愿景的标准应符合产业定位与趋势，透过愿景，可以看到企业的独特性与价值。同时，**愿景一定要包含着对未来的美好与期待**，企业愿景是点燃投资入投资意愿的导火索。

还是以黑钻石举例：黑钻石未来要成为一家什么样的企业，最终要走向何方，这是我一直在思考的问题。当服务了那么多企业和城市，做完若干案例后，这个答案清晰了。应该说每个案例给我最大的触动和收获就是城市与个人的宝贵思想得到了表达与彰显。这份**思想的生命力将远超我们的寿命，是的，只有得到传承的思想，才可以使我们的价值永恒。**

所以，**我选择，黑钻石成为一家持续对社会输出有价值思想的机构**，这种思想体现在人们探寻生命的意义、身心灵的体验、对事业的思考等等。由于黑钻石所处在文化传媒这个领域，所以也必须以文载道，用情景交融的表达方式，去达成人与人之间和而不同，美美与共的思想状态。这是一种对人文价值的追求，对未来产业趋势的一种判断，也是对黑钻石所处行业的一个定位。由此，黑钻石的愿景也就明确下来，就是具有人文精神的传媒机构。不断去传播有价值的思想，不断去创作有人文精神的作品。

你思考过，未来要成为一家什么样的企业吗？

第三，价值主张。

价值主张是实现从使命到愿景的感召性口号。

"主张"一词的英文slogan的意思就是口号。这个口号是为实现什么而去设计的，前面我们梳理出了使命与愿景，价值主张就是为了实现我们从使命到愿景的一种召唤。

细品"主张"两个字，可以这样解释——主：主要的，核心的；张：铺排陈设，感召呼唤。

这样我们就理解什么叫价值主张了，就是实现从使命到愿景的感召性口号。

历史上曾有过哪些深入人心的主张呢，例如"为中华之崛起而读书"，是感召爱国报国之情；例如"打土豪，分田地"，"抗美援朝，保家卫国"，是感召革命与正义；例如"绿水青山就是金山银山"，感召生态文明；例如"正能量 中国梦"，是感召共同实现民族复兴的伟大愿景。这些都是各个时代的重要主张，它们也切切实实地改变了中国，影响了世界。

▲ 在"两山理论"发源地浙江湖州安吉考察。

如何设计提炼一个具有感召力且朗朗上口的企业价值主张呢？

1.价值主张之桥梁法

我们可以把价值主张视为从使命到愿景的桥梁。当我们把"使命—价值主张—愿景"链接起来的时候，很自然地必须是一段逻辑通顺的阐述。

以黑钻石为例：如何通过使命——演绎城市与人的成长，到达愿景——具有人文精神的传媒机构呢？

我们从"演绎"二字切入，从"传媒"二字倒推，那么光影、雕刻、梦想、时光这些关键词就很自然地出现在语境库中。经过各种排列组合，上口测试，也就有了**"记载梦想，雕刻时光"**这句价值主张。如果问，黑钻石在做路演时哪几个字用得最多，就是这八个字——"记载梦想，雕刻时光"。

我们将"使命—价值主张—愿景"连起来试试：**黑钻石心怀演绎城市与人的成长的使命，不断去记载企业梦想，雕刻城市时光，我们致力于成为具有人文精神的传媒机构。**

你看，一个语境库式的路演也就成型了。

2.价值主张之联想法

通常创作这类主张主要用于项目路演和产品路演中。

在第六章"商业计划"篇旦，我提到了一个湖北美丽乡村建设项目，那是古瑶族故里，以生产酒业为主。推导价值主张的时候，首先明确的关键字是"瑶"和"酒"，那么如何将这两个字带出感召力呢？

这个项目是以招募同乡的酒业从业者为主，这些人如今已遍布全国各地，路虽遥，乡情不远。人在他乡，但与故乡"遥相呼应"，用"瑶"替代"遥"，用"乡"替换掉"相"，就有了价值主张的第一句"瑶乡呼应"。这样的替换更有了从瑶族故里发出呼唤之意，号召酒业同乡共同守望相助。

既然是酒业事业，不但需要热情，也需有长久计划，很自然就联想到"地久天长"，用"酒"替换"久"，将"尝"替换"长"，就有了'地酒天尝'，既包含行业属性，也有其本意长久之意。

▲ 企业文化中的价值主张需有清晰的推导过程。

"瑶乡呼应，地酒天尝"就这样被设计出来，成为这个项目路演的价值主张。

通常价值主张因其感召性和传播性会被用作企业的核心口号，就是我们常常看到企业合影时，要大声呐喊出的企业口号。

基于这个特殊应用场景，我们在设计价值主张时也可以注意一个小细节，价值主张的最后一个字可以设计为开口音，呐喊时就格外响亮，大家可以读一读试试：记载梦想，雕刻时光！瑶乡呼应，地酒天尝！

第四，价值观。

跟人的价值观一样，**企业价值观通常就是企业选人、用人、培养人的准则。**

例如，黑钻石的价值观是四个词：**分享、浪漫、精准、乐观。**

这就是黑钻石选拔人才的标准，也是对人才的要求。

首先要愿意分享，爱分享才能做好路演。

其次是拥有浪漫的能力，浪漫主义情怀是创作出有感染力作品的基础。

精准，在商业服务领域，精准不仅是素养，更是核心竞争力。

最后是乐观，这是对团队状态的要求，无论遇到什么困难，都要乐观地面对。

所以，黑钻石就按照这四点来选择人、培养人：**爱分享、懂浪漫、能精准、会乐观。**

价值观是我们吸引优秀人才的重要文化基石，因为认同了企业价值观而团结在企业的，才是团队。

我曾创作过一张企业文化图。它的设计形式很像一个信封，右下角是自己的地址，也就是这封信从哪里来，替换为使命，左上角是寄到哪里去，此处替换为愿景，左下角写邮编，替换为价值观，中间写的是价值主张，右上角是

▲ 黑钻石创作的企业文化一封信，包含了企业使命、愿景、价值观、价值主张、品牌形象等元素。

贴邮票的地方，替换上企业的LOGO，这个设计的解读也就很明晰了。没有邮票，信寄不出去，没有品牌，企业也是寸步难行。由此就形成了企业以文化之名寄给未来的一封信。

文化核心语境梳理的作用远不止于此。我们开头说文化最终形成的是集体人格，这种人格是如何形成的呢？

使命，雕刻着企业的外在形态。
当我们发现路演是演绎成长、呈现精神价值的更好方式，很自然，会将路演作为重要产品战略板块来经营。

愿景，影响着企业的内在气质。
如果说传媒行业赋予了黑钻石灵动与敏感的基因，那么人文精神平衡出黑钻石更深沉而严肃的气质。

价值主张，发出企业的真情呐喊。
很多朋友未必能清楚地知道黑钻石的产品到底是什么，但一提起"记载梦想，雕刻时光"立刻就能想起黑钻石。

价值观，企业需时刻提升的素养。

分享、浪漫、精准、乐观，当我们倡导这些价值观时，企业里所有人都会向这些标准去努力和提高，最终成为企业的核心素养。

形态、气质、声音、素养，这些已经是典型的人格描述，企业文化就是这样塑造着企业人格。

▲ 黑钻石的企业文化宣言海报。

第五，文化宣言。

宣言是我们对企业经营理念的大集合，通常是用定义式语言风格来书写。

黑钻石宣言——

我敢于梦想未来 更愿意把握现在

赚钱的行业有很多

但我选择要为社会留下宝贵的精神财富

积极带来希望 分享是最好的学习

团队与家人是同一个含义

激情也会把汗水化作琼浆

全力以赴调度身心 实现所有的奇思妙想

我要创造商业价值 更要成为思想的驾驭者

创作没有灵魂的作品就是浪费生命

创造奇迹是我追求的唯一光荣

我愿为此恒心立誓

记载梦想 雕刻时光

他们分别是——

对梦想的定义

对财富的定义

对价值的定义

对团队的定义

对创意的定义

对身份的定义

对人文的定义

对结果的定义

企业宣言的应用将使企业极具仪式感，这点我们将在"仪式传承"章里具体讲解。

第六，关键热词。

关键词是企业里具有普遍认知、可产生共鸣的印象词汇合集。这些词汇没有被收纳使命、愿景、价值观、价值主张里，但它们是我们常挂在口中的企业高频词，是一说就懂的文化默契。

例如曾辅导过的云南某茶企，企业创始人曾说过这样一句话："**我能听到茶的声音。**"后来团队在创作时经常说这句话，以表达自己进入了某种创作境界。黑钻石的关键热词也有很多，例如吸引、相信、跟随、方法论、路演、案例等等，一个企业的关键词决定了企业的即时状态，这也是让别人可以快速了解我们的一个窗口。

这就是企业文化的语境库的六个内容。

使命： 企业从何而来；

愿景： 企业到哪里去；

价值主张：如何实现从使命到愿景的感召性口号；

价值观：选人标准；

宣言：对经营理念的定义集合；

关键热词：印象词汇合集。

第十八章 产业秘境

探秘产业源头新环境　勇寻企业发展大宝藏

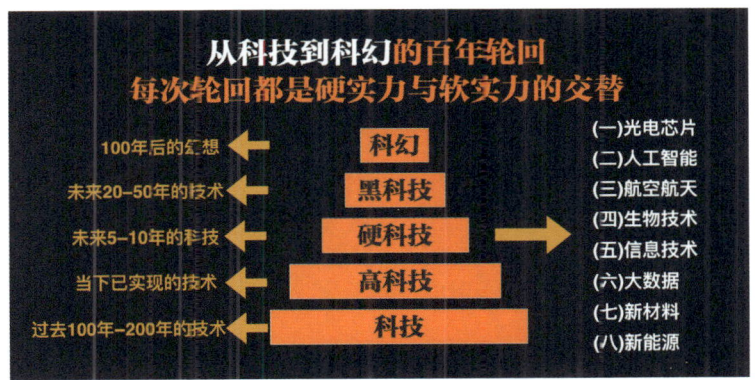

▲ 篇章研习引导图

导语

黑钻石比较敏锐地看到了路演社会化、广义化的可能，
很早就开始，
做大量的路演教育普及活动，不断引导路演向社会化加速转化，
让更多人一起来迎接这个产业的诞生，
让路演的应用更广，价值更大，场景更多。

产业分析是企业充分了解外部环境、看清发展趋势与企业价值的重要动作。对产业的分析，是一种对大规律大机会的把握与预判，同时也是对自身企业经营思想维度的提升。

但是对很多企业来讲，这个话题似乎太大，探讨的内容过于遥远，不少人觉得，与其看产业看趋势，不如看自己看当下。所以，对产业内容的探寻往往敬而远之，浅尝即止。

做产业分析就是看清自己，做趋势分析，就是做战略运营！

很多时候，当我们在辅导企业筹划年度路演系统时，产业分析部分是企业意外收获最多的地方。经常在会议室里听到这样的感慨：

"哎呀！原来这个产业竟然是这么重要。"

"哇！原来这事还能这么做。"

"哎！早知道这样，我当初就……"

这些感慨似乎就像是产业的回应：**"是的，你们早该分析我了。"**

产业大气候大数据里所蕴含的价值，是一处需要耐心和时间去探寻的秘境宝藏。应该说，产业分析确实有点枯燥，但枯燥似乎就是产业给我们设置的一个障碍，克服了枯燥，我们就将踏进这处秘境。当我们找到它，学会分析它，对企业整体战略会起到至关重要的引领作用。

了解产业，打开眼界；剖析产业，提升境界。

产业分析究竟分析什么，从哪里寻找材料，以及哪些内容与企业更相关？针对路演，我们做的产业分析不同于做产业研究，要懂得抓住核心，把握重点，**所有的分析都该是为企业所用，**这个分析才有价值。

产业分析的七个内容

1.分析产业属性

产业属性对于企业价值的影响非常大。我们常常听到的"战略新兴产业、传统产业、夕阳产业、朝阳产业"等等提法，都是针对产业属性而做出的定义。

包括现在非常高频的城市发展热词，"产业转型升级，新旧动能转换，腾笼换鸟"也是针对产业属性而提出的城市产业发展战略布局。隶属于不同产业属性的企业，其发展空间、价值潜力、获得投资的机会是截然不同的。

科创板是近年来资本市场的一大亮点，但在设立之初，就明确了上市企业的行业属性。例如，企业需具备符合国家战略要求，掌握核心技术，市场认可度高等特点，是隶属于互联网、大数据、云计算、人工智能、软件、集成电路、高端装备制造、生物医药、新材料、新能源等高新技术产业和战略性新兴产业。而这些产业恰好又与2018年5月中国科学院发布的《中国硬科技产业投资发展白皮书》中对硬科技所包含的八个产业高度重合。

可见战略新兴产业是大势所趋，是比较容易诞生出独角兽或千里马级别企业的重要赛道。

很多传统企业积极转型升级，将自身的核心竞争力向更符合国家战略方向的产业靠拢，最本质原因是在改变属性。

2.分析产业的发展周期

正确认识所在产业的发展周期，可以使企业以较适度的节奏来规划发展规模，产业是处在孕育期、成长期，还是成熟期，甚至是衰退期，需要我们做出正确的判断，从而，在每个阶段都能精准发力，是加大投资，还是立刻转型，最终保障企业健康持续发展。

以对路演经济的发展周期分析为例：

资本是路演经济孕育的基石，社会化延展使路演具有了广阔的发展空间，

▲ 黑钻石连续数年为北京市丰台区进行城市路演服务，在诸多领域进行了深入的路演实践，均取得良好反响。通过服务丰台，不断观察体验城市路演的发展变化周期。

双创国策将路演经济全面激活，拥有了无数的应用场景。

在路演还处在资本孕育期时，除了证券从业者，大家对路演都是比较陌生的，但通过各种游历与观察，黑钻石比较敏锐地看到了路演社会化、广义化的可能。从很早开始，就做大量的路演教育普及活动，不断引导路演向社会化加速转化，让更多人一起来迎接这个产业的诞生，让路演的应用更广，价值更大，场景更多。

在路演经济的成长发展期，它的价值与应用场景需要用大量的实践去证明，黑钻石也做了非常多的社会案例。基于不同产业、不同阶段、不同规模的企业进行样本采集，在不同区域的城市进行政务路演服务，用行动来验证路演系统对企业与城市的实际价值、发展规律、应用路径等。黑钻石又成为这个产业的推动者。

双创国策开始后，路演经济逐步进入成熟期，不同的产业主体，例如教育、互联网、投资机构、咨询机构也开始涉足这个领域，这个时候大家更需要一个资源共享、共谋发展的产业平台，黑钻石适时开始搭建科创路演联盟，并在全国各地建立路演中心与路演事务所，为产业发展铺设"高速公路"。

事实证明，这些战略动作非常好地使黑钻石逐步成为路演经济的创领者，顺利地享受到了路演经济浪潮带来的发展红利。

所以，你的产业处在哪个阶段呢？

种子期，等得起吗？

成长期，能助推吗？

发展期，享受到红利了吗？

这是了解到产业发展周期后的重要思考。

3.产业定位、主体数量、营收、利润以及增速

产业是由产业经营主体构成的，了解这个群体的特质、数量，以及发展速度可以更好地成为自身发展的参照。

我们以中央财经大学新闻系与某研究院共同发布的蓝皮书《2019年中国文化传媒投资发展报告》中对中国文化产业的分析为例。

文化产业作为我国战略性发展产业，近年来始终保持着非常强劲的发展势头。我国的文化产业尽管开始较晚，但因其广泛的产业渗透力，以及给产业赋能的能力，一直处于高速发展状态，进入文化市场的主体数量不断增多，企业营收也不断突破。**从没有文化产业，到基于文化做文化，到全面融合的文化产业。**

▲ 2017年3月，作者受邀赴美参加首届密歇根中国论坛，与国内外传媒领域企业家代表在传媒论坛上对中美文化产业发展进行研讨。

具体表现为在实现了高技术和高文化联姻之后，文化服务业的形式向所有其他行业渗透。如信息娱乐业，提供个性化娱乐服务；如网络服务业，提供个人资讯服务；如教育服务业，提供教育及培训服务；如咨询服务业，为企业和个人提供商务的个性化解决方案，进而形成餐饮文化、地产文化、乡村文化等**"文化+"的全面融合型产业。**

2018年，全国规模以上文化及相关产业达6万家企业，实现营业收入89257亿元，年增长8.2%，文化产业的增加值近年来持续在10%以上．不同产业类型的文化企业的利润率为20%—40%不等。

看了上述的报告内容后，你会对这个产业有一个更加具体的了解，同时也会对这个产业的发展有更多信心。

施振荣先生在1992年为"再造宏碁"提出了有名的"微笑曲线"（Smiling Curve）理论，以作为宏碁的策略方向。

曲线代表着产业链企业的利润与价值，最高的是两端，头部是品牌与技术，尾部是市场与营销，而中间部分最低，是生产与制造。所以，可以类比一下自己的企业，是否有在高价值部分做了战略布局，是否一直在最低部分打拼，如果我们的利润率过低，我们要开始思考布局的合理性。

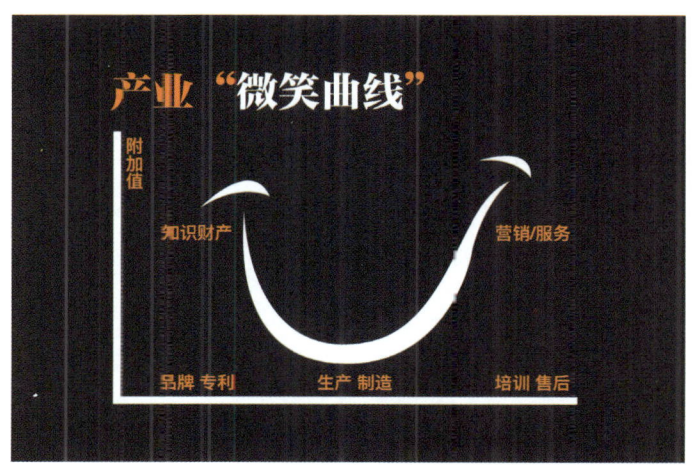

▲ 企业可根据"微笑曲线图"进行自我价值分析，并通过建立产业链条实现价值提升。

4.产业的细分程度

行业细分程度决定了行业的利润空间。行业越细分，要求的服务程度就越高，也就意味着有新的价值创造空间，利润率就会不断提高。同时也鼓励了行业内从业主体的积极性，会更倾向去进行产品与服务创新，行业也就会进入到良性上升通道。这点在服务业是最明显的。

餐饮行业是服务业的龙头，几乎连菜品的摆放都能形成为一个新行业，可见其行业细分程度之高，也意味着行业成熟度很高。反之，行业标准越固化，越规模化，就很难找到新的价值空间，例如农业，工业。

5.产业发展趋势与迭代技术

对于产业趋势分析，主要是研判技术创新而带来的生产要素的变化，例如在"互联网+"时代，在前沿产业领域，科技融合与产业创新日益紧密，5G、人工智能、大数据、VR、区块链等技术将极大影响产业格局，唯有在技术领域做好足够的储备，才能跟得上产业发展的步伐。

所以，哪些技术将深刻影响你所在的产业呢？

6.分析产业竞争强度与竞争企业筛选

产业竞争强度的分析在各种经济领域的论调都不太一样，这里主要指的是同行业的竞争强度，最终目的是筛选出自己真正的竞争对手和竞品企业，从而在发展中找到参考坐标。

一个企业是从有了发展坐标开始成熟起来的。

分析内容包括产品、技术、人才、品牌、客群、资本吸引等，不同的竞争领域意味着企业处在不同的发展阶段。你以为你的竞争对手是隔壁老王，实际有可能是从天而降的老张，不做分析你根本就不知道到底跟谁竞争。当你找到对手，对自身核心竞争力也就更加清晰了。

7.产业分析的资料源头

很多企业发愁，这么多的数据与资料如何寻找呢？

第一，可以充分利用互联网的海量资讯。国家统计局每年都会发布一个《国民经济与社会发展统计公报》，里面有大量可深入分析的数据。在两会期间，政府都会发布工作报告，在报告里也会就某些产业的发展，公布相应的数据与项目。所以，我们要养成看政府工作报告的习惯，《人民日报》《求是》杂志应该是每个企业家办公桌上的必备资料。

第二，善用资本市场公开透明的规则。上市公司每年要发布自己的年报，年报里也有非常多值得引用的数据和券商的分析，都是免费的学习材料。

第三，善于收集各大研究院、高校、媒体所发布的产业报告蓝皮书。这些资料也要成为大家书架上的常客，偶尔翻翻，对产业思维的提升也很有帮助。

产业是大环境，它深刻地影响着在这个大环境里的经营主体；产业也是大宝藏，对其进行深入的探寻与了解，将为企业发展带来更专业的经营思想与战略储备。

第十九章 红点理论

一颗红点引六渡循环　周期同频方顺心意遂

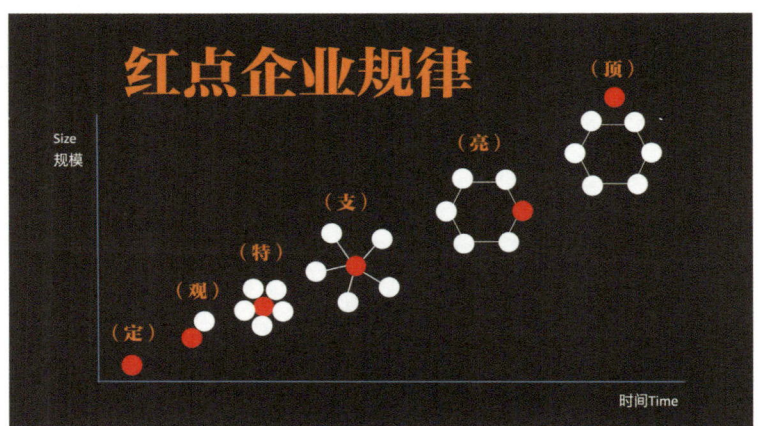

▲ 篇章研习引导图

导语

当红点人的思想和格局已经处在亮点期和顶点期，
而红点企业还处在支点期以下的时候，
红点人将会感受到心累，
这种累就是梦想和现实的差距。

路演是覆盖企业全生命周期的动作，而这个企业全生命周期到底是什么样呢？究竟有几个阶段，每个阶段我们又该有什么样的准备和定位呢？

我们就以**红点理论**来分析讲解企业全生命周期是如何定义的，又是如何在不同阶段进行跨越。

首先我们了解一下何为红点。

红点是对企业核心人的定义，这个核心人可以是创始人，也可以是经理人或者被投资者。围绕红点而延展出来的企业，我们称之为红点企业。红点企业是为了实现企业产业链布局而设置的承载型企业，是我们要在"未来之图"篇章中用到的重要概念。

红点理论就是通过红点的位置与企业结构的变化，更好地窥探到企业发展阶段，从而设计出更符合企业的发展策略。这也是资本市场对企业的重要判断依据之一。

通常来说，红点企业可以分为六个阶段，分别是**定点期、观点期、特点期、支点期、亮点期、顶点期。**由此走完红点企业的全生命周期。

第一个阶段：定点期，勇于决定

确定红点人选，根据未来这家红点企业的发展目标与业务属性来筛选合适的人选。还记得我们在"黄金部队"篇里确定下来的五大类型的路演人吗？或许他们就是定点期的合适人选。定好了人选后，这个红点也就标记好了红点企业的成长坐标。

第二个阶段：观点期，察言观色

由红点不断完善红点企业的**发展观**和**产品观**，这个时候要在红点身边开始配备相应的核心团队。从控股层看红点企业的角度，要不断地观察其发展能力和态度。这是一个试水期，控制好红点企业的规模最为重要。

第三个阶段：特点期，特事特办

红点企业逐渐形成自身发展特点，同时企业的规模也逐渐扩大，基本形成以红点人为核心的**团队式运营**。其实中国的大部分小微企业都是处于特点期，有一技之长，有一群伙伴，有一点业务，以这种状态在前行，这是一个不稳定阶段。

第四个阶段：支点期，互为支撑

红点企业内部形成**完整的组织**，例如部门化，红点人成为企业的支点或枢纽。

有了这个支点，红点企业开始进入稳定的时期，这应该是很多中小企业经过努力都会发展到的一个阶段，越来越具备企业的属性。然而这个时候，我们面前出现了一条难以跨越的鸿沟，难点在于红点人的思维与格局，所以这是我们在定点期就要筛选好和培养好的。

这个思维就是**资本思维**，要能接受企业在专业团队的运营下运转，在系统规则下运行，换句话说就是**法治而非人治**，如果有了这个思维，那么我们就可以进入第五个阶段。

第五个阶段：亮点期，明光铮亮

这个阶段的特点就是红点人已经成为企业运营中的一个环节，与其他环节形成一个完整体，企业不再围绕某一个人而运转，而是形成了专业的有机体。

▲ 黑钻石以培养红点人才的标准，培养每一位员工。

这个时候的企业也就到了我们所描述的**符合资本市场标准**的企业，资本也更青睐这样的企业架构。红点企业开始在这个阶段发挥出价值魅力。

第六个阶段：顶点期，成功登顶

红点人最终找到一个可以替代自己管控的板块，可以再次跳出运营圈，把自己从管理中脱离出来，这个时候的红点人也就拥有了**复制红点企业**的能力和经验，红点企业在这里也走上了顶点期。

清晰地看到红点在不同阶段的位置，每一次位置的移动，都需要红点人对企业的发展阶段做出判断。

当红点人的思想和格局已经处在亮点期和顶点期，而红点企业还处在支点期以下的时候，红点人将会感受到心累，这种累就是梦想和现实的差距。

当红点人的眼界和做法还处在支点期以下，而企业规模和影响力，甚至运行已经进入亮点期时，红点人感受到的是失去掌控的恐惧。这种恐惧是权利与欲望在作祟。

在我们开始描绘企业未来图景之前，将企业的发展规律通过红点理论的方式做一个诊断，也可以给自己平日的心累或恐惧下个药方。这个药方就是**红点人的思想格局与红点企业的发展阶段必须同频。**

第二十章 未来之图

一张图纸绘锦绣蓝图　一个计划定未来事业

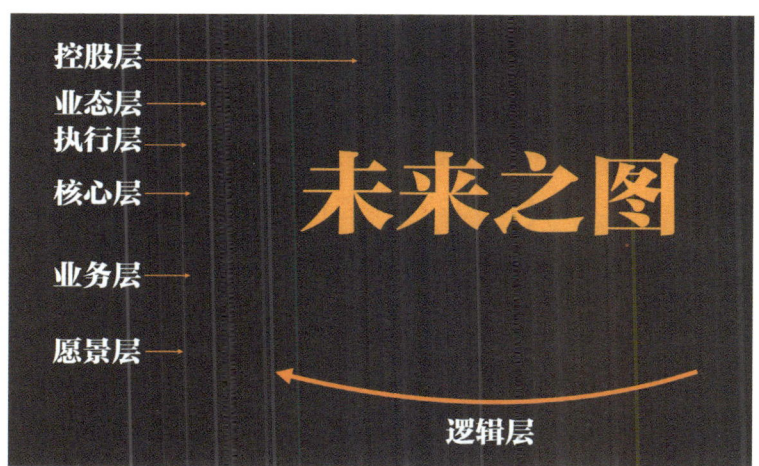

▲ 篇章研习引导图

导语

鲁家村未来的发展都画在了这张图上,
这里面有对家庭农场的定义、规则的制定。
例如建立十八个差异化农场,特色化经营,适度规模经营,
不做地产守住底线等等,这张蓝图彻底让鲁家村看清了未来发展的方向,
如今已经成为"两山理论"的发展样板。

2014年1月6日，第325期的《理财周报》新年特刊，特别收纳了66家血拼在产业和资本第一线的领先人物手绘的"企业未来之图"，以此来表达全球性的产业重构与互联网环境下的商业模式重构。

这66家企业里，包含了像阿里巴巴、腾讯、百度、平安保险、光大银行、优酷土豆、苏宁云商、华大基因、比亚迪等各个领域的翘楚，无一不是在用这张图纸来对产业未来进行探索。

企业家们不用诗与哲学兜圈圈，他们更强调事物的本质与坐标，将坐标从一个点到另一个点连贯起来，一起构成一张未来之图。

可以看到阿里巴巴约25个事业部的未来蓝图；

可以看到百度这个PC时代霸主用5大板块发力追逐移动端的野望；

可以看到企鹅王国如何用微信助推电商补上生态圈的闭环；

可以看到汤臣倍健的产业梦想三部曲；

可以看到顺丰快递王国背后的三个产业模块；

也可以看到华大基因BT+IT的产业技术之路等66张图。

可以说，**每一张图就是一个世界，而一切的创造都是从你脑海里的那张图开始的。要在未来占据一席之地，先在脑海里搅个翻天覆地**，这就是要跟大家分享的主题，企业未来之图。

这里所说的"图"，当然不仅仅是一张电脑或手绘的图纸，更是一种对未来具象思考后所表达出来的产业载体、发展路线、核心价值，它推演着企业发展步骤，想象着产业未来。我们通常会用另外一个词来形容它，那就是愿景。

它包含企业**从赚钱到值钱的发展观**，预示着产业**从模糊到清晰的全局观**，

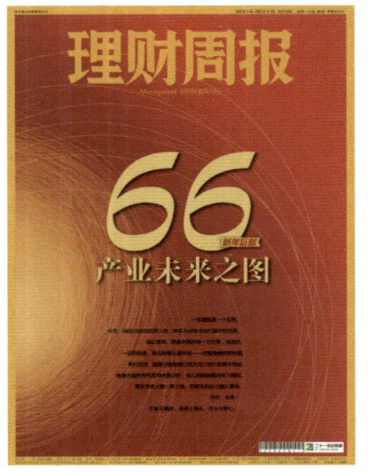

▲ 本期《理财周报》收录了66家知名企业的手绘未来图，包含了企业对未来发展的规划与战略布局。以当下的时间回看，这些战略规划都很好地对产业趋势进行了预判，成功实现了对企业发展的指导。

代表着事业**从素颜到性感的未来观，**这或许才是企业的战略认知三观。

在这张图里，企业愿景与企业精神完美地融合在一起。这样的愿景图到底有什么意义和价值呢？我再分享两个自己的经历给大家。

2010年，世博会在上海举办，当时我正带团队在上海做企业路演服务，顺便去了几次世博园，浏览了不少的国家馆。

带着很大的期待，去了美国馆。发现美国馆仅是由三个放映厅与一个企业展厅构成，还略为有些失望，直到看到它——《花园》。

《花园》是在美国馆第二个展厅里播放的一部10分钟左右的影片，故事讲的是一个小女孩希望自己房间下面的花园开满鲜花，因此画了一张图，从而让社区的每个人都行动起来，让社区变得更美好。这也契合了上海世博会的主题"城市让生活更美好"。

这部影片有很多的寓意，但这个故事里最关键的道具，就是小女孩画的花园手绘图。故事中，女孩将图的作用发挥出来，用图来感召、感染、激励大家共同为社区的美好而努力。这张图纸最终成为现实，不得不佩服导演讲故事的水平。

如果说，电影还有一些理想主义的话，再看一个现实的案例。这几年，接连有一些乡村特色小镇项目正在筹划当中。为此我特意去"两山理论"的发源地浙江安吉鲁家村做了一番考察。运气很好，安吉鲁家村创建时的一位联合创始人接待了我们，他也是一位当地知名的安吉白茶庄园庄主，我们一起聊了一下午。其中，聊到最初鲁家村创建时候的一个细节，让我很受触动。

2011年，鲁家村下决心转型发展，把乡贤请回来出谋划策，进行了两天两夜的座谈。谈到最后，还是卡在缺乏资金和思路。这些乡贤说，要不大家集资，就这样凑了300万。有人说拿这300万做基础建设，有人说去办厂，有人说去考察学习，最后，竟然是拿这300万**"画了一张图"**。

鲁家村聘请了专业的规划机构整体规划了村子的未来，最后画了一张图，把鲁家村未来的发展都画在了这张图上，相当于做了顶层设计。设计里有对家庭农场的定义，有规则的制定：如建立十八个差异化农场，每个都要特色化经营，适度规模经营，坚决不做地产、守住经营底线等等。这张蓝图让鲁家村看清了未来发展的方向，这里如今已经成为"两山理论"的发展样板。

应该说，**创业者必须是个富有热情的幻想家**。拥有这份幻想的能力，才会对产业做深度思考，才会让企业拥有无限可能。

今天的我们，**做事业不但要胸有成竹，更需要脑有成图**。

在我创业早期就开始用这种方式描绘发展图景，不断地去努力看到未来，再去实践，得到启发和思考后，再去优化，去绘制，初心方向不变，但运营方式和经营业态会根据实际思考做调整，至今已迭代了5次，每次都对公司的发展起到至关重要的引领。让大家画面统一，愿景一致，对未来的感觉与憧憬同频，这是一个创始人或者带头人最重要的工作。

我也相信，**所有事物都发生两次，一次在"头脑"，一次在"现实"**。

讲到这里，大家能够理解为什么它叫作"未来之图"，它不是简单的美好梦想的绘制，**而是从规划到执行的有逻辑的推演，可执行可操作，是一张能够让资本与资源都看清企业未来的施工图，也是一张事业发展的精准导航图**。

是的，**看见未来，才能走向未来！**

这就是未来之图的价值与意义。

既然它如此重要，那么如何梳理产业愿景图呢？又需遵循什么样的规则呢？

未来之图的绘制是跨越了自身当下态势的畅想。但这种思考和畅想并非漫无边际的天马行空，必须要遵循这三个原则。

▲ 黑钻石通过顶层规划图的形式辅助进行战略思考，常有意想不到的收获，也成为团队同频的重要工具。

绘制未来之图的三原则

1.要遵循企业的志向

当企业体量足够大，产业业态部分看似可以布局一切，但实则不然。这里有一个最重要的衡量，那就是企业的志向。

这里就要回到我们的企业文化来寻找边界，守住边界。企业为何而来，企业的真正使命是什么，用哪些业态去完成这个使命，明白了这些自然就会有了答案。

2.要遵循企业的核心能力

某些产业业态看似美好、利润诱人、名头响亮，但从企业的核心能力判断，若不具备其业态延展力，就不要强行规划，空耗心神，也容易让人对企业的自身能力认知有质疑。

3.要遵循企业的社会资源

前两点是基于自身的认知，第三点则是对外部环境的认知，产业链式布局必须依托相应的社会资源进行整合撬动，没有资源背景作依托，一些业态的设计无法充分实现，也将无法落地。

遵循企业的志向，遵循企业核心能力，遵循社会资源，这三点是企业绘制未来之图的三个原则，会让我们的规划更具执行性。

应该说，未来之图是一种从产业到产品，从上而下的战略铺排，搭建起企业的四梁八柱框架，相当于为企业创作了一个可用于各种商业模式推演的战略沙盘。

战略推演可以分为七个层级：

控股层、业态层、执行层、核心层、业务层、愿景层、逻辑层。

绘制未来图就像盖起一座建筑，首先要有好的设计，打好地基，钢筋混凝土搭好框架，整体才坚固结实，对每一层的规划都需要经过深度思考，一旦逻辑无法自洽 则需重新推演，这样得出的结论才更接近于现实的执行操作。

第一层为控股层。

设定好企业控股主体，明确其股权结构、经营范畴、企业信用评价程度、法务财务规范以及品牌、专利、核心技术等归属。

第二层为业态层。

细分产业链条，将单一板块延展为产业链式布局。

这个部分也是未来之图绘制中最核心部分，合理的延展业态是公司战略层对企业未来的深度思考。

以黑钻石传媒为例，最初黑钻石只有影业板块，通过影视服务，接触到大量企业，通过市场反馈，企业的需求远不止影视这单一的服务，还需要场景服务。经过创作方法论的整理，延展出了第二个事业板块，就是路演，又通过大

> **梳理未来之图需遵循三大原则**
> **志向　能力　资源**
> 人文精神　　艺术美感　　商业价值

▲ 黑钻石梳理顶层规划时遵循的志向是人文精神，遵循的能力是以艺术美感为核心的呈现力，遵循的资源是以可共同创造价值的伙伴关系。

量的路演，顺利地敲开了第三扇门，就是孵化领域，由此形成了"黑钻石影视+路演+孵化"的产业链式发展雏形，也发起成立了科创路演联盟。

细分产业链，是企业由单一板块形成为集团优势的必经之路。 科创路演联盟中大量的企业都经历过对业态延展的思考。

第三层为执行层。

可执行是未来之图具备实用价值的核心关键。

执行层指的是负责本业态板块运营的"红点"，这个"红点"可以是一个公司、一个团队或一个事业部，它必须要承担起这个板块的自我造血功能。在没有找到和设置"红点"前，企业即便是设计了业态规划，也如同虚设，因为无法实现业务板块的充分独立运营。

第四层为核心层。

核心层描述的是这个业态自身的核心竞争力、独特的优势或与其他业态板块互补的能力。

第五层为业务层。

业务层是指归属于这个业态自身的产品。

在思考这个板块时，需要有清晰的边界思维。什么产品归哪个板块运营，这牵扯的不仅是业态的价值，更牵扯到未来的利益分配，及早明确下来可减少不同业态之间的矛盾。

第六层为愿景层。

为每一个板块设定好其最终的发展目标，在这个目标上加上一个数字，思考到了这个阶段，一个企业的业态群像图就出现了，而且轮廓清晰，有骨有肉。

第七层为逻辑层。

物有本末，事有终始，知其先后，则近道矣。 将前面的群像图进行排序思考，这个思考要根据企业实际情况，先发展谁，后推动谁，好似行军作战，多兵种之间的相互配合，最关键的是出兵的时机。所以调整业态实施的时间和先后顺序，使企业步步为营地发展。

至此，我们对企业的一次最重要的深度思考就完成了。控股层、业态层、执行层、核心层、业务层、愿景层、逻辑层，整体构成了事业的七层高塔，此后在战略规划和布局时，就有了一个重要的演兵场。

用未来之图来进行顶层战略梳理，它不是一个城市愿景的专属，也不是一个美丽乡村的幸运，更不仅是《理财周报》里66家超级企业的独门秘籍，而是所有富有热情的正在创业的企业家们的必修功课。

它是经过了全局统筹与深度思考后，创造出来的一张清晰的执行作战图，借助此图，团队同频、市场同频、资本同频，当每个人看到这幅图，脑海中都能升腾出一个个场景，那么这一张图，就是一个事业。

关于未来、梦想、愿景这个话题，我觉得以这样一段文字来收尾是再恰当不过了。

每一个梦形成的动机都是一个渴望被满足的愿望。它将许多精神材料凝缩，平日累积的梦念被置换其中，并以影像润饰，梦的清晰度与强度取决于梦念，它会被遗忘，但它所带来的情感触发不会消失，这些情感将形成记忆痕迹，即潜意识，它将极大影响我们的性格。梦源于过去，却展示着未来，这个

▲ 在课堂中为企业家们展示企业顶层梳理案例。

未来依据着长久以来无法摧毁的愿望而塑造，或许，在梦的驱使下，一个领袖去干一番宏伟的事业，历史可能就因此改变了！

——摘录自西格蒙得·弗洛伊德的《梦的解析》

未来之图，包含着强烈的愿望、清晰的画面，不断给我们带来情感的触发，也展示着我们的未来！

愿景力同样是心力的重要呈现，投资就是投未来，过去预示着未来，但不能代表未来，关于愿景的能见度、清晰度、性感度的表达将是路演时候的重磅炸弹。我所辅导过的企业里，几乎所有的企业都会有一张产业愿景图，**因为愿景的意义，就是要我们把未来的能量拿到今天，来做好当下的事情，这就是以终为始的愿景式思维。**

总之，**没有让人看见企业精神就是一个失败的路演，没有阐述企业愿景就是没有完成的路演。**

第二十一章 火线阵地

七个确定优化一场会　九场路演同频一群人

产品发布会	做好主题	平衡演绎	C位出场	必有新意
品牌发布会	频次不高	规格最高	故主形辅	人格输出
企业沙龙	高频呼吸	热情洋溢	聚沙成塔	积攒人气
行业展会	线上线下	体验第一	反客为主	观察学习
人才招聘会	主动引导	文化优先	化本为利	良性循环
产业大赛	小企参赛	大企办赛	既赚眼球	也建平台
融资说明会	精准邀请	礼遇先行	提前沟通	现场必成
媒体矩阵	网络战场	内容为王	精准刻画	数字面孔
企业年会	邀请战友	回顾战斗	奖励战士	展望战略

▲ 篇章研习引导图

导语

很多创业创新大赛犹抱琵琶半遮面,羞答答的玫瑰静悄悄地开,
最后资本方与市场方只能暗暗犹豫该不该将它轻轻地"摘了"。
不仅是科技领域,
很多领域的大赛都可以也很有必要"有趣且酷起来"。

▲ 青岛上合示范区展厅进门后显要位置展示习近平总书记指示："办好一次会，搞活一座城。"

2018年7月3日，新华社发布中共中央总书记习近平对上合组织青岛峰会成功举办作出重要指示指出，上合组织青岛峰会办得很成功……体现了世界水准，展示了中国气派、山东风格、青岛特色……举办上合峰会，为青岛、为山东的发展带来了新的机遇，希望认真总结"办好一次会，搞活一座城"的有益经验……推动各项工作再上新台阶。

前段时间去青岛考察，特意去青岛上合示范区，参观了示范区的展馆，展厅进门处，就是这样一句话：**"办好一次会，搞活一座城。"**

会议活动无论对于城市还是企业，都是路演应用的重要场景。我们用了大量的精力创作出诸如商业计划、案例故事、文化语境、路演影片等内容，若无活动场景，这些精彩内容都会无处安放。那么让我们通过九个路演的场景，看看该如何明确标准，形成联动机制，将路演活动连贯成企业的一场年度大戏。

九大路演场景：产品发布会， 品牌发布

会，企业路演沙龙，行业展会，人才招聘会，产业大赛，融资说明会，媒体矩阵，企业年会。

这九个场景包含了企业从人事到市场，从文化到品牌，从资源到资本，从线下到线上的全生命周期。

路演场景一：产品发布会

重点提示：做好主题，平衡演绎，C位出场，必有新意。

大到苹果、小米、华为、腾讯，小到一盘菜、一件衣服、一杯奶茶、一支口红都有各式各样的发布活动，产品发布会是企业主动向市场进军的第一战。

师出有名！**有一个好的发布会名字等于成功了一半**。苹果每年为自己的产品发布会的命名就是一个巨大的战略课题。2006年9月，苹果召开"It's Showtime"产品发布会，中文是"现在开演"。2010年6月7日，苹果一年一度的开发者大会，乔布斯带来了"再一次，改变世界"的iPhone4。这场发布会至今仍是经典，后来这些主题名字几乎都被大量地引用和借鉴了。

除了策划一个响亮的主题，产品发布会焦点一定是产品，产品的出场方式要出彩。

乔布斯从信封里取出苹果笔记本的镜头是产品发布会的封神之作。他极其重视在产品演绎方面的投入，早在1976年的美国第一届西海岸电脑节时，初出茅庐的苹果公司就用了极高成本搭建展台，以此衬托苹果电脑，从而一举成名，在《乔布斯传》里很完整地描述过这段故事。

通过给人们留下深刻的印象从而把你和产品的卓越品质"灌输"给他们，这是至关重要的一点，尤其是发布新产品的时候。这也反映在了乔布斯对苹果公司的展示区域所下的功夫上。其他的参展商用的都是普通的桌子和硬纸板做的牌子。苹果则用上了盖着黑色天鹅绒的柜台，和一大块背光式的有机玻璃，上面印着新设计的标识……

这次展会四年后，1980年12月12日，苹果公司登陆了纳斯达克。

所以，如果你认为你的产品是最好的，那就用最好的方式助它出场吧！

路演场景二：品牌发布会

重点提示：频次不高，规格最高，故主形辅，人格输出。

以品牌为核心主题作发布会，一般都是在企业战略规划与品牌形象有大的调整才会发起，或是以比较低的频次较固定的时间做品牌发布，但其规格通常是最高的。

既是以品牌为主题，活动的核心宗旨自然是要强化受众对品牌的认知，尤其是品牌的人格化认知。在活动的内容设计上要以感性的故事为载体。

2020年7月，习近平总书记考察东北，第一站就来到吉林省四平市，强调了农业机械化是农民增产增收、实现乡村振兴的重要支撑。劳动了农业机械产业发展的重大利好。

四平东风联合收割机厂是东北建厂近70年的传统农业机械企业，也希望

▲ 2020年11月27日，东风联合收割机企业路演专场发布会，活动以精准的内容、充满仪式感的文化呈现、具有感染力的场景、获得与会嘉宾高度认可并取得重要商业成果。

借助这次产业发展的机会，使东风品牌重新被市场认知。

东风品牌收割机是中国最早的联合收割机品牌，在行业内的地位非常高。东风在创建后也积极进行人才培养和输出，对全国范围内的农业机械企业的发展做出了突出贡献。直到现在，很多农机企业提到东风依然有着很深厚的感情。

但调研后也发现，东风企业对品牌的呈现非常少。路演团队联合资深的资产评估团队就东风品牌的无形资产进行评估，仅品牌一项估值就上亿元，这也立刻提振了东风的团队士气，对路演系统的导入起到了关键作用。

路演团队对东风品牌的对外路演进行研判后，最终确定**"乡村振兴，东风浩荡"**为品牌发布主题，路演地点在北京。

经过两个月的前期筹备，2020年11月底，东风路演专场推介会在北京隆重举行，期间进行了东风品牌历史回顾、东风功勋现场互动、媒体专访等环节。一个已经在行业内十余年未曾有声音的品牌，终于再次让大家将目光聚焦在自己的品牌上。

路演会后，农业部、中国科学院等部委院所也对接上了东风企业，并正式开展起一系列农业机械化改造和保护黑土地等项目的专项合作。

不少与会嘉宾会后纷纷表示，东风品牌发展史的展示让他们眼前一亮，尤其是东风多年的经销商和客户用"老伙计"一词来形容东风的机械产品，让他们印象深刻。是的，东风就像是农民身边的老伙计，踏踏实实，任劳任怨，为每一户农民的增产增收贡献着力量。你看，企业的品牌人格化就是这样塑造出来。

路演场景三：企业路演沙龙/工作坊

重点提示：高频呼吸，热情洋溢，聚沙成塔，积攒人气。

企业路演沙龙与工作坊（后简称沙龙）是初创型企业逐渐扩大自身影响

▲ 以乡村振兴特色小镇路演为主题的企业沙龙正在举办中,类似规模的沙龙在科创路演联盟的路演中心每年要举办数百场,传播了路演的实用价值。

力的活动方式,也是大型企业接待来访者的常规动作。一场成功的小沙龙成果甚至不亚于一场大型活动,沙龙通常都是10—20人的规模,可以用比较高的频率来进行筹办,是企业营销的常见动作。

它因其规模小、易组织、社交属性强,被许多以社群、会员为经营方式的企业所采用。很多有创新经营意识的传统企业也开始尝试组织各类沙龙,作为企业的影响力出口。

但是,限于组织者对沙龙组织能力和定位的局限,活动品质良莠不齐。过于程式化的企业沙龙会让参与者拘束,盲目在物料上投入也提高了沙龙成本,其实组织者的热情才是企业沙龙的高端配备。

黑钻石发展初期也是通过大量的企业沙龙扩展人脉,开发市场,形成影响。很多客户与老朋友到现在见面还说起当时参加沙龙的情景。如今,黑钻石的沙龙已经转化为各种类型的工作坊、投融资分享、小型座谈等形式,但沙龙的热情度不能减,交朋友的属性不能变。

路演场景四：行业展会

重点提示：线上线下，体验第一，反客为主，观察学习。

行业展会是较为传统的企业对外拓展场景。而且伴随互联网的普及，越来越多线上活动也严重冲击了线下展会的吸引力。例如2020年在疫情影响下，各地的双创周、科技周、品博会，甚至广交会都纷纷转至线上，对于企业展示方式和内容都有了不同的要求。

以2020年5月举办的"云上2020年中国品牌日"活动为例，央视网打造了"云端展馆""云端定制"。利用上海展览中心作为背景，由图文、视频、特效的组合，搭建了不依托线下实体展览的纯虚拟展馆。

但线下展会依然有它特殊的地位与意义，它们还承载着国家与城市对产业发展的推动姿态。

2020年4月9日，《北京市推进全国文化中心建设中长期规划（2019年—2035年）》正式发布。为了打造北京作为全国文化中心的五都（设计、影视、演艺、音乐、网络游戏）、一城（世界旅游名城）、两中心（艺术品交易中心、会展中心）的发展架构，几乎在每个架构下都有大量的展会

▲ 为品博会北京馆搭建的线上虚拟展馆。

活动或论坛峰会计划。例如，**设计领域的联合国教科文组织创意城市北京峰会、电影领域的北京国际电影节、旅游领域的北京国际旅游商品及旅游装备博览会、艺术品交易领域的北京·中国文物国际博览会。**

对于参会企业来说，这是获取行业信息的机会，面对面的互动体验远超线上。如果可以化客场为主场，增加转化率，线下的优势依然强大。

路演场景五：人才招聘会

重点提示：主动引导，文化优先，化本为利，良性循环。

人才招聘是企业常规的运营动作。招聘本身也是企业对外推介自身的重要方式。各类人才网站的推荐是不够的，也不能完全依赖于人才"自投罗网"。

将原本相对分散的人员招聘面试进行集中，由企业文化路演人带领，在公司进行一定的环境路演与文化价值分享，这看似简单的动作，对来企业应聘的人员来说却是一种文化吸引。

没有人会拒绝有文化底蕴的企业。既可以展示企业文化，强化应聘者的价值认同感，利于后面的合作沟通，又可以作为企业培训板块的刻意练习，部分榜样员工可以向应聘者分享在公司的工作体会，自己得到成长，对方获得经验。

以路演的方式去吸纳人才，**让人才怀着感恩进企，带着期待上岗。**这就是用路演式人才招聘会的价值。

路演场景六：产业大赛

重点提示：小企参赛，大企办赛，既赚眼球，也建平台。

▲ 2016—2018，黑钻石连续三年主办了"路演英雄"双创大赛，以赛事形式辅导了数百家企业认知和实践路演。"路演英雄"大赛所形成的辅导模式如今已广泛应用于各类国家级双创活动，路演大赛也使黑钻石的路演品牌得到广泛传播。

各类创业创新大赛不仅是初创企业的专属路演场景，它也是众多大企业新项目的资本测试场，尤其一些高精尖产业的项目大赛，更是资本云集，资源汇聚。

但行业大赛的参与方式并不限于参赛模式，有实力和资源的企业也可以主办或承办大赛进行自身品牌的推动。赛事本身就是很成熟的商业模式。

赛事在娱乐消费领域很常见。餐饮行业各种厨神大赛火爆异常，牵动的往往是成百上千家餐饮店面的流量。

但是，回头看看科技领域的大赛……嗯，最怕空气突然安静。

如果有这样一个评比，评选最没存在感的大赛，某些科技领域的大赛一定榜上有名。**很多创业创新大赛犹抱琵琶半遮面，羞答答的玫瑰静悄悄地开，最后资本方与市场方只能暗暗犹豫该不该将它轻轻地"摘了"。**不仅是科技领域，很多领域的大赛都可以很有必要"有趣且酷起来"。

路演场景七：融资说明会

重点提示：精准邀请，礼遇先行，提前沟通，现场必成。

融资说明会是最接近路演本意的活动场景。

资本对于企业来说，是重要步骤，也是敏感话题。融资说明会要做到对出席人员的精准邀请，不求人多，但务必精准。要提前做好沟通，尤其是文件条款细节的提前核对，对投资决定的确认，以期现场即可签约。

从其战略的重要性来看，融资说明会必须要有结果达成，所以这个路演场景更接近于一场仪式。

路演场景八：媒体矩阵

重点提示：网络战场，内容为王，精准刻画，数字面孔。

网络空间，也是路演战场。伴随直播技术日趋成熟，网络视频会议习惯的养成，网络带来的活动体验感也逐渐趋同于线下。这是一个必须占有一席之地的空间。但是，不要急于追逐技术革新，也不要一股脑地搭建多么庞大的媒体矩阵，记住，**优质的内容才是王牌。**

比起盲目地注册各类账号，虚空般地形成所谓媒体矩阵，我更欣赏李子柒不急不缓娓娓道来的中国故事，也相信好内容会自带流量。这里建议大家要珍视品牌的羽毛，从现在开始重视起企业在网络空间里的"虚拟分数"。

企业每次发声都在无形中增加或减少企业的品牌分值，好内容加分，人云亦云则减分，这些内容刻画着企业的数字面孔。

路演场景九：企业年会

重点提示：邀请战友，回顾战斗，奖励战二，展望战略。

企业年会在中国有着特殊的运营地位，政商两界、新老朋友都要汇聚一堂，团队展示、年度总结纷纷登场。

参加过很多兄弟企业年会，热闹非凡，虽然各有各的行业特色，有些很欢乐，有些很酷炫，有些很有格调，有些真是阔气。

但在一个新旧交替的特殊时间里，它所承载的不仅仅是简单的庆祝、纪念和回顾，还是企业面向未来的重要时刻，这个时候最适合拿出重磅的企业发展战略，来对所有人进行路演。CEO的年度路演被视为其最重要的工作之一。

组织路演活动的七个关键点

无论是线上线下，我们只要紧紧把握这七点，路演活动一定会有很好的效果。

第一，定义。
活动主副标题与核心宗旨，以此作为中心指导思想。
第二，定位。
活动所需场地规格与硬件，这里也是核算成本的关键。
第三，定量。
参加活动人数规模与目标人群，这是做市场计划的依据。
第四，定人。
活动主路演人与负责团队，根据活动匹配相应人员。
第五，定时。
活动时长与主要流程，要恰到好处。
第六，定向。
活动所需路演内容布展资料，内容决定了路演的导向。
第七，定期。
活动频次、目标与预算，对活动做到长远规划。

相信把这定义、定位、定量、定人、定时、定向、定期都思考好，每个路演的能量场都一定会为企业带来价值。

习近平总书记说，"办好一次会，搞活一座城"。我们只需**"办好一次会，同频一群人"**。总之，把握住每一个场合的路演，设定好每一次的主题，做精细准备，无论是线上还是线下，都有机连贯，而企业必须是每场活动里的主角。

第二十二章 企业环路

一张一弛环境中认知　一步一景沉浸式路演

企业环境路演七诀

快历史慢未来——张弛有度
小故事大文化——见微知著
重背景轻案例——恰如其分
稳战略灵战术——步步为营
旧物件新能量——风生水起
老战将新突破——知行合一
先热情后豪情——则近道矣

▲ 篇章研习引导图

导语

这些故事对于企业来说,是难忘的经历,
但对于来访者来说是对企业文化的品读。
故事虽小,文化却大。
用小故事映射出大文化才是阐述的目的。
而且环路行进中,故事细节无法充分体现,
而掷地有声的文化观念却很容易让人记住。

通过对企业的环境空间进行阐述和路演,从而让来访者快速充分认知企业,我把这个动作称之为**"企业环路"**。听起来是不是感觉上了北京五环呢,其实也有同样的寓意,就是让参访者了解公司的"快车道"。

去企业调研时,会发现这样几个小问题。

第一,企业文化呈现不充分。四面白墙,没有内容。企业一定要营造一个能传递能量的文化空间,这不但是为了接待八方来客,也是为团队营造出浓厚的工作氛围。

第二,企业通常并不太明确由谁来负责阐述与路演。往往是谁的客户谁接待,然而每个人对环境路演的理解和实现标准又各不相同。

第三,带领参观展厅或企业空间时,阐述人都存在介绍内容不全面、阐述方式没章法等问题。或光荣历史太长,或展望细节不够,过于依赖企业展厅功能以及会议室里的座谈。

要知道,带领客人参观企业是比在台上展示更重要的路演动作。这种方式对于来访者而言,是形成"企业第一印象"的关键环节。

"企业环路"不是单纯的内容梳理与施工,更要明确路演责任人的阐述方式,设计出路演路线,创意出路演特色,这需要一个完整的操作指南。

▲ 黑钻石部分办公空间环视图,丰富的文化落地内容为团队营造出归属感。

环境路演设计的三个宗旨

1.内容宗旨

让每面墙都成为一页幻灯片,做到一步一景观,一景一故事,一个故事一份价值。让每个角落精心打造的故事都有最好的呈现。**使企业成为一个可以唤醒梦想的地方。**

2.转化宗旨

通过路演实践,企业沉淀出大量的文化内容,历史物件,品牌矩阵,产品展示,未来之图,经典案例等等,需要做好内容转化深加工,更利于路演阐述的方式,做出有效的空间排序设计,也就有了我们的企业环路路线图。

3.动态宗旨

环境路演是一种行进式与沉浸式的路演。它与我们在台上分享,听众在下面仔细聆听的方式有非常大的区别,很多内容在舞台路演可能适合,但环境路演就适得其反。要做到张弛有度。企业准备环路的内容过满,阐述过急过快,都不利于来访者对企业信息的吸收。

有些企业体量很大,企业展馆建设得如同行业博物馆,介绍人员也培训得几乎可以媲美文博讲解人员,但这又过于规范,失去了企业的亲切和温度,让企业路演介绍成为少数人动作,无法全员普及。

环境路演阐述七要点

经过采访大量的企业沙龙、工作坊、企业调研等，我总结出了企业环路阐述中七点需要注意的事项，大部分是阐述分寸方面的建议。

1.快历史，慢未来

对于有多年奋斗史的企业，历史内容一定很丰富，有机地陈列和展示出来，非常有必要，大事记是必备阐述。但切记，在阐述时不需面面俱到，反倒要营造**"一眼回看，过尽千帆"**的历史感。历史就是这样的奇妙，被浓缩和雕刻后才更有味道。然而未来却不同，未来包含了我们的计划和步骤，如果说历史部分我们要以年为单位来阐述，未来的规划用月为单位都显得过于粗糙，所以讲到未来的展望要细致，要慢下来。这就是第一个细节，讲历史要快，而阐述未来要细，要慢。

2.小故事，大文化

企业故事是在环路时基本都会涉及的内容，无论是在产品展厅，还是在文化场所，都会有很多企业的故事经历。这些故事对于企业来说，是难忘的经历，但对于来访者来说是对企业文化的品读。故事虽小，文化却大。用小故事映射出大文化才是阐述的目的。而且环路行进中，故事细节无法充分体现，而掷地有声的文化观念却很容易让人记住。

所以不要沉溺于故事中自娱自乐，故事后面的中心思想才是我们要画龙点睛的部分。

3.重背景，轻案例

在黑钻石有这样一条走廊，挂满了黑钻石曾经操作过的大量的案例工程，这也是黑钻石最有价值的空间，每隔一段时间就更新一次。

阐述案例重点是把这些案例的背景进行强调，而对于案例本身的操作内

▲ 黑钻石办公空间内的价值长廊。

容,操作细节只需一笔带过。要知道案例内容是我们在正式路演时的内容,我们接下来还有很多机会要阐述它。所以,它在环路时实际仅仅是个话题引子,需要路演人对环境路演时的案例阐述的边界把握清楚,避免内容重复。所以是重背景、轻案例。

4.战略稳,战术灵

这里要强调的不是内容的多寡,而是状态的精准。

举例来说,我们精心绘制的未来之图就是阐述战略的重要载体。环路时阐述战略需稳重、严谨、精准,一字不差,没有废话,甚至连站姿都需规范起来。这是因为战略本就是通过严肃的深度思考而精准输出的。

但是阐述到市场培育、营销推广等战术性内容,反倒要放松、灵动、活泼,因为没有任何战术是固定不变的。所以是战略要稳,战术要灵。这就是阐述状态的区别。

5.旧物件,新能量

现在很多企业开始自建文化展馆,里面也开始有一些企业旧物件的陈列。阐述这些物件除了要让大家清楚其收藏和陈列的背景，更重要是**通过"旧"来反向对比出"新"**。

例如黑钻石陈列的公司第一台摄像机，它是十年前旧物件，阐述时这个旧物并非重点，反倒是要带出如今黑钻石的硬件设备已经满足了4K乃至8k的数字标准这个信息。以旧衬新，设备不断更新换代，而追求卓越的信念不变。总之不要卖惨求同情，而是展示一种拼搏向上、让人追随的能量。这就是旧物件带出的新能量。

6.老战将，新突破

企业环路时，团队之间的配合非常重要，前面伙伴进行阐述和引导，后面的伙伴配合讲解。进入办公空间后，在不影响大家工作的前提下，可以适当找几位同事与参观者进行简单互动交流，这并非刻意安排故意作秀，而是使路演方式更加丰富，别忘了，这是沉浸式路演，我们的路演人可能就是身边的"路人"。当这些"路人"出现时，标准就是"老战将，新突破"。

老战将指的不是公司元老，而是在这个领域有发言权的伙伴，可以更清晰地将来访者想了解的内容进行阐述。我常带客户去黑钻石的创作部门，了解黑钻石的创作流程，每到创作部门，都会喊几位伙伴一起坐下来跟客户交流一番，这种交流其实来访者是欢迎的，有时甚至会拽着黑钻石小伙伴单独合影留念。

而新突破就是这交流里的重要话题，正在解决哪些问题，正在寻求什么创意，这对团队来说是最好的当下时态，也是来访者要感受到的。这就是"老战将，新突破"。

7.先热情，后豪情

企业环境路演需要先以热情开场，真诚热情是拉近距离的重要方式。然而，当我们用热情开场后，这种分享的状态要逐渐开始调整，到路演后段可用另外一个词来定义，会更符合来访者的预期，也符合我们做环境路演的宗

▲ 黑钻石路演沙龙前,文化路演人带领与会者进行企业环境路演。

旨,那就是豪情。**唯有豪情才能呼唤出壮志,路演场才成为唤醒梦想的地方。**所以先热情再豪情,这是整个环境路演两个阶级的状态。

以上是企业环路需要留意的七个要点,内容易学,分寸难控。应该说能够把这些分寸都拿捏好,路演团队的能力都会得到极大的提升,对从各种"战场"赢回的商机才有更好的转化。

第二十三章 仪式传承

礼遇先行明规范身份　礼赠信物链荣誉情感

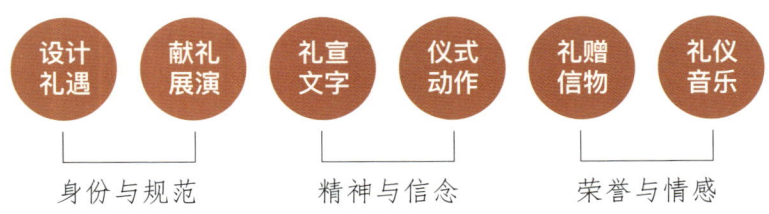

▲ 篇章研习引导图

导语

仪式是文化里重要的格调与规范。

通过精心设计的动作、语言、物件、音乐传递出文化格调，

仪式是在硬件以外的软内容，他们将文化的品级提升，

将文化形成为一种规范，

使其有迹可寻，有章可依。

仪式是文化的终极，是我在2015年写《路演兵法》一书时提出的路演理论，没有好的仪式，路演是没有灵魂的。

但伴随着路演实践案例越来越多，体验也愈加深入，对内容与场景的认识也逐渐丰满，却唯独在路演仪式上迟疑不前，到底该如何定义仪式，又该用哪些内容充分实践仪式的价值，久久无法确定。

究其原因，首先仪式是个庞杂的命题，庞大到可以纵贯五千年，复杂到任何一部经典都会出现它的身影。我们或因敬畏，或因体验不足，不敢贸然下定义，所以也就没有形成具体的操练方法。**导致只知仪式之重，却不明仪式之用，远观仪式内容之热闹，不解仪式品级之非凡，不想望文生义的粗浅，却总落个望仪兴叹的遗憾。**

▲ 作者参加中华人民共和国成立70周年庆典纪念证书与徽章。

新中国成立70周年国家大典让仪式的内容与价值终于在原本模糊的轮廓里雕刻清晰，我也决心将它作为重要的文化软实力抓手进行推广和普及。因为，**仪式是文化里重要的格调与规范**。通过精心设计的动作、语言、物件、音乐传递出文化格调，仪式是在硬件以外的软内容，他们将文化的品级提升，将文化形成为一种规范，使其有迹可寻，有章可依。

仪式可操作内容可以整理归纳为六个部分，简称六仪，即**设计礼遇、献礼展演、礼宣文字、仪式动作、礼赠信物、礼仪音乐**。

仪式之一：设计礼遇

礼遇排名六仪之首，因为它意味着伦理秩序的建立，它是价值导向的风向标，也是其他仪式板块的基础。

如元首访问，需巡视三军仪仗队，鸣放欢迎礼炮等都是国家级礼遇。参加新中国成立70周年庆典的共和国功臣在礼宾车上，作为第一梯队驶过长安街，接受全国人民的礼赞，这就是礼遇。奥斯卡颁奖典礼走红毯，很多企业也在重要活动安排重要嘉宾走红毯入场，签名合影等是商业礼遇。结婚的时候无论是坐豪车还是花轿，都是一种礼遇。

应该说**仪式的设计就是从设计礼遇开始的**。

仪式之二：献礼展演

展演重点在于一个演字，本身就承载着针对性的设计与具有感染力的传播。所以这是六仪中最具欣赏性的部分。

例如，特别准备的展示内容，如献礼影片、献礼书籍等创作的作品展示。在汉唐时期，丝路一开，西域各国纷纷前来朝贺，除了璀璨的珠宝、馥郁的香料外，很多国家也会带自己的表演队，来长安巡回演出。敦煌莫高窟初唐壁画就完美地记录了这样的典礼情景。

再比如，奥运会的开幕式与闭幕式表演，70周年庆典的群众方阵表演，这些都属于献礼展演，是带着仪式感的庆祝内容，他们是构成整体仪式的一部分。

仪式之三：礼宣文字

文明因文字而起，而仪式因礼宣而兴。

国宝级的青铜器皆刻有铭文，刻上铭文，青铜器才能作为礼器，而这铭文也就是重要的礼宣文字。

例如入党誓言、企业宣言，还有各类活动开场致辞、核心口号等等。

例如黑钻石，在每次合影的时候都一起呐喊**"记载梦想，雕刻时光"**，这也是以礼宣的方式强化仪式感。每年春晚跨年，主持人都要倒数读秒，从10数到1，最后一起欢呼"过年了"。在央视《国家宝藏》节目里，在讲述每个国宝故事的最后，都要由国宝守护人一起宣读国宝守护誓言，每一篇守护誓言都是极好的礼宣文字。

▲ "中华儿女"方阵成员尽情在长安街上欢庆留影。

仪式之四：仪式动作

这个很容易理解。例如，看升国旗要行注目礼，各类为揭幕、剪彩、工程启动而专门设计的按手印、启动水晶球等都是仪式里的仪式动作。

前段时间科创联盟又有一家城市路演中心开业，专门购置了一面大鼓，由股东们共同敲响三通鼓，为事业助威，这就是典型的仪式动作。

结婚的时候拜天地、毕业合影后将学士帽高高抛起、企业上市的敲钟，都是很典型的仪式动作。

▲ 企业的路演系统导入启动仪式上，共同为金狮点睛。

　　黑钻石合影时常摆一个pose——狼手势；疫情期间一些城市开始用传统文化里的作揖抱拳礼；奥运会的点火仪式等等，无论是企业，还是国家，都需要这些仪式动作来强化文化信念。

　　电影《红高粱》里有一个桥段，就是接新酒时，一群农村大汉，肃然默立，直到唱完《酒神曲》，把酒一饮而尽，摔碗大笑。这一系列动作既能表现人对信仰的敬畏，又展现出旺盛蓬勃的生命力量。

　　仪式动作是六仪里最有带动性的设计，具备强化信念的巨大作用。

仪式之五：礼赠信物

信物——建立信念与信任的礼物。仪式到了这个阶段目的是强化情感。

　　70周年庆典上的国家功勋授牌，奥运会的奖杯、奖牌，是身份与荣誉的象征；结婚的婚戒，是夫妻彼此承诺的信物。礼赠信物环节关键不在于信物本身，而在于是什么场合，用什么方式去传递信物。

仪式之六：礼仪音乐

　　礼乐是仪式最本初的构成元素。音乐是发自内心的情感，古人认为音乐可以向上天传递信息和祈祷，中国也被称为"礼乐之邦"或"礼仪之邦"。所以在仪式中，音乐是最必不可少要素。

如阅兵时军乐队演奏的就是解放军进行曲，春节时大部分背景音乐都是春节序曲，过年时常被邀请参加各种企业年会，基本上《好日子》这类歌曲能听整整一个腊月。那么路演活动里也要针对不同类型场合，针对性地筹备音乐，与活动环节要匹配得恰到好处。

以上就是仪式的六个内容，**设计礼遇、献礼展演、礼宣文字、仪式动作、礼赠信物、礼仪音乐，**这六点构成了一个有规范、有品级、有格调的仪式。

▲ 为丰台设计的城市礼物中部分设计图。

礼遇设计与献礼展演明确身份和规范；
礼宣文字与仪式动作强化精神与信念；
礼赠信物与礼仪音乐赋予荣誉与情感。

仪式是文化的载体，它是我们建立身份、传递信念的重要方式。如果说文化最终的成果是形成集体人格的话，那么仪式就是这个集体人格里最值得传承的格调与规范。

第二十四章 品牌规律

认知意识决定谁是我　孤独怪人变身领导者

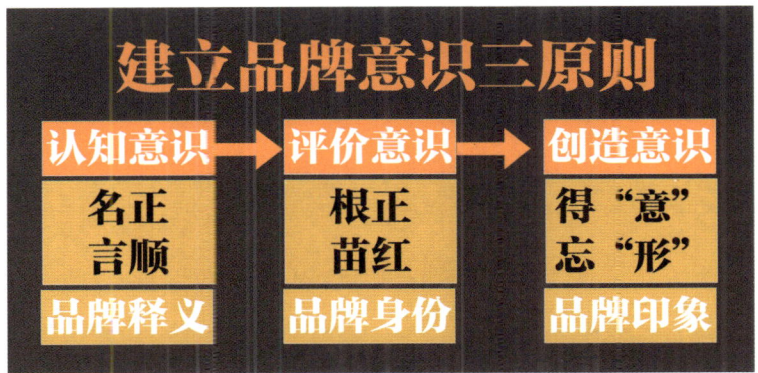

▲ 篇章研习引导图

导语

品牌在意不在形,这个"意"指的是一种印象,一种感觉,
它不是刻意记住的图形,也不是某种定制了的色彩,以及字体,
而是这些全部信息所带出的感觉。
人们会忘记你LOGO的形状,忘记你描述品牌的话语,忘记你公司的样貌,
但不会忘记你的品牌带给他的感觉。

品牌是资本的种子，但没有品牌意识与品牌动作，那资本对于企业来说无异于镜花水月。唯有把品牌之根扎得够深，市场之树才会茁壮成长，资本之花才会尽情绽放。

数年的企业经营里，文化和品牌是我情感投入最多的板块，黑钻石总部的大门上分别贴着两排字，左边贴着文化，右边贴着品牌，用黑钻石路演的语境就是，**"一封未来信，推开两扇门"**，这两扇门指的就是"文化与品牌"。

关于品牌的各类书籍可能是商业学科里最多的，所以我们的学习依然选择路演这个角度，围绕如何能让品牌在路演中发挥价值，帮助大家理解和应用品牌，建立起企业向社会传递价值观的**品牌集团军。**

学习打造品牌，首先要强化品牌意识，而品牌意识，就是企业自我意识的重要投射。

▲ 每次嘉宾来黑钻石参访，均是先进"品牌"与"文化"这两扇门。

所以，我们也借用一下自我意识理论中的三个特性：分别是**认知意识、评价意识、创造意识**，它们共同构成且建立起了自我意识。

认知意识，帮助我们知道"谁是我"；
评价意识，让我们知道"我是什么样的我"；
创造意识，就是需要我们知道"如何去完善自我"。
听起来比较绕，没关系，我们举例。

1.认知意识

一个刚出生的婴儿必须得到成人的指导和关怀才能长大成人，产生人的意识。但是如果婴儿从一开始就被剥夺了人类的社会环境，使其同动物生活在一起，就会由于失去人类的社会环境和物质条件而不能形成人的意识。

也就是说他并不会感知到自我的存在，这就是意识的认知。

品牌也是如此，需要处在一个品牌可以成长的环境下，我们的品牌意识才会加强。这就需要良好的商业氛围的熏陶，中国企业的品牌意识起步较晚，直到现在，很多企业对品牌的理解也都还仅仅停留在**"一个LOGO，一堵墙，一个商标跑四方"**的粗浅理解里。

建立品牌意识第一步就是：以品牌之名——从名字开始。这其实也是认知意识的第一个投射，就是名字，但这个名字背后要加上故事。

人，从有了名字开始，区别自我与他人，企业从有了品牌开始，拥有了属于自己的商业荣誉感。

我曾辅导过一个文化型企业，创始人是个艺术型的创业者，对商业理解没有热情，原本她的企业品牌名字与外面企业有很多雷同，创业初期也没管那么多，当别人问起来，她也不解释，感觉跟她没啥关系。但是当这种品牌意识觉醒后，开始不断地为这个品牌赋能，投射进自己的生命体验。她开始重新审视品牌价值，不再允许这种影响自己品牌形象的事情发生。这就是典型的自我认知意识。

品牌的释义可以说是我们能为品牌认知而做的最重要的事情，包含品牌名字的缘起、背后的故事、带出的寓意、未来的期待等等都是释义的构成。

例如，黑钻石企业品牌释义如下：

黑钻石，钻石的一种，旦常被用于其他品类钻石的切割与打磨，为裸钻（未被打磨的钻石）赋予造型与光彩，所以，每颗钻石的哲学都包含着顿悟、舍得与呈现。

黑是宇宙的本质，是潜在的能量，钻石是价值的代表，是闪耀的金刚。

每个人、每个企业、每座城市也都如一颗钻石，文化与故事需要被雕琢，气质与魅力需要去呈现，黑钻石集团，秉持着"演绎城市与人的成长"的使命，用饱含人文精神的影视作品去记载时代烙印，用路演的方式去呈现企业与城市的价值。

让梦想转化为愿景，使星星火种变成万丈光芒！

黑钻石，记载梦想，雕刻时光。

一个合作了多年的企业家朋友，随同北京企业家协会一同来黑钻石走访，我刚好对协会会员做了一下黑钻石品牌的介绍，他听了之后特别惊讶："原来黑钻石的名字是这样来的，我就是那颗被黑钻石打磨的裸钻。"更加深了他对黑钻石品牌的信任。

这个环节也就是建立品牌意识的第一步：认知意识，帮助我们知道"谁是我"，我们称之为**名正言顺：名正，是有渊源；言顺，是有充分的释义。**

2.评价意识

接下来，我们再看评价意识，让我们知道"我是什么样的我"。

在社会学里，对"我"有这样一个定义：

我=我认识谁+他们是谁。

人是在与周围人的接触中，注意到他人对自己的态度，想象他人对自己

▲ 以图形方式对黑钻石品牌进行更充分的释义。

的评价，并以此为素材构成一个标准，再内化到自己的心里，形成的自我评价，也就是"我是什么样的我"。

品牌也是如此，品字三张口，或也可从某个角度解读评价对品牌意识的影响，对品牌风格与方向的干预。很多企业通过大量的市场问卷调查，收集顾客的评价来完成品牌价值的确认。

品牌就是美誉度加资质，品牌需要通过社会的各类评价认证来证明品牌的信用，例如政府授予的各类资质，权威机构授予的各类证书，在这一点上，中国的企业意识一点都不弱。

这个环节是建立品牌意识的第二步：评价意识，让我们知道"我是什么样的我"，给它一个活泼一点的定义，**就叫根正苗红吧。根正，有美誉度；苗红，有资质；既有美誉度，又有资质。**

3.创造意识

接下来，我们再看创造意识，"如何去完善自我"，这个很容易理解，当我们接收到外界传递过来的评价与体验，我们就开始有意识地去创造和完善自身，这就是创造意识。

很多企业都是看见品牌的价值和品牌带来骄傲，或者自己的企业出去遭遇到没有品牌的打击之后，才开始要打造自己的品牌。然后呢，我要做品牌，要设计LOGO，要完善企业形象，我要做个品牌展馆等等。当我们意识到人家对我们品牌的评价之后，创造的能动性很快被激发出来。

但是这个时候，一个重要的品牌意识需要建立起来，那就是这种品牌创造的目标是什么，如果这个目标模糊或有偏差，那么这种创作也许会事倍功半，甚至得不偿失。

品牌在意不在形， 这个 '意' 指的是一种印象，一种感觉，它不是刻意记住的图形，也不是某种定制了的色彩，以及字体，而是这些全部信息所带出的感觉。**人们会忘记你的LOGO的形状，忘记你描述品牌的话语，忘记你公司的样貌，但不会忘记你的品牌带给他的感觉。**

这也就是我们要讨论的建立品牌意识的第三步：创造意识，"如何去完善自我"，用一个形象的词汇来定义：就是**得"意"忘"形"**，不是得意扬扬的得意忘形，而是我们要传递的是一种品牌印象，得了"意"，忘了"形"。

到了这一步，企业已经建立起很成熟的品牌意识了。

建立品牌意识的三个步骤

一、认知意识，帮助我们知道"谁是我"，怎么做呢，要名正言顺，名正，是有渊源，言顺，是有诠释、有意义。

二、评价意识，让我们知道"我是什么样的我"，要根正苗红，根正，是有美誉度，苗红，是有权威的资质。

三、创造意识，就是我们要知道"如何去完善自我"，要得"意"忘"形"，得其感觉，淡化其表象，得"意"忘"形"。

前面之所以要用这么大的篇幅来阐述品牌意识，是因为企业没有品牌意识就如同人缺乏自我意识一样，无法把自己与周围相区别，无法有效地认知和客观地评价所处环境，有时甚至不知道自身角色与定位，导致盲从、跟风、随大流，会给企业经营带来巨大风险。所以品牌意识对企业极其重要，是企业自我教育、自我完善、形成集体人格的重要基石。

那么如何才能让品牌快速成长呢？

品牌成长的四个阶段

品牌成长可分为四个时期，分别是**跟随者时期、传播者时期、分享者时期、影响者时期。**

之所以如此去划分品牌成长的时期，是因为品牌价值就是由人对品牌的认可度带来的。同时也需充分考虑企业发展的不同时期，以及不同的打造品牌的方式。老字号式品牌、新流量式品牌，广而告之式品牌，占领心智型品牌，无不囊括其中。了解品牌成长的过程，对大家区分辨别品牌都会是一个很好的参考。

1.第一阶段:跟随者时期

所有的品牌创建，都源自于人，创始人对于企业品牌意识与形象的塑造是基因式的、灵魂式的。

然而仅仅靠创始人个人是不足以创建出品牌的，只有当这个品牌有了跟随者之后，这个品牌开始生出最初的萌芽。千万不要忽视跟随者对于品牌出现的价值。

TED大会里有一个非常有趣的分享，名字叫"How to start a movement"，如何发起一场运动。里面有一句很有哲理的话，**"跟随者让一个孤独怪人成为领导者"**。是的，没有跟随者，创始人就是个孤独的怪人，而有了跟随者，创始人才成为领导者。

我们甚至可以这样理解品牌，**品牌就是企业发起的一场关于信仰的运动**。这群跟随者或许是你的员工，或许是你的粉丝，总之跟随者的出现，是品牌之所以称为品牌的基础。

基于这样的理解，黑钻石也将自己品牌的创建日设定为第一位员工报道的日子。你的品牌有跟随者吗？

▲ 在腾格里沙漠中以黑钻石的标志性动作狼手势留影。

2.第二阶段:传播者时期

品牌的重要属性就是传播，没有被传播的品牌几乎是没有价值的。

所以很多企业都会做广告投放、媒体报道等传播动作。这些对企业的品牌影响力当然有帮助，但传播是不是仅仅指投放广告这件事呢？

企业后来发现，品牌代言人是个更形象、更立体的传播，所以，企业开始有了"传播者概念"。大家开始找知名人士做品牌代言人，后来企业又发现，原来最好的代言人竟然就是创始人，所以也都纷纷开始给自己的品牌代言。

应该说，**真正的传播者是能代表企业品牌**

▲ 在某次路演辅导结束后,所有辅导老师以黑钻石狼手势合影。狼手势已成为黑钻石的品牌印记之一。

形象、传递品牌精神的人。创始人当然是最合适的。但是,我们也千万不要忽略那些奔走在四处,以企业身份忙碌着的企业团队,他们更要成为企业最核心的传播者。

我最骄傲的事情,就是接到客户打来表扬团队的电话。"你在哪里招到的这么好的员工啊,真是又敬业又专业,而且也太爱黑钻石了吧。"这敬业专业我大概知道客户说的是什么,但是太爱黑钻石是什么情况啊?客户说,"黑钻石员工每到一个地方都拍照记录,也常常召集大家合影,而且最关键的是每次都要有狼手势,还要喊'记载梦想,雕刻时光',你说是不是太爱黑钻石了?"字里行间,我能听出满满的羡慕。

员工应该是品牌主张的第一传播者,而且这些主动去承担品牌传播任务的员工也一定是品牌价值的受益者。

当你在接到客户电话的那一刻,企业的品牌价值就已然倍增了。

所以,你的品牌有传播者吗?

3.第三阶段:分享者时期

如果说传播者为品牌提升的是美誉度,那么分享者提升的就是品牌的转化率。

分享者可以分为两类。一类是企业培养出来的专业分享者,他们讲着企业的方法论、案例故事,通过分享的形式进行市场转化,这本身就是一种市场开发,但品牌也随之得到了分享。同时,这也说明企业已经具备了分享的价值基础。

例如,黑钻石的路演工作坊的主持人就是黑钻石培养的专业分享者。

但对于品牌价值来说,更重要是另外一类"非专业分享者",他们往往就是你的客户。

因工作原因,我常常到各个城市考察调研,因此结交了不少客户朋友,每到一处,朋友都会尽地主之谊。常常是满满一大桌子人,有很多是我不认识的当地的企业家朋友。既然是宴请我,那酒桌上的话题自然只有一个,就是路演。但是几乎大部分时间,我都不用太多说话,往往是我这几个客户朋友就把路演是什么,怎么做,有什么好处,来龙去脉讲解得比我生动百倍。甚至**"信意核故感来投,人文书影景仪年"**这些内容理论也背得滚瓜烂熟,就差现场促成几份合同直接签约了。聚会到最后一定以狼手势来张合影,"记载梦想,雕刻时光"的口号也喊得震天响,才算结束了战斗。这种场景,让我既感激也感慨。

这是一群花钱也雇不来的分享者,不图任何回报,就是单纯觉得好,对自己有过帮助,就要无私地分享给更多人,分享你的品牌对他们来说是一件有成就感的事情。当你的品牌有了越来越多这样的分享者,品牌可以说已经完全扎根,而且长出了枝蔓。而你也将带着更多的责任去努力不辜负这份信任的分享。

你的品牌有分享者吗?

4.第四阶段:影响者时期

应该说经历了跟随者、传播者、分享者三个品牌阶段,企业已经可以享受到品牌带来的红利。伴随着品牌影响力的逐渐扩大,社会也会对品牌企业提出更高的要求,品牌的主张要与社会大势契合,品牌精神与社会精神一致,华为、阿里、海尔等企业的价值观影响了一代人,他们的品牌也成为社会化品牌,而企业也就成为影响者,甚至成为民族品牌的代言者,这就是品牌的影响者时期。

▲ 在黑钻石内部的"超级路演家"活动，培养出以标准的方式讲述品牌故事的分享者。

这就是品牌成长的四个阶段：**第一阶段为跟随者时期，第二阶段是传播者时期，第三阶段是分享者时期，第四阶段是影响者时期。**

其实当然不仅仅是做企业我们才研究品牌，这个课题无论是对国家、城市还是个人，都很重要。了解这些品牌的背后规律，是我们创建或完善品牌的重要底层逻辑。

第二十五章 价值矩阵

十大品牌军团齐亮相　占领心智成第一反应

▲ 篇章研习引导图

导语

如今，产品众多，品牌林立，顾客的消费冲动一闪而过，
选择也是越来越趋近于直觉反应，
那么企业想屹立于商业之林，除了必须有真正的核心竞争力，
必须还要占领顾客的第一心智反应。

当我们知晓了品牌的成长规律后，就要组建品牌矩阵，让品牌以各种方式，在各种渠道被广泛传播，让品牌的跟随者、传播者、分享者都可以充分获得品牌传播内容，共享品牌红利。

所以，一个有章法、有层次、相呼应的品牌矩阵应该是每个企业都应该打造出来的无敌价值集团军。

每个企业因为行业属性、产业业态各不相同，所以形成的品牌矩阵也都各有差异，这里给大家所列举的是具有相对共性的矩阵构成板块，大家可以在实践时自行区分应用。

品牌矩阵的十个板块

核心品牌，资质品牌，学术品牌，教育品牌，人才品牌，产品品牌，网络品牌，活动品牌，孵化品牌，合作品牌。

涵盖企业从品牌创建，到品牌传播，到品牌分享，到品牌影响四个时期的各种传播形态。

还是以黑钻石为例，逐一阐述这些矩阵包含的都是什么，他们如何一起构成了完整的黑钻石的品牌架构。

1.核心品牌

核心品牌指的是企业最重要的品牌资产，由它来统领全局，没有了它，其他的品牌将失去身份的依托。所以在黑钻石，自然指的就是"黑钻石"这一核心，一切都是围绕着它来制定战略。例如"路演"是一个行业词汇，但当它前面加上了"黑钻石"三个字，组成为"黑钻石路演"，这个就是品牌的赋能了，所以"黑钻石"是最核心的品牌，它是负责为其他板块赋予独一无二身份的。

2.资质品牌

构成黑钻石资质品牌的是由工信部颁发的"国家中小企业服务示范平台"，由科技部颁发的国家级众创空间，还有由中关村国家自主创新示范区授予的"中关村创新型孵化器"等资质。

▲ 精品路演系统落地班广受好评，成为各地路演中心争相举办的品牌型课程。

3.学术品牌

通过这些资质的认证，同时也是这些身份对品牌的要求，顺势延伸至学术领域的品牌。

所以这个品牌里包含了组建的"黑钻石人文研究院"，以及在路演学术领域的出版物，如《路演兵法》《路演中国》《导演心法》《路演方法论》等等。

应该说，黑钻石的品牌价值的腾飞是从出版《路演兵法》这本书开始的。这本书面世后，带动了同名的培训活动，直到现在，五年过去了，一些朋友联系上我之后，还说我正在读您的《路演兵法》。所以，出书著说是我一直建议很多企业在形成了自身的方法论之后，一定要做的品牌运营动作，第一可以带动品牌影响力，第二也是对自身知识价值的一种保护。

4.教育品牌

有了学术机构以及相应的出版物,教育品牌自然是必不可少的价值输出载体。

每年上百场线上线下的分享,是黑钻石最为重要的品牌动作。也是通过这类课程,让黑钻石获取第一手的市场资料,从而不断进行跨界尝试,形成了现在的黑钻石事业版图。

经过了多年的实践,这些教育品牌几经修正和打磨,也沉淀下这几个王牌。分别是路演方法的普及和推广,小微型课程"路演工作坊",专门服务中小企业学习路演案例的中型课程"路演兵法",每次仅限5家企业的高端精品辅导课"路演系统落地班",以及专门培养企业企划和媒体运营人才的"企业导演班",这四大品牌课程对黑钻石来说是无价之宝,无数的项目在这里打磨成案例,无数知识和信息在这里凝练为方法论,拥有这几个品牌课程,是黑钻石努力的结果,也是黑钻石的幸运。

5.人才品牌

企业的品牌标准是从打造品牌型人才开始的。在某些场合里,某员工的名字并不被大家知道,但是他们需要有一个统一的名字,那就是企业的品牌名。

▲ 陆续培养出数百名既懂孵化服务也懂路演咨询的路演咨询师人才,活跃在各大产业园与孵化器。

通过培训系统，黑钻石也培养了大量的路演人才，所以在人才品牌构成里，"路演咨询师"与"企业全媒体运营师"都是深受孵化器与企业欢迎的专业人才。

6.产品品牌

黑钻石的产品是解决方案，而这个解决方案是由这些产品元素构成的，它们本身也都是千锤百炼出来的品牌。

例如黑钻石的路演影片，最独特的部分就是逻辑强大，是影像版的商业计划书。黑钻石的画册被企业拿去做样本参考，黑钻石的文化落地也成为企业商业空间软装饰的重要借鉴。

黑钻石的咨询案甚至成为商业计划书的另一种定义，全案的"路演系统解决方案"是全面输出路演服务的最好选择，每一个产品都承载着品牌的输出。

7.网络品牌

除各类外部媒体的合作以外，自建的网络阵地如网站、微博、公众号都是必不可少的。当然有条件的话，小程序与APP的开发也可上到日程。

黑钻石一直很重视网络传播，历时三年时间，"路演大侠"APP也几经改版，越发有了专业路演的模样，很多伙伴会选择经常到里面去看看新项目的路演，听听新的路演方法，这里也成为大家交流心得的路演热土。在疫情期

▲ 黑钻石的路演咨询包含战略咨询、路演培训、路演影片、场景设计、活动执行、资本对接、媒体传播等七种形态的产品服务，在每个形态里都有大量的实战案例。

间,"路演大侠"APP的线上培训也成为北京市第一批免费在线培训资源被纳入首都职工素质提升工程里。它让黑钻石的分享有了更好的载体,也自然成为黑钻石的网络品牌,同时在这个APP里面的经典内容如"黑马道来"等频道也属于这个网络品牌矩阵的内容之一。

8.活动品牌

活动本身就承载着核心品牌的输出,若能再把活动做到具有品牌的标准,那么这份价值就产生了叠加效应。

路演本身就需要活动,所以,黑钻石很早就沉淀出了自己的活动品牌,如"路演英雄大赛",三天时间企业将完成一场路演马拉松,很多企业认识黑钻石的路演能力,就是从路演英雄活动开始的。另外一个重磅活动品牌是每年一度的双十二科创路演联盟的年会,这是专门为联盟合作机构孵化的企业打造的路演大会。在未来,黑钻石还将倡导并推动"企业路演周"等品牌活动。这是一个一举多得的品牌动作。

▲ "路演大侠"APP是科创路演联盟线上路演服务平台,路易发是路演大侠的动漫形象。

9.孵化品牌

孵化是黑钻石三大事业板块之一，很自然，不同的孵化载体与空间也就是黑钻石的品牌矩阵内容了。

从承载黑钻石孵化核心功能的"黑钻石路演基金汇"到"黑钻石众创空间"，这些名字是政府政策申报材料里的常客，也是政府和各类机构认识黑钻石的第一站。所以这部分品牌内容的运营也是高举高打，闯出身份，闯进圈层，是黑钻石向更高品牌价值攀升的发展台阶。

10.合作品牌

最后，就是合作品牌渠道。合作伙伴也是企业品牌影响力的延伸。黑钻石的城市路演中心，延伸出了西安、天津、北京等市场影响力，黑钻石路演事务所，输出到湖南、湖北、山东等地，还有自由路演合伙人、创作合伙人等合作模式，都在以不同的身份让黑钻石影响力辐射得更远。

未来黑钻石还将开发筹建"路演产业园""路演特色小镇"等产业形态，也将成为黑钻石品牌矩阵里最亮的星。

十大品牌内容，独立又关联，黑钻石使它们拥有了独特的身份。它们也共同为黑钻石这个核心品牌加持，它们以集团军式的品牌姿态向社会输出着产业价值观，辐射着品牌影响力。

品牌矩阵是企业发展到一定阶段之后的必要梳理，从而看清楚都是在哪里获得的品牌红利。

在价值矩阵这个篇章的最后，我们要探寻的是品牌的终极目标是什么。

或许每个企业打造品牌都有自己的目的，但品牌路演的目的却是非常明确的，那就是**"让品牌成为受众在本领域的第一反应"**。

举例来说，当我们说到汉堡薯条，你能想到什么品牌呢？肯德基，麦当劳？还有其他品牌吗？有，但已经不是第一反应了。

▲ 黑钻石的品牌矩阵图形，包含了十个品牌类型，共同构成了品牌的集体印象。

当我们说到运动鞋，你会想到耐克、阿迪达斯，还有其他品牌吗？有，但也不是第一反应了。

如今，产品众多，品牌林立，顾客的消费冲动一闪而过，选择也越来越趋近于直觉反应，那么企业想屹立于商业之林，除了必须有真正的核心竞争力，**必须还要占领顾客的第一心智反应。**

我们今天所准备的一切价值矩阵，都是为了实现一个目标，那就是：只要一提到这个领域，顾客的第一反应就是你。

提到路演，你的第一反应是哪个品牌呢？

心智第一反应，或许还可以有个文艺的说法，心灵的烙印，所以，请记住，**品牌路演，就是留下心灵的烙印。**

第二十六章 十全事美(上)

虚幻未来开文明纪元　九宫三幕换角色演绎

▲ 篇章研习引导图

导语

在分享的最后,

她说,我在这家幼儿园10年了,但这还不够,

我们还有3年、7年、17年、20年、25年……

她所在的教育组的人一个个地走上台来,

站定成一排,她也融入队伍里,那一刻,全场响起热烈的掌声。

不仅仅为这个分享,更是为这群教育人。

讲故事是路演方法论里最为重要的三大核心内容。如何做仪式，在"仪式传承"篇章里做了阐述。如何传能量，在"火线阵地""企业环路"里进行了讲解。反倒是看似最易理解的"讲故事"，却不好寻找执行的抓手。很多事情都是当每个人感觉自己都"略懂一二"时，操作起来反而麻烦。

因为，**越是平日司空见惯的动作，越发难以系统规范。**

平日看电影、听段子、看网剧，然而，你真的知道故事对我们的影响有多大吗？

经常号召大家为公司的传播出力，但企业难道故事越多、版本越多品牌就会越好吗？

太阳底下没有新鲜事，新鲜的只是我们的角度和方式而已。你知道同样的故事不同的人以不同的方法去阐述，效果会有多大的差别吗？

故事的力量

我们先从一本社科类书籍开始，了解一下故事的力量。

《人类简史》里有一段极重要的人类种族演化的阐述。我用相对轻松的语言给大家翻译一下。

大约在200万年前到1万年前，地球上同时存在着很多不同的人种。包括智人和尼安德特人，我们就简称小智人和小尼人吧，小智人就是人类的祖先。

按照我们想当然的推理，小智人一定特别厉害，才会最终存活下来，成为人类的祖先。但事实恰恰相反，小尼人比小智人厉害得多！

如果那个时候，也有各种竞技大赛，比的应该是摘果子数量、钻木取火速度、投标枪远度、围猎野兽难度等等项目，无一例外小尼人基本全胜出。因为每一样小尼人都比小智人厉害。用现在的话说就是核心竞争力全都在人家手里。

甚至，经过人脑复原技术，发现小尼人的脑容量比小智人的脑容量都大很多。看到这里真是深深为祖先捏了一把汗，这么看起来，我们的祖先简直就没有活路了。

然而，真是造化弄了小尼人！命运的天秤向小智人倾斜了，小智人终于进化出了一项独门绝技，直接弯道超车，反过来把小尼人给灭了，我们安全了。

而这项独门技艺就是——讲故事。

是的，你没听错，就是讲故事。

讲故事有这么厉害吗？

小智人的讲故事绝技的修炼大致可以分为三个阶段，应该说每一个阶段都是人类统治地球的一个进阶。

第一个阶段，是传达简单信息。例如哪里有水，哪里有猎物。其实这样的传递信息，不仅仅是智人可以做到，很多动物也可以做到。所以，这个阶段小智人的族群人数很少，只有几十个人左右，人若是再多点就没法交流，也很容易被团灭。

小智人语言能力发展到第二个阶段，我把它叫作交流感情谈天说地技能。这个就相对厉害了，可以拉近彼此关系。小智人也就可以通过这种建立关系的方式，建立起人数更多的族群，小智人的族群有些甚至可以扩张到150人左右。远古时代，可想而之，这族群战斗力肯定倍增，小智人不再担心被小尼人欺负了。

终于，小智人将语言能力进化到了一个不可思议的程度，它与前两个阶段的最大区别在于他们可以用语言描述一些虚构的内容，例如未来、合作、交换、团结、精神等概念。这些使得更多的智人得以团结在一起，最终将小智人送上了人类之祖的位置。

这种讲故事的能力是如何呈现的呢？我猜想可能有这样的情景。

小智人头领站在高处豪情万丈地说：明天，我们将会打败小尼人组织，整片草原就是我们的了，大家可以放心占领每一个山洞，下面的小智人们一片欢呼雀跃……

这是对胜利的美好憧憬。

或者是，小智人里某位穿着怪异的神秘人物，念念有词地将浆果碾碎，把汁水一点点地淋到每一位小智人的头上，然后说，有了这个防身，小尼人就打不过我们了，小智人们瞬间觉得强壮了许多……

这是用幻想的方式对未知事物进行理解。

这就是最终智人统治地球的核心能力。敢于幻想、设定目标、憧憬结果等等，而我们今天把这些词汇的表达方式汇集在一起，称之为**"讲故事"**。

电影《疯狂原始人1》很好地复原了对那个时期人类进化的细节演绎，里面的一段讲故事的电影桥段，我常常在课堂里放给学员们看，也推荐大家仔细品读一下这部电影的学术价值。

总之，能够对还没有发生的事情，以及不能直观感受到的精神体验内容进行语言描述，并使人相信、爱听，这无论是在远古，还是在现代，都是一种非常重要的能力。

换句话说，如果我们今天还不懂得怎么去描述企业的愿景、文化、感觉，不得不说我们的某些能力还处在原始阶段了。

讲故事既然这么重要，那故事到底是由什么构成的，又如何把企业故事讲好呢？

罗伯特·麦基，在编剧届是大神一样的人物。1981年，受美国南加州大学邀请，开办"故事培训班"，随后创办全球性的写作培训机构，学员超过6万名。其中，60人获奥斯卡金像奖，170人获美国电视艾美奖，30人获美国编剧工会奖，26人获美国导演协会奖。长期担任迪斯尼、派拉蒙、20世纪福克斯、皮克斯工作室等机构的专业顾问。

这样一位行业大咖，在2018年，专门出版了一本名为《故事经济学》的书，书中阐述了电影创作中的故事理论如何运用在商业经营等各种环境中，从而达到最大经济效益的核心原理。

在这本书中，他提出了一个商业公式：**"理性的数字+感性的故事=更好的估值。"**

我认为这理性的数字与感性的故事就构成了我们所说的完整的故事。

举个例子来理解一下这个观念。

2018年，我为北京一个区域的城市宣传工作人员做了一场关于讲故事技能的培训。

培训班里有来自社会各个领域的实务人员，有学校的校长老师、公检法的公务人员，还有社区工作者等近百人。他们都是负责每个单位对外宣发的工作。政府为了提升他们在宣发过程中的采编能力，整体提升区域的影响力，特意安排了本次培训。

课程分为两天，第一天，我要求大家分成十个组，每个组选出一个单位，上台将单位的故事讲一讲。

其中一个教育组的幼儿园老师上台开始分享她的内容。她准备了很多页的幻灯片，包括幼儿园的建园宗旨、师资培训、课程体系、安全保障等等，语气铿锵有力，有条不紊地在台上宣讲。各种表格罗列、政策引用，将幼儿园的各种特色都阐述了出来，内容都没问题。但是从下面十个组的学员的听讲状态就能感受到，并不吸引人。到底缺少了什么呢？感情。

一个不饱含感情的故事是绝无可能深入人心的。

终于她讲完了，可能也只有我一个人认真地听完。通过她的表达、动作、语气，我判断这是个很善谈的幼儿园老师。甚至她自己都觉得这样阐述似乎不太好……

我当即拿起麦克风就问她，你觉得自己讲得怎么样？

她说：这就是我们幼儿园的实际情况，我知道很枯燥，但确实不知道该怎么讲故事。

我说：那我问你几个问题，然后你再回去思考一下这个故事该怎么讲，你来这个幼儿园多久了？

她说：10年了。

我说：10年时间，会有很多人生的机会，你为什么选择留在这家幼儿园呢？

她听了之后一愣，似乎之前没有人这样问过她，我知道，这个问题撞到她了。

她边思索边说：唔……这里发生太多的故事了……

我接着问：那到底是哪些人或事让你对这里如此地舍不得呢？我话刚说到这里，她一动容，眼泪竟然流了出来。

这时候，下面听课的所有学员也都聚精会神起来。

我接着说：**讲故事，首先要打动自己，然后才能打动别人**，真正的故事，就蕴含在每一个人的身上。我们常说见微知著，当我们知道一个刚毕业的女孩，在幼儿园工作了10年没有离开，她可能有更好的机会也没有离开，读懂这个背后的故事，其实我们也就读懂了这家幼儿园的价值和魅力。

我说完这番话，她已经很激动了，我让她重新去做这家幼儿园的故事演绎。

到了第二天，她再次登台，完全变成了另外一个人，服装也精心准备了一番。她深情地讲着自己如何来到幼儿园，与每一位小天使的有趣的故事，在园区的各种经历、挫折与幸福。

她把平日里一些有纪念意义的照片都精心地筛选出来，每张照片都是她

▲ 某城区教育机构以故事的形式演绎机构的发展，并共同路演的场景。

的一段经历。这些照片她的同事很多都未见过。如此一来，这个分享时而有趣，时而感动，更巧妙的是，昨天那些看似枯燥的内容在故事的润色下，也显得分外吸引人。

所有人都被她的故事迷住了。我当时已经给这个故事打了高分，没想到到最后，还有更大的惊喜。

在分享的最后，她说，我在这家幼儿园10年了，但这还不够，我们还有3年、7年、17年、20年、25年……

她所在的教育组的人一个个地走上台来，站成一排，她也融入队伍里，那一刻，全场都响起热烈的掌声。不仅仅为这个分享，更是为这群教育人。

这个分享的最后一页幻灯片，是一行字，写着：

成为塑造学生品格、品行、品味的"大先生"。

——习近平

这个故事也圆满结束。

这个项目后来获得了那次讲故事培训第一名。

我觉得她非常好地将幼儿园建设这个理性成果，与一个幼儿园老师成长的感性体验融合了在一起，一起成为那个让这家幼儿园看起来与众不同的"估值"。

这就是：**"理性的数字+感性的故事=更好的估值。"**

无论是传奇故事，还是商业故事，都需要用好的方法去讲述。同样一件事，用不同的方法去演绎，结果是完全不同的。我在2018年出版的《导演心法》这本书里，就曾用很大的篇章来阐述**讲故事的两个重要的方法，见微知著与真情实感。**

讲故事也深受政界和商界精英的欢迎。

2015年，我跟随中美私募投资峰会考察团出访美国。活动行程中有美国前总统克林顿宴请与演讲的安排。宴前有一个合影环节，每个人有一个简短的自我介绍。我就介绍自己是"a story teller for city and business"。——一个为城市与商业讲故事的人。没想到克林顿演讲开场第一句话竟引用了我的自我介绍："Just now, a young man from China told me that he is a story teller. Today's topic is telling story."——刚才有一位来自中国的年轻人，他说他是一个讲故事的人，而今天我们的主题就是讲故事。接下来克林顿用一些个人故事引出了他对国际关系、经济、文化、科技等领域的解读和分析。这正是他非常擅长的方式，用"具有代表性的个体经历"来宣传自己的政策和观点。

之前的总统演讲时，大多数是讲整个社会如何，统计数据如何，而克林顿开创了一个举某一个特定的人的例子这种方法，虽然个人故事很不具有代表性，但个人的经历往往十分生动、富有

▲ 作者与美国第42任总统克林顿合影。

感情、富有说服力，容易鼓舞民众和选民。这就是见微知著。

阿里巴巴公司上市时，创作了一部由9个故事组成的阿里巴巴的路演影片，开篇就是马云一口流利的英文，讲述着阿里的使命和愿景，拉开了阿里巴巴的故事的大幕。在这些故事里，有从小就习惯了用淘宝的学生，有靠淘宝店卖画的残疾人，有在西北边疆山区通过淘宝买东西的球队，有通过淘宝卖邮票的80岁的老人，有全县都为淘宝服务的淘宝县，有在淘宝卖东西从而有时间照顾孩子的宝妈，也有在淘宝上从1000块开始创业到年营收数百万的创业者……虽然每个故事都不长，寥寥十余个镜头，带出的却是一幕幕互联网时代的缩影，而阿里巴巴以一个个的科技和服务的故事，一起串联起了自己的事业价值。

仔细分析一下，这里有学生群体，有创业者，有残疾人关爱，有老人，有城市服务，有边远山区，每个故事点都极其精准且细腻自然，都是资本与社会的重点关切，这就是真情实感。

所以，企业要讲述的故事并不只是一个，而是若干个故事点，这若干个故事点又共同构成了一个完整的故事矩阵，就像我们打造品牌矩阵一样。

应该说将这些故事讲好，企业的精神、文化、品牌、产品、招商、愿景等等就全部有了传播的依托，有了价值的载体。

故事就是价值的终极。

需要强调一点，这些故事讲完之后，其目的是为了传播版本与方法的一致，而不是每个人都有一个版本或者自由地随性发挥。那样反倒适得其反。

通过上面我们讲述的幼儿园老师的讲故事过程你会知道，不同的方法讲出的故事是不一样的，所以，需要企业把故事题材准备好，甚至把讲述方式都培训好，从而达到统一传播、同频共振的效果。

九宫三幕五分明

接下来就给大家具体的方法，我把这个方法称为**"九宫三幕五分法"**。

故事首先要有一个好名字，故事与人一样，一旦有了名字，它就有了生命力，就会在我们的脑海里不断长大，直到我们自己都觉得它可以被创作出来，那么这个故事就水到渠成了。

同时名字可以让故事进行系列化创作，更容易产生传播效力。例如黑钻石创作的《成长》《变革》《荣耀》三个故事就很好地将一个城市园区的成长系列化地进行展示。

那么"九宫三幕五分明"是什么意思呢？

九宫就是选九张与这个故事相关的图片，可以按照时间线、人物线、价值线或者场景线进行分类排序，这本身就是故事创作素材的归类整理。

三幕是将这个故事分为三段落进行大框架的划分，这也是在电影电视舞台剧等领域创作当中最常见的方式。我们可以把这三个段落理解为**"开端""对抗""结局"**，当然这里的故事矛盾实则是企业发展中的各类困难的概括。分为三幕会使我们更好地理解故事的发展阶段和其背后的意义。

五分指的是用五分钟的时间将这个故事进行演绎，无论是用幻灯片阐

▲ 为原重庆盐业集团公司创作品牌路演短片，其不同版本在央视等主流媒体被播放报道，助力其与中盐集团的谈判并购。

述，还是制作成为影片，还是演成一台话剧都可以，也是通过这种方式为故事寻找一个适合的传播载体。

特别建议大家以舞台剧的形式尝试将故事进行演绎，戏剧化演绎有个很神奇的效果，就是大家会通过自己演绎的角色。体验角色的感受，通过这种方式，真正实现一次换位思考。这种方式甚至已经被很多企业拿来进行团队内训使用了。

这就是——

一名已定混沌清，
九宫三幕五分明。
十全事美重演绎，
何愁前途路不平。

第二十七章 十全事美(下)

生平爱好听传奇经历 讲好故事塑商业使命

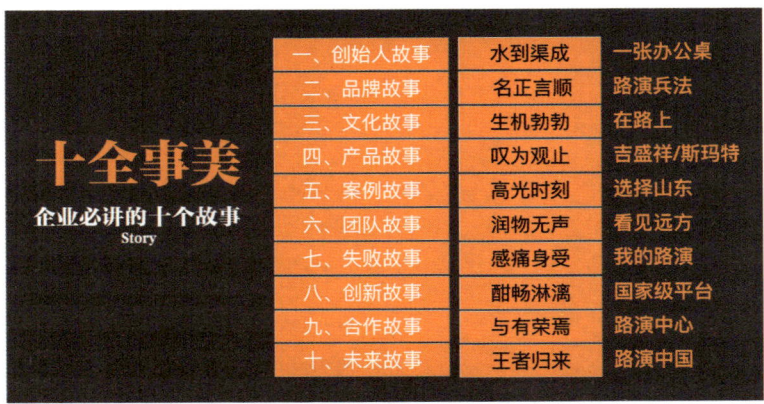

▲ 篇章研习引导图

导语

这不是"为伊消得人憔悴"的悲情式江湖传说,
而是一个"衣带渐宽终不悔"的豪情式"梦想传奇",
所以未来故事需要讲出"王者归来"的霸气与自信。
人们愿意参与到比自己更伟大的故事中去,
这就是故事的能量。

常有人问我,你的爱好是什么?

做咨询?看电影?看书?路演?

应该说这些都是我的爱好,然而这些爱好其实可以汇聚成三个字,就是**"听故事"!**

对我来说,听故事就是第一爱好。

去不同的企业、城市调研,是因为又有新的故事可以了解,看电影看书也同样是故事在吸引着我,**每个故事对我来说,都像新鲜的空气和水一样滋养身心。**

我也相信自己的观念、决策、习性模式都是潜移默化地受着故事的影响。而做教案、做路演、写作是在延续着我听来的故事,我将它们传播出去,因为故事里包含着我所希望传递的有价值的思想。

对待故事已经有了一种习惯性的热爱。所以也一直倡导企业要充分发挥故事价值,提升讲故事能力。但企业故事千千万,到底要讲哪些,又讲到什么程度一直没有定论,更别说具体的企业故事操作指南。

带着这个议题,走访考察总结,应该说每到一处这都是我内心的唯一问题:**"他的故事讲得好不好,吸不吸引人?"**同时也有意识在归纳着企业故事的应用类型,经过十余年的归纳整理和实践,也总结出了企业最常用且最有帮助的十个类型的故事。

这十个故事分别是——

创始人故事、品牌故事、文化故事、产品故事、案例故事、团队故事、失败故事、创新故事、合作故事、未来故事。

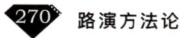

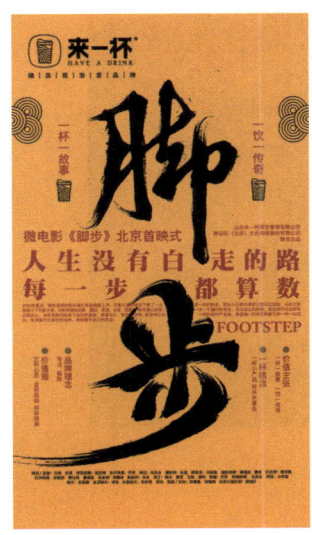

▲ 以"来一杯"品牌创始人的亲身经历故事改编而成的微电影《脚步》宣发海报,是黑钻石为其创作的系列路演影片之一。

这十个故事几乎适用于所有类型的企业。

这也是从故事的角度重新对企业价值进行的总结梳理,同时我也会分别给大家一些关于故事标准的建议,定一个故事样本,相信这样的整理会让企业在传播价值时达到"十全事美"的效果。

一、创始人故事

创始人故事是企业的故事基因,没有这个故事打底,其他的故事都不够沉稳与厚重。可能每个企业家创业时的境遇各不相同,但创始人的故事却可以有个统一的感觉标准,那就是**"水到渠成"**。也就是说这个故事要带出的感觉就是这个人做这件事是一件顺其自然的事情,无论是机遇、能力,甚至挫折、困难都是水到渠成,而不是偶然和幸运。(虽然不否认,幸运也是非常大的因素。)

黑钻石迄今为止也为很多企业定型过企业家的故事主题,甚至不少后来还都拍成了个人专记类的故事影片,讲述美业品牌创始人的故事《信念的力量》,讲述连锁品牌创始人的故事《脚步》,讲述教育品牌创始人的故事《舞者》等等,这些故事已经成为推荐企业时的重要内容,故事所塑造的创始人形象也更为真实、丰富、立体。

将法十八篇　271

▲ 2014年辅导某舞蹈培训机构以舞蹈的方式完成企业故事的讲述，形成具有企业文化特色的路演内容。

二、品牌故事

2018年，黑钻石受某盐业集团的邀请，为集团打造品牌形象，我当时的创作主张就是帮企业的品牌正名！即**名正言顺**。名正，找渊源，品牌在哪里；言顺，找释义，诠释品牌精神。

黑钻石团队远赴重庆巫溪，找寻五千年的盐泉源头，收集巴人渔猎、白鹿引泉的传说。又转赴西沱古镇，跟随运盐人的铿锵足迹，巡着盐路，探访品牌里所包含的坚韧不拔的精神。也被历史上捐盐抗日、扶贫济困的民族企业精神所感动，最后再回到城市，在氤氲的火锅中，在脆爽的榨菜里，在工业生产流水线上找到品牌，找到伴随了我们几千年的味道。**这些故事都成为企业品牌形象的一部分，也共同构成了企业人的精神坐标。**

整个创作历时两个月，这部品牌影片帮助企业获得了第11届中国品牌节的大奖，为后来重组并入国家队起到了助推的作用。这就是品牌故事的价值。

与这个西南盐业故事有异曲同工之处的还有西北最大的牦牛肉生产贸易

▲ 在重庆巫溪千年盐泉考察，寻访当地人文古迹，为创作积累素材。

▲ 为甘肃临夏州牧业企业创作的品牌演绎影片海报，助力其成功地对接资本市场，以此带动当地的产业扶贫。

商——八坊清河源的品牌故事。**从茶马古路上的篝火，青砖雕刻出的牡丹，牛羊市场中从容淡定的牙行，清真寺里飘荡出的敬颂，四十余年的创业史，刻画出的不仅是企业的成长，更是时代的变迁和历史的沧桑。**《清河之源》这部品牌影片也助力了清河源企业的市场开发和资本对接。极大释放了这个品牌所蕴含的魅力，一群淳朴厚重慷慨豪迈的西北人形象加上现代规模运营规范的商业精神，使企业印象雕刻清晰。

在2014年，山东酱菜老字号玉堂酱园刚好是创立品牌三百周年，黑钻石也受邀为其量身定制品牌的故事演绎。

"玉堂酱园"作为中国四大酱菜之一，曾被慈禧题名"京省驰名 味压江南"，也获得过1915年巴拿马万国博览会的奖牌。新中国成立后更是被历代领导人所赞誉。

而我们的品牌故事则要从运河这个最有象征意义的文化符号讲起，一个优美浪漫的爱情故事，一个童叟无欺的朴素动作，一座老城的酱菜韵味，一个在战火废墟中顽强生存的民族品牌，**当三百年历史浓缩为五分钟的光影，伴随品牌一路穿越时空的震撼，使品牌印象就此烙印在消费者心中。**

品牌故事绝不是老字号的专属，也不是大品牌的特例，每个品牌都可以拥有自己独特的故事。

▲ 为三百年老字号玉堂酱园创作的系列影片，在2014年11月8日，品牌创建三百年庆典中播放，后被广为传播。

三、文化故事

文化故事毋庸置疑，它是能带出企业文化图腾与文化精神状态的故事。文化作为企业的内在驱动力，必须保持**"生机勃勃"**。一部"在路上"就记载了黑钻石的创业史，一部"追风少年"就是黑钻石的奋斗史，这也是黑钻石团队成员都必须知道的文化故事。

文化的故事可以说是故事题材里拥有最多表现内容的，例如，**从无到有的使命与梦想，从弱到强的团队与品牌，反败为胜的精神与信念**。蕴含着成长力量的故事则更具感染力。

举几个黑钻石创作的企业文化故事案例。

北京丰台是轨道交通产业的企业集聚区，鼎汉技术作为第一批创业板上市企业，提供轨道交通专用空调和屏蔽门等配套设施，很早就落户于丰台。经过十余年飞速发展，企业业绩突飞猛进，也开始筹划要进军海外市场，但出了国门才发现，企业的形象和文化是一个非常重要的与国外客户建立互信的内容。

企业走向国际不但要有硬实力——产品，还要有软实力——文化。

黑钻石当时调研后，建议以企业文化为核心，用见微知著的方式为其打造一部展示企业文化精神的纪录片——《鼎汉故事》。故事里有手把手带徒弟的老师傅，有抢救公司物资不被洪水侵袭的物管员，有新老员工对抗篮球赛，也有为了一个数值苦熬数日的工程师，这些人的故事共同构成了鼎汉的企业文化。每次我在课堂分享这部影片时，对企业家们的触动都很大。

山东中强瓷业是黑钻石在2013年就咨询服务过的传统制瓷企业。其产品质量过硬，远销海内外。找到黑钻石也是计划更好地拓展市场，增强团队凝聚力。

当时我在中强瓷业调研的时候，上到创始人葛老．中到管理团队，下到工厂流水线上的工人，都透着一股实诚劲儿。

一位高管跟我说："我们最艰难的时候，工资开不出来，食堂连菜都买不起，上半年吃了半年的大白菜，下半年又吃了半年的菠菜，终于渡过难关。我们就相信企业能行。"

一位制瓷工人说，我带孩子回老家，孩子总喊着要回淄博，一回到中强，孩子就说，这是到家了。

这些故事汇聚成了强大的文化凝聚力。企业也伴随着这部《中强瓷魂》的影片而广为流传。

四、产品故事

讲述产品故事，首先我们要弄清楚什么是产品，产品如何来定义。

这里所讲的产品，是指大产品概念，与客户接触的所有环节都是产品的一部分。 这些环节包含策划设计环节、生产制造环节、营销推广环节等等。所以产品故事的讲述绝不仅仅是我们平时所认知的"产品"宣传，而是要表现**围绕着创作产品衍生出来的隐性价值，才是全面的产品故事。**

故事里可以有产品的历史渊源、产品研发的幕后、团队成员在产品服务里不为人知的努力，我们要把这些研发、思考、执行、讨论、服务的故事讲到让人**"叹为观止"**。

世界名车劳斯莱斯与宾利就特别喜欢用造车的各种过程和细节来体现其顶级名车的身份，这有点像电影的幕后花絮，甚至比电影本身还精彩。

黑钻石在很多项目操作过程当中也留下了大量的花絮，客户很爱看这个创作过程，同时也从这个幕后角度更充分地了解黑钻石。例如《108文化产业园》的创作花絮，《青海玉树城市影片创作幕后》《北京丰台区的城市路演项目影像记录》等等。

730H是一家以纯匠人手工制作腰带产品为主的小众品牌企业，平均每条腰带需要一个成熟的匠人师傅近150个小时的制作，其价格在市场上也属于高端定价产品。

这家企业在导入路演系统时，就将匠人制作皮带的过程和细节形成产品故事，**这样的产品里包含了时间、专注以及温度，也成为企业品牌走向市场的奠基石。**

罗纳红酒业是黑钻石早期服务过的一家以纯法国进口红酒为产品的企业，刚进入国内时靠着传统的市场推广而维持。

黑钻石重新梳理了产品故事，让其拥有了更高的产品附加值——精神价值。红酒产地罗

▲ 2016年，黑钻石为青海玉树州创作的人文微电影《遇见》，讲述了援青干部在玉树州的工作与爱情，将玉树州的人文风情进行故事化呈现。影片投放后被媒体多次报道，黑钻石所体现出的精益求精的创作精神也被当地政府高度赞誉。其花絮纪录片记载了许多感人的幕后故事。

纳河谷是一个因千万年河水冲刷而形成的河谷，这片河谷里布满了鹅卵石，罗纳红酿酒所用的葡萄树就是在这样的土壤里生长起来的。

在鹅卵石土壤里生长的葡萄树根扎得很深，吸收更多水分，鹅卵石也使其葡萄树的生长温差更大，产出的葡萄酒味道格外不同。所以人称鹅卵石葡萄酒。我们将这个故事的内涵和价值又再次延展。鹅卵石外在圆润，而内在坚韧，像极了这个社会的中坚阶层，经过多年的打拼，有了一方自己的天地，性情也似乎不那么锐利，但日趋平和的内心依然坚守着自己的事业梦想。

将企业产品的品质、品格、品性与受众客群的文化属性、内在精神充分地链接在一起，形成了产品的精神附加值，这就是最有价值的产品故事。

五、案例故事

案例故事要讲到的标准就是它要成为企业的**"高光时刻"**，是的，没有任何故事可以像案例故事那样，照亮我们自己的价值，黑钻石拥有太多这样的案例故事。

吉盛祥是黑钻石的案例鼻祖，自从有了案例意识，就一直在分享吉盛祥故事，也是我分享最多、整理最细致的案例。如果歌手都有一个保留曲目的话，那么吉盛祥就是我案例中的"保留曲目"了。而且一直到现在，我的这个案例依然还在更新。

除此以外，儿童美术教育机构斯玛特集团从美育到素质教育的连锁传奇、智慧校园解决方案供应商顶联信息从1个人到1群人的顶级精英联合创业的故事、上海红豆月子湾从关爱母婴到生命健康的红豆之梦、国礼制造商上海玛戈隆特骨瓷通过《瓷·融·世界》的故事在世博会让"青花盛宴"优雅绽放、岭南国医小镇里从国医大道到国学大道的博大精深的中国文化等等项目，都是黑钻石路演系统导入服务的经典案例，都在从不同的角度呈现着路演的价值。

▲ 与企业共同探讨经典服务案例复盘事宜,协助企业以案例的形式讲好价值故事。

其实在我们的调研里,很多企业也都有自己耳熟能详的服务客户的故事,但是不够具体,也就没有形成传播力,这是宝贵的无形资源浪费。这些故事不但要定型,确定内容类型,而且要定向,明确传播导向。

六、团队故事

团队故事主要指的是团队成员之间的故事,对企业文化的提升可以称得上是**"润物无声"**。因为人们更习惯通过参考对比身边的人物来修正自身。

黑钻石也涌现出过各种"哥"系列故事,司机大哥、DJ大哥、文案大哥等等。黑钻石早会时会设计一个环节叫作"夸夸宝宝",也是大家各自讲述身边伙伴的故事,很好地营造了团结友爱的企业文化氛围。

黑钻石曾创作的顶联信息的团队故事,里面的企业创始人没有办公室,公司人人直呼其名,三顾茅庐邀请合伙人加入,销售员连续半年跟单的酸甜苦辣,工程师三更半夜开会讨论客户的"变态要求",这些故事用顶联公司企业董秘的话就是"看我们的团队故事你得带着纸巾来"。**提升企业凝聚力,让员工拥有物质收入以外的精神归属感。**

七、失败故事

企业发展不可能一帆风顺，如何能够让团队成员时刻警醒自己是非常有必要的。

这就需要一个失败的故事了，而且要讲到**感"痛"身受**。这跟我们在七字逻辑里阐述的"意"字的定义是一样的。

在我的信条里，没有不会路演的人，只有不做准备的人。这句话就来自我的一次失败的路演。究其原因是因为没有准备。这个失败故事可以警醒大家做任何项目都要做充足的准备。

在我们为美妆品牌ZFC创作的企业故事里，就讲述了ZFC企业在发展过程中，急于求成，忽略了身边人的建议和意见，一意孤行，导致企业面临破产的风险，而后才痛定思痛，重整队伍，再次出发。很多创业者看这个故事会很有感触，里面包含了很多经营企业会踩到的坑，确实起到对团队和行业的警醒作用。

八、创新故事

创新是一个企业不竭的动力之源。企业是否在创新，在哪些领域创新，创新的成果有哪些，是我们需要讲述的重要内容。而且要讲到**"酣畅淋漓"**，以彰显创新的魅力，让更多人参与创新之中。

黑钻石在创新领域的定版故事就是《从一场路演到一个国家级平台》，阐述了黑钻石在孵化领域的创新认知与实践。

创新的故事在科技型行业最为突出，科技创新给人带来的希望是最为充分的，如上海牧粮与锦绣大地的农业林业技术创新、北斗航天车桩网的科技应用创新、中海润达新材料的技术研发创新、启迪智慧网联的城市大数据的应用创新等等。这些企业以科技为企业的核心竞争力，**而科技的使命就是要不断地创新，**这也是这些企业必须要讲好的故事。

九、合作故事

想招商，必须讲好合作的故事。这是以商招商这个方法论的精髓。而且要讲到让合作双方都**"与有荣焉"**。如奶茶连锁的《一杯家族》的连锁故事、北方永盛的《永盛兄弟》的加盟故事等等。

当然也一定少不了科创路演联盟的《路演联盟》的故事。黑钻石的重要战略合作伙伴就是我们在全国各地的路演中心。

与西安路演中心合伙人在北大课堂一见如故，汇聚自己所有资源助力路演，不但打造了迄今为止黑钻石规模最大的城市路演中心，连黑钻石的年会都是在西安举办。这里面蕴含太多的情感与信任。

与天津路演中心合伙人十年的交往，互相陪伴着成长，通过路演中心又成为"一家人"，如今天津路演中心也顺利步入了营商期。

每一家合作伙伴我们都会不断总结合作过往，伴随合作深入，这些故事又衍生出后续。**因为合作，本来就是一个永远也讲不完的故事。**

十、未来故事

终于，来到了**讲故事的最高境界——未来故事。**
未来我们会成为什么样的企业，我们会身在何方？

▲ 西安路演中心从创建伊始就秉持着长久合作，长远发展的初心，合作双方共同克服市场、团队、疫情等困难，不断探索路演在中心城市的发展之路。如今已形成一定的区域品牌影响力，逐步向招商期阶段经营。

这不是"为伊消得人憔悴"的悲情式江湖传说，而是一个"衣带渐宽终不悔"的豪情式"梦想传奇"，所以未来故事需要讲出**"王者归来"**的霸气与自信。

人们愿意参与到比自己更伟大的故事中去，这就是故事的能量。**当每个企业都能充分地呈现出未来，就会升腾起更大的信心和力量，它就是我们要去实现的未来。**

黑钻石未来故事就是要搭建起科创路演联盟，建立百家路演中心，打造路演小镇，设计城市路演路线图，提升城市软实力，**以人文精神去传播更多有价值的思想，实现"路演口国"的伟大构想**。这就是黑钻石憧憬的未来。当我们能清晰地描述这个未来，未来的能量也就可以为我们所用，而跟随者与给予者就会出现。

你企业未来的故事是什么样呢？

讲企业故事需要讲事实、讲形象、讲情感、讲道理。讲事实就是讲企业的基本面，讲形象就是讲企业的品牌呈现力，讲情感就是讲企业的文化故事，讲道理就是讲企业的战略规划。当然，更重要的是使人想听，爱听。这就需要我们讲故事要有更好的方法。

2017年8月11日的《人民日报》这样评价掀起全民观影热潮的《战狼2》:

《战狼2》的热映如同中国军人形象与国家实力在国际社会的一次"路演"。透过这场"路演",中国向世界展示了中国军人"一日为战狼,终身为战狼"的铮铮铁骨,也在以一种全新的视角向世界宣示"中国的发展,是世界和平力量的壮大,是传递友谊的正能量"。

《厉害了,我的国》《强军》《我们走在大路上》这些既有宏大叙事,也有人物细节的影视作品使全民族集体增强了民族自豪感。这些精神价值就是国家的软实力,没有讲好故事的能力,软实力就无法得到全面的体现和传播。

从人类诞生到现在,200多万年过去了,从智人到人类,看似虚幻的故事使我们的祖先主宰了地球。

一个个或激情或热血、或警世或哲思的故事,指引着我们把未来作为现在,让梦想照进现实,把"事"变成业,才有了"事业"。

而故事,是带来所有这些事业价值的终极!

从此刻到未来,我们依然还活在自己构建的故事里……

讲故事,是人类的幸运,也是我们的使命。

第二十八章 案例！案例！

十点归纳成样板工程　全息呈现获一本万利

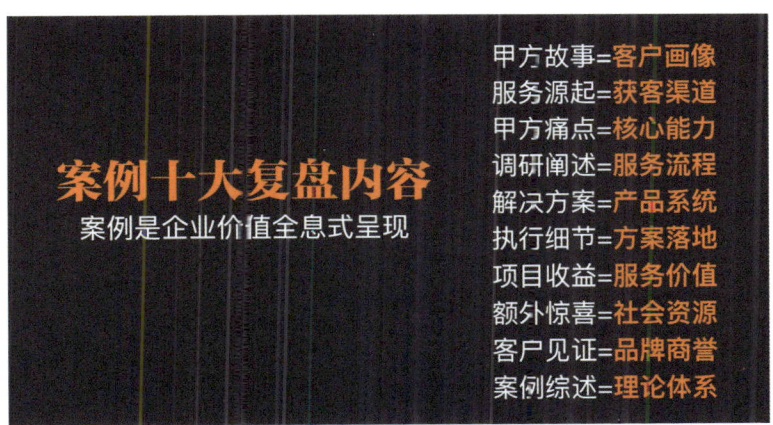

▲ 篇章研习引导图

导语

在操作项目的时候，

如果对项目经理说一句，"这是一个要做成案例的项目"。

那就意味着不仅是满足客户诉求，还要超出预期，要形成系统方案，

收集每一步的资料，最难的是要收集客户的美誉等，

所以做成案例工程，其实就是对项目经理的最高要求。

如果一定要在《路演方法论》这本书的四十个篇章里选一个最重要的篇章，非**"案例！案例！"**章莫属。

如何理解"方法论"：方，明确方向；法，总结规律。

方与法结合在一起，就是解决方案。但解决方案需要不断地优化和提升，这个过程靠的就是**"论"**。

论，研讨复盘。也就是形成案例。所以案例是企业经营方法论最淋漓尽致的体现。

每次做完一个项目，就要做复盘，做研讨，最终形成的就是案例。所以，如果没有通过复盘形成案例，那么方法论是不完整的。同时，每一个完整的案例自然就是企业交流、沟通、教学的重要材料。

整理案例的意义

看似是在复盘案例，实则是梳理企业的全方位运营的细节，在案例中你可以清晰看到客户画像，明确客户渠道，完善服务细节，收集企业品牌美誉等重要的经营动作。

黑钻石路演系统向来对案例是非常看重的。我常常对团队讲，**案例案例，一本万利**，无论是个人 还是企业，案例才是你真正的通行证。因为，**结果不会骗人，机会来自案例！**

甚至在操作项目的时候，如果对项目经理说一句，"这是一个要做成案例的项目"。那就意味着不仅要满足客户诉求，还要超出预期，形成系统方案，收集每一步的资料，收集客户的美誉等，所以做成案例，其实就是对项目经理的最高要求。

自路演分享以来，我其中一个最为重要的工作，就是带领团队把做完的项目系统复盘为完整案例。我在进行课程分享时才得心应手，才可让学习路演的学员得到最佳的研学内容。

也因整理案例，黑钻石的路演价值得以传播，从而带来好的市场认可，再衍生更好的案例。所以，当我们在做案例的标准和要求时，企业市场端也会走向一个良性的循环。

在辅导企业过程中，部分企业对案例的理解往往不够全面。产品就是案例，服务客户的列表就是案例，这样的片面认知不乏少数。一个精品案例的整理既要有项目背景的阐述，也要有各自价值的合理体现。

案例复盘的十个要点

1.阐述甲方背景

背景内容可宽泛些，例如客户的创业经历、性格喜好、专业人脉等等，其实在整理这个内容时，我们会发现，这就是公司产品的客户画像。包括服务谁，客户属于哪个阶层，在什么产业领域，他们在什么地方，有什么特征等等。

黑钻石曾服务一家云南的茶企，每次我在分享这个案例的时候，都会有这样一段介绍：

项目甲方原是做矿产生意，后来喜欢上了茶，投资几千万，买了千余亩茶园，也经营起了自己的茶业品牌连锁。项目创始人喜欢茶，热爱云南，言谈间总是带着对云南的赞美，几乎可以称得上是云南的形象代言人。但其实他并不太善于言辞，所以社交不多。现在已全身心投入茶产业的事业上，也希望通过资本的助推让品牌走得更好。

▲ 作者与茶企创始人在路演大会上,并为其颁发冠军奖杯。

通过以上这些介绍信息,你是可以品读到黑钻石路演客户画像的。

我们一起来倒推一下,客户是做实业的企业家,有一定的财力基础,计划品牌式经营,资本化发展,一个简单的黑钻石的客户画像就出现在眼前。

同时,这里还介绍了一些客户的性格和习惯。这主要是为了增加案例的普及性。

在我们通过案例进行公关时,可能对方从事的行业与案例并不相同,那么如何让对方对案例感兴趣呢,就需要找到相似点。

这个茶业企业的老总,有些偏执,他有两个信念:第一个信念,只有云南适合人类居住,他几乎就是云南的形象代言人啊;第二个信念,只有他的茶叶是茶叶,别人的茶都是树叶。

每次讲到这里时,在场听案例的人就会笑起来。我相信,这绝不是因为这个企业家的偏执而笑,而是一种心领神会的笑。因为热爱,很多企业家都是如此偏执一般爱着自己的产品和事业,热爱着自己生活和工作的地方。

黑钻石也是如此,从创建伊始,就在北京的丰台区,发展至今。每次到全国各地分享路演时,都不忘讲讲丰台的路演案例。讲到丰台,骄傲感也油然而生。

所以不要忽视这几句简单的性格描述,它可以迅速拉近案例与听者的距离。

2. 阐述服务源起

这里可以包含与客户的相识过程与合作促成契机，这也是一种商业身份的证明。

我们常说，**是钻石就要放到钻石店去展示**。假如去夜市大排档里兜售钻石，是什么后果呢？或者东西是假，或者来路不明。而在钻石店里就不同了，空间本身就会建立起信任。

同样的道理，**客户来源不同，商业身份也不同。**

陌生拜访来的客户？口碑推介的客户？慕名前来的客户？相信大家能品读出不同来源的客户所代表的商业身份。

我们继续以茶的案例来阐述。

十年前，在北京某企业家论坛上做创作分享，当时与这位企业家结识。印象里他很少说话，我在分享黑钻石的创作案例，他当时就听得很仔细，会后，这位企业家单独找到我，希望我能去云南的西双版纳看一看，给项目一些路演的建议。当时聊得很投机，而且双方对品牌的见解都很一致。

相信大家可以听出很多细节，我们是通过路演的分享结识，这里也在展示黑钻石路演分享能力。我当时就是用案例去分享，案例吸引项目，项目再成为案例，黑钻石形成了从内容到市场的经营闭环。黑钻石是被邀请去看项目，且做项目之前已经达成了很多经营观点的一致。

你看，潜移默化地传递出很多对商业身份塑造有价值的信息。

3. 详解甲方痛点

客户痛点映射出来的就是企业发现问题的能力与解决问题的领域。

这位企业家在云南做了销售茶业的连锁店，通过招商加盟的方式扩展事业，产品的品类很多，品相很好，品质极高。但当时普洱茶已经是红海竞争，小的茶企想做出品牌是非常难的事情。

企业发展中很多事情被卡在了企业的传播力不够，也没有相应的传播语境、品牌风格等问题上。几乎是被动地在做品牌，而不是主动产生自己的影响力。企业也没有形成相应的市场开拓机制，这些都导致企业发展不够良性。

▲ 西双版纳当地很多村落有缅寺，当地小乘佛教盛行，民风纯朴，崇尚自然，在这里可寻得一片心灵净土。

阐述完调研中发现的问题，实则体现出的就是我们能够给客户带去的解决方案是什么。

4.企业调研与执行环节阐述

这部分主要是将企业如何开展工作这个环节阐述清楚，从而让人了解企业是否有完善的服务流程。这部分的梳理要有工作细节和现场照片为证。

继续茶业案例。

黑钻石当时成立了四人调研小组。昆明的连锁店，西双版纳茶山。如唱千首民歌的采茶女、傣族的传统烧烤美食、缅寺出家的小和尚、茶山的篝火晚会等等。同时我们也发现，这份民族风情、地域特色就是这个茶产品的最大特色，进而与创始人一起开讨论会，进行沟通并明确了我们的解决方案。

理解了这里的风土人情才能更好地理解项目的文化属性。每次阐述西双版纳的时候，我都会展示一张上千年的菩提树的照片，增加大家对项目所在地的画面感。你看这个阐述里具体到项目组有几个人，去哪里调研，结果如何，向谁以什么方式进行项目沟通，这样的工作流程是会让听到案例的人觉得安心。调研细节的阐述就是企业服务流程的表达。

5.阐述解决方案

解决方案是我们为企业解决问题而提出的服务规划，同时也是我们的产品系统、案例以

▲ 白天还是采茶女的傣族少女，夜晚围着茶山上的篝火跳起舞来，阵阵欢歌让人恍若进到世外桃源，可极大缓解压力。

一种场景式的方式让大家对产品的应用有了很好的理解。

黑钻石的路演系统已经应用了上千家企业，虽然方案操作体量不同，但思路是很统一的，只需要在企业行业属性与文化特色方面做一些调整，也间接地体现了黑钻石路演系统的通用性很强。

继续用茶山的案例来理解。

调研完后，经过了一周的针对性讨论，我们整理出了一套适合于这家企业的年度路演系统解决方案，其中包含文化系统、商业计划书、影像工具、系列活动、媒体宣传这几类，然后附上了执行的时间，以及各类活动之间的价值关系，对路演后的效果的预判与推演。一套简单的规划案就完成了。

当我们对同类型企业阐述案例这些内容的时候，对方很自然就会做个设想，如果我的企业有了这套解决方案，有了这样一些路演推动，会怎么样，这个环节的意义就在于此。

补充一句，系统规划出解决方案是黑钻石路演咨询师的必备能力，它类似于产品经理的角色，能有效根据客户需求以及企业的产品元素，给客户拿出一份量身定制的方案，这个规划案略加细节延展，就是一份商务合同了。

6.阐述案例执行细节

既然是执行细节，它体现的就不仅仅是执行，还要体现执行团队的态

▲ 茶山上的民宿，仿傣楼样式设计，古朴自然，茶山二的负氧离子极高，可使睡眠质量大幅度提升，缓解疲劳。

度、素养、专业、敬业这些无形的文化品格。方案再好，执行不好，也是白搭。

一个案例之所以能成为案例，其实是从执行开始的，执行的不好，首先客户满意度就不会高，结果就不会好，那么这件事情就已经不具备案例基础了，从企业品牌来说，这件事已经失败了。所以，团队的执行才是能否做成案例的重中之重。

继续我们的案例。

我们在执行过程中，为茶山、湖融入了文化元素，进行了品牌故事的开发。伙伴们每天天还没亮就扛起设备上茶山采景，与甲方团队关系相处得也非常融洽，应该说茶山的创作艰苦也有趣，是一段难忘的经历。就在前几天，我又去茶山，距离第一次去茶山已经过去了将近十年的时间，那山那人甚至是庄园里的懒懒的拉布拉多都依然亲切，茶山的员工直到现在都还记得黑钻石当时参与创作的团队伙伴的名字，回忆起往事来还是感慨万千。

这些执行内容实则是使案例更丰富、更立体起来的重要内容。这些细节也对案例的阐述人提出了更高的要求，他要更熟悉这个项目，甚至自己本身就是项目的参与者，这样描述的时候才会更动情，更有代入感。

7.阐述项目收益

到这个阶段,很多企业开始感觉自己的案例储备有些力不从心了,对,这就是案例的宝贵之处,它要实实在在地给客户带来过可量化的价值,所以我们自己盘点一下,能达到有结果的服务有多少呢?仅仅是做过服务,但没有带来实质的价值,那是构不成案例的。

我们继续看茶山项目在路演系统的服务下,取得了哪些成果。

企业顺利地完成了三场招商路演,同时吸引了全国各地的企业家到茶山考察合作,以茶山为主要的路演场景,整个过程都非常成功。

这家茶企的路演工具毫不夸张地讲,影响了两个群体。一个群体是数量非常多的中小茶企,开始模仿这家企业启动了自己的路演工具的打造,连背景音乐都一模一样。另外一个群体是众多的传媒企业,纷纷以这些路演影片为样板,或模仿或学习,掀起一股这类路演工具风格的创作风潮。

当然,这家企业的品牌也猝不及防地被快速传播,众多商业业态也都逐一展开,企业开始进行经营规模扩张。

当年我带队去茶山考察时,大家都种下了自己的菩提树,在树下也留下了美好愿望。这就是为什么一开始我要放一张菩提树的照片。

2014年,这家茶企获得了APEC峰会国礼的资质,2017年正式拥有了自己西双版纳的旅游区和产业园,已成为当地乡村振兴的产业样板。我们每年都会为其不断优化路演系统。

▲ 黑钻石为在茶山建设的外景拍摄基地揭牌。

▲ 与茶企在云南共同成立落地的农林产业路演中心。

你看这一系列的服务后价值要总结得出来，因为这才是服务的最终目的。这些价值里体现着我们的服务能力、方案价值，还有陪伴能力等等，总之，唯有给项目带来实际的收益才能体现我们的价值。

8.额外惊喜

应该说前七个步骤已经把合同内的事情阐述完，但是还不够，经典之所以是经典，是因为它要超越一般，所以叫额外惊喜。

除了合同内的服务，我们还额外带给了客户哪些价值呢？这个内容会让正在听你分享路演的人惊喜。

继续茶山案例。

就在2019年，与这家企业共同陪伴走了9个年头后，我们对彼此都更熟悉、更了解、更认可，一起走过很多艰难时刻，同时黑钻石的路演中心也正在全国各地铺排开来。

有一次，我去昆明考察的时候，去看望茶企老总，他这个时候已经将企业的战略触角布局到了产业园与孵化，我就谈起路演中心的构想，他听了之后，觉得非常适合云南，当即提议是否可以一起合作一个茶产业的路演中心，既可以将黑钻石的路演服务带到云南，同时也对他的产业园有一个服务配套，更重要的是也增加了一个很好的资源吸引渠道，我们就立刻联合成立了路演中心。基于云南的农业林业产业的未来发展趋势，以及国家乡村产业振兴的政策，我们将这个路演中心定义为农林产业路演中心，现已经开始运营起来。

你看，这个案例阐述到这里的时候，合作已经非常深入，你中有我，我中有你，没有人会拒绝这样一种共赢的合作方式。同时也是我们企业自身社会资源的体现。

所以思考一下，你还能给客户带来哪些合同服务以外的额外惊喜呢？

9.客户美誉

要有甲方代表来为服务合作做一个美誉证明。

如果你服务得很好，其实采集服务美誉并不难，但这需要企业具备收集美誉的意识。很多企业做完项目也就做完了，没有收集美誉的习惯，美誉内容就不过多赘述了，总之真实最重要。

当你的案例逐渐多了起来，你更能体会到，这是一笔多么重要的财富。

10.案例综述

这是将案例进行升华的关键一步。没有它，案例或许可以用来做路演，有了它，案例就可以拿来做教材。

案例综述内容包括在实践过程中得来的经验，汇总和提炼出这一类企业或客户的特性，以及我们如何去解决的方案，同时有一些规律性内容的

▲ 茶企创始人在路演现场见证路演系统导入对企业的助力与成果。

概括。

在前面大家或许带着听故事的心在品读，但到这一步，要有豁然开朗的感悟。不需要太多，简单几点即可。

拿茶山为例。

我们总结以下三点。

第一，快消品行业的产品要强化感性认知。

第二，找到精准客户，你不需要14亿客户，14万恐怕你已经不得了。

第三，任何一家企业做到一定规模和影响力其实都是一个孵化器，需要把路演作为自己业态的一部分。

每一个案例的一点点综述和总结，到最后也就成为我们自身的理论体系。

案例案例，一本万利， 它是企业最全息的价值呈现方式，它要有细节，有结果，有见证，它也是企业最直接、最有效的故事。

第二十九章 园区路演

特色导入引企业聚集　衍生服务促提质增效

园区路演宗旨与核心步骤

精准聚焦的核心主题
喜闻乐见的呈现方式
平衡细腻的内容表达
深入人心的路演培训
仪式充分的传播推动
完整细致的过程记录

▲ 篇章研习引导图

导语

这个组合的好处是黑钻石输出专业辅导,
而当地园区人员熟悉企业情况,同时在三个月里通过三场活动的培训,
园区服务人员也充分地了解和学习到了路演辅导的方法,
极大提升了园区的专业服务能力。

产业园区是聚集企业、服务企业的平台型主体，具备规模与特色的产业园甚至就是城市招商的一张名片。然而很多产业园在帮助园区企业对接资源资本的同时，却往往忽略一件事情，那就是自身的路演系统的打造。

应该说园区路演系统的导入有两个维度：第一，以建设园区路演系统为目的。第二，导入路演系统，进而服务园区企业。

园区导入路演系统的意义与难点

园区建设路演系统的必要性是显而易见的，作为服务平台，对外宣发、接待来访、让在园区企业更了解园区的服务内容、企业内部的交流等等都是路演系统可以有效促进解决的。

但通常园区也因其体量大、呈现内容多，在价值展现方面往往不够聚焦，园区从业人员的工作属性多数以招商、物业、企服、行政为主，专业宣发人员不足，仅靠公众号、通知栏、工作群的方式是无法满足园区在品牌影响力、核心价值力方面被充分认知的。

很多大型园区管委在体制上仍属于政府派出机构，除了服务企业，还需对接各类政府部门，所以路演宣发等标准不好统一。

产业园区路演系统导入五个步骤

经过大量园区的服务实践,我把园区的路演系统导入分为五个步骤,按照这五个步骤的逐步推进,形成一场"品牌计划"。

1. 精准聚焦的产业主题——调动参与方积极性

园区路演最好的切入点是产业或服务特色。

如今各类产业园越来越倾向差异化经营,在产业类别上,有紧跟国家政策导向的硬科技园区、智能制造园区、互联网园区等,也有区域特色的中医药产业园、生物技术产业园等。将路演聚焦于园区的产业特色,抓住产业的特点,也就能更好地体现园区特色。

作为国家级生物技术和新医药高科技产业创新基地,中关村生命科学园致力于打造成世界生命科学研究高地。同时在京津冀协同发展国策指引下,中关村生命科学园联合昌黎县人民政府和金汇通投资股份有限公司,在河北昌黎打造中关村生命园昌黎科创基地,承接首都医疗中心功能的疏解与转移,以生命健康科学为基础,构建大健康产城融合创新地,带动京津冀健康产业高质量发展。

在辅导中关村生命园昌黎科创基地路演时,对主题的思考主要是基于聚大

▲ 河北昌黎县政府、中关村生命园、金汇通资本三方会议中研讨黑钻石创作的《澜图》路演咨询方案。

生命健康产业，擘画时代发展蓝图，共赴康养大未来的宏大格局。故以**"昌盛图景，天下安澜"**作为最终主题，寓意一幅波澜壮阔的健康产业发展之图就此展开。这个主题既体现了生命科学的终极使命，也对未来发展给予了期许。

我曾辅导以轨道交通为特色产业之一的园区导入路演系统建设，从一开始我们就根据轨道交通这个产业的特色制订了年度**"力量计划"**。

轨道交通包含着国家在工业建设领域的巨大成就，同时这个产业也让人倍感力量，象征着园区孕育着产业新力量，跑出新速度。这个主题一经推出立刻就引起各方共鸣，大家的配合度和积极性被有效调动起来。

2.喜闻乐见的呈现方式——优化园区形象与推介路演材料

部分园区因建设时间早、空间形象过于传统，显得与当下的创业创新欣欣向荣的氛围不大匹配，形象改造就成了不少园区的刚需。

例如北京一孵化园区，建筑格局较传统，空间面积很大。基于原有空间，黑钻石为其进行了文化内饰，将咖啡厅、路演厅、一楼大厅整体连贯为一个园区形象展示的窗口，作为企业进行展示的有效空间。

园区对外推荐材料呈现方式过于单一，这是大部分园区呈现力不足的原因。固守着汇报式的幻灯片，阐述着大家都知道的信息，是不可能有吸引力的。当内容相对固定无法改变，我们就尝试改变一下表达方式。

我们将园区的推介资料进行了整理，筛选出常用部分，将长篇累牍的枯燥内容进行了表格化、图片化处理，将基础介绍部分动漫化处理，这样的好处是：

a.**精练**，缩短了推介时长，丰富了推介生动性，提升了推介吸引力。

b.**直观**，降低介绍难度，几乎每个园区工作人员都可以完成对外推荐动作，扩展和提升了园区聚集资源的能力和重要的招商能力。

c.**亲切**，拟人化处理让园区服务平台以更符合自身定位的方式与企业对话。

这些内容改善，使园区无论是去常规汇报工作，还是到其他城市或海外进行招商合作，整体的路演内容的规范度、实用度都很高。

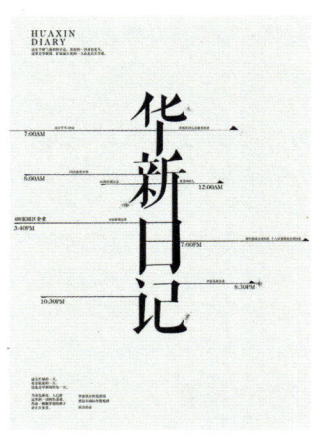

▲ 广州华南新材料产业园日记式园区路演影片海报。

3.平衡细腻的价值收集——园区服务特色的呈现

四年前，服务一家广东做新材料领域的园区，这家园区有近500多家企业，其中有数量不少的外资企业，还有各类实验室、博士后工作站等经营业态。很多企业从创建开始就落户在园区。

我们在走访这些企业过程中发现，企业对园区的许多细节服务赞不绝口，例如园区企业家在紧锣密鼓地研发，没时间照看孩子，园区专门设置了园区企业的幼儿之家，统一照看。

创业者非常需要资源沟通与思想交流，园区每周都会有企业家下午茶，进行头脑风暴。虽然很多园区也都有类似的服务内容，但广东这家园区是我感觉做得最好的，或许也和当地的经商氛围大有关系。

然而这些企业所讲的最多的服务细节，却很少有园区的对外推介抑或一笔带过。我们就建议园区在一些硬件与资源方面的价值呈现以外，一定要将这份细节和温暖表现出来。园区管理层也欣然接受，后来还以感性的纪录片将其进行传播，命名为《华新日记》。

有一次我正在外地考察，这个广东园区老总突然来电话说，刚才有位北京的园区领导带队参观，看了园区推介路演就问，是不是黑钻石做的，广东园区老总非常惊讶，特意打来电话分享。

2020年底，这家园区再次采用了黑钻石提供的年度园区回顾方案，创作了一部《华新之歌》，破天荒地以Rap形式演绎了园区里的生产生活的点点滴滴。一经推出就燃遍了全国的孵化圈。

我想，之所以如此火爆是因为园区的路演大部分还停留在政策、空间、硬件等内容上，而柔性服务、感性服务呈现得太少，黑钻石一直主张感性与理性的平衡呈现，被人认出来说明印象深刻，传播是成功的。同时也说明在园区领域，路演还有很长的路要走。

4.深入人心的路演培训——让每个企业都成为园区的传播者

路演系统的导入最核心的是路演观念的集体认同。当园区仅仅是自己在路演，而园区的企业感受不到路演带来的价值，路演系统的落地就非常吃力。

为此我们在这个阶段要开始路演观念的普及，以及开始在这个环节帮助园区以路演的衍生服务进行提质增效。

2018年，黑钻石受邀为西北地区一个大型的产业园进行路演系统导入，通过路演系统的引入，帮助入园企业提升科技成果转化能力、融资能力，而园区也可以通过路演活动进行招商。

经过前期调查，园区大部分企业对路演相对陌生，甚至园区的工作人员也不清楚该怎么辅导企业开展路演动作。

整个园区的路演系统是从路演的培训辅导为起点开展起来的。针对园区企业的产业特色，设置了三场大型企业路演辅导活动，每个月一场，分别是：**"路演培训月，路演辅导月，路演资本月"**，而园区也将这系列活动纳入当年的双创活动中，就此拉开园区的"路演计划"。

之所以设置成三个月的三场活动，**是保证其路演的学习内容是连贯递进的，路演的辅导服务也是由浅入深，而企业收获到的价值和体验也逐级提升。**

西北地区的创业热情远不如生活的热情高，但当这几场活动开展起来后，企业路演积极性被调动起来，辅导师与企业小组关于商业计划书与路演流程经常讨论到深夜,园区主任很感慨地说,恍惚之间似乎到了北京,到了中关村。这也坚定了园区引入路演系统的决心。

我们把最终筛选出来的100家企业按照产业类型划分为十个组,每个组由黑钻石在这个领域有辅导经验和实际案例的导师带领,同时,当地园区也委派一名工作人员作为副手,两人搭班工作。

这个组合的好处是黑钻石输出专业辅导,而当地园区人员熟悉企业情况,同时在三个月里通过三场活动的培训,园区服务人员也充分了解和学习到了路演辅导的方法,极大提升了园区的专业服务能力。

在总结会上,这些伙伴很真诚地表示,终于体会到了辅导企业的工作快乐。这也是园区意外收获。搭班工作的伙伴们也都成了很好的朋友。

最终三场活动促成非常好的融资结果,数家企业开展起路演系统的建设,园区通过活动路演了自己的服务内容,进行了卓有成效的招商。这系列培训成为当地标杆式企业服务活动,园区也获取到更大力度的政策支持。

如今,路演已经成为这家园区的企业孵化特色,由此展开的后续系列自身路演系统的建设也就水到渠成。

让每一家曾参与路演活动的企业都成为这个园区路演的传播者,深入人心的路演培训是最适合园区进行路演试水的方式,既可以深度服务企业,也

▲ 两天辅导后,被辅导企业及园区工作人员合影留念。企业从一开始不了解路演到充满路演的热情,路演服务已经成为众多园区进行企业服务的重要内容。

可以培养提升自己的团队，还可以激活路演市场，为园区的提质增效打开全新思路。

5.仪式充分的传播推动——让所有动作都行之有效

经过前四个阶段，园区的路演系统导入已经有了基础，这个时候园区需要为企业**"打个样"**，就是来看我的路演！

2015年，我们为中关村某园区进行了路演系统服务，当内容都准备好以后，我们建议，以一场大型的路演活动来让园区的企业、政府机构以及金融机构等来进行路演观礼。

活动由园区管委会指导，黑钻石筹办，当精致灵动的路演动漫和幻灯片在舞台上呈现，当一部部记载着园区企业成长的纪录片进行展映，当园区服务人员进行路演展示，来参与的嘉宾也都了解了路演的意义。

记得当时一个在国内创业了五年的德国企业家在台上很风趣地说："这里风水好。"一位已经在园区工作了20年的孵化圈老大姐非常感慨地说："以前都是用我自己的体验去讲我们园区的变化，以后我就有了更有力的'武器'去讲这里的故事。"

这是一个看起来并不是很特别的活动，但意义却很重大。让大家近距离、以充分的仪式感了解园区，让园区的推介不再是走形式的无用功，而是实实在在的让**每个动作都行之有效**。

以上就是园区导入路演系统的五个步骤，分别是：

一、精准聚焦的产业主题——调动参与方积极性。

二、喜闻乐见的呈现方式——优化园区形象与推介路演材料。

三、平衡细腻的价值收集——园区服务特色的呈现。

四、深入人心的路演培训——让每个企业都成为园区的传播者。

五、仪式充分的传播推动——让所有动作都行之有效。

▲ 以具有仪式感的发布会推出园区的路演系统，使路演内容让更多相关方知晓并充分得到应用。

现在，越来越多的园区开始以路演方式开展招商，以路演为服务内容，精准地帮助企业对接资源资本。黑钻石也与各种类型的园区开展合作，在园区服务空间里落地路演业态，以驻地模式开展园区路演系统的导入工作。

将园区的闲置空间、优质资源进行盘活转化，助力园区在品牌形象上拥有自身的风格，园区企业服务的活跃度明显提升，园区从业人员的企业深度服务能力更加专业，园区的收入也日趋多元化，充分实现园区发展的提质增效。

园区是企业的重要载体，园区对路演的认知也决定了园区内企业的路演环境，相信伴随着路演经济的逐渐成熟，会有更多园区加入到路演服务当中来。

第三十章 城市路演(上)

招商营商寻升级抓手　创业创新觅发展路线

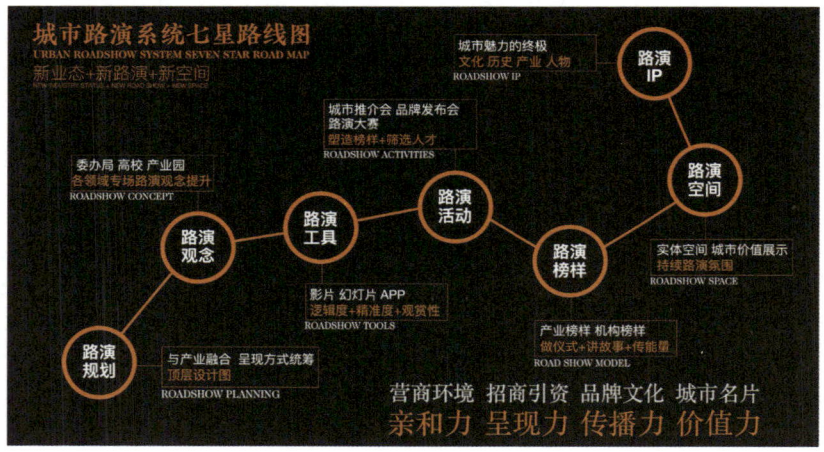

▲ 篇章研习引导图

导语

在中国营商环境评价中，北京市连续两年综合排名第一。
在世界营商环境评价中，北京作为样本城市连续两年成绩大幅度提升，
超远了日本东京和法国巴黎，
为中国排名大幅度跃升做出了"北京贡献"。

城市路演的核心就是呈现城市气质。

近年来，从中央到地方出台的各类政策文件里，都有这样几个热词，**"创业创新、新旧动能转换、优化营商环境、双招双引"**，它们既是国家鼓励支持的发展方向，也一起构成了城市的独特商业气质。品读并呈现好这份气质才能把握住其中蕴含的产业机会。

城市路演的四个机会

如果把双创比喻成商业苗圃，那么新旧动能转换就是嫁接高科技，让老树发新芽，结出高价值的果实；而优化营商环境就是将商业大园子增加土壤肥力，疏通灌溉系统，去除杂草害虫。双招双引就是引入新树种、新技术、新园丁，从而使整个城市的商业生态顺利转型升级。

应该说双创、新旧动能转换、优化营商环境其实都是为了最后的双招双引打基础。

那么路演经济在这四个机会里能否找到自己的位置呢？路演经济的发展如何与城市的发展相链接、相契合呢？想研究城市路演的规律和做法，也要先对这四个大机会与路演的关联做一些解读。

双创国策在2014年被提出来，如今越来越大地发挥着以创业促创新、促就业的民生保障。每年的双创周就是一次各地城市双创成果的大竞赛。城市的各类促进双创发展的政策也是应接不暇。双创基地、孵化器、众创空间，

▲ 在北京市双创活动周中的营商环境政策说明会。

甚至规模型企业、投资机构、律师事务所、会计师事务所也都把双创服务作为自己业态的一部分。**孵化甚至被定义成一种新的商业模式。路演兴于其中，也利于其兴。**

新旧动能转换是伴随着"创新驱动"的总体国家战略而制定出来的发展策略。

2017年以来，**"新旧动能"频繁出现在政府相关文件中。新动能，笼统来说指的就是新技术、新产业、新业态、新模式等。**而旧动能，是指涉及高耗能高污染的制造业，或泛指利用传统经营模式经营的产业。所以新旧动能转换就相对容易理解了。**通过新模式代替旧模式，新业态代替旧业态，新技术代替旧技术，实现产业升级，实现数量增长型向质量增长型、劳动密集型向知识密集型经济增长方式转变。**

路演在城市的新旧动能转换方面也大有可为，新动能需要充分呈现其魅力和模式，旧动能也需让新动能知道自己的发展潜力和承载力，无论是路演服务还是路演平台，都可以为新旧动能之间的互联互通互补起到桥梁作用。

再说营商环境。因工作原因，我也深度了解和参与了相关城市的营商环境建设推进的一些工作，深感营商环境确实是未来所有城市都需要摆到首位的课题。

2017年7月,习近平总书记强调北京、上海等特大城市要率先加大营商环境改革力度。众多城市开始把优化营商环境作为政府转变职能、促进高质量发展的重要抓手。

在中国营商环境评价中,北京市连续两年综合排名第一。在世界营商环境评价中,北京作为样本城市连续两年成绩大幅度提升,超过了日本东京和法国巴黎,为中国排名大幅跃度升做出了"北京贡献"。

优化营商环境改革涉及企业开办、获得电力、办理建筑许可、跨境贸易、登记财产、执行合同、办理破产、保护中小投资者、政府采购、纳税等企业全生命周期的各个环节;也是政府行政审批和服务效率的集中体现,几乎涉及政府所有职能部门。

中国每年都会有三次重要的关于营商环境发展的大型活动,这三场活动在全面推动着中国城市的营商环境建设。黑钻石也深度参与了这几个大型活动的筹备与执行,将各种路演经验融入活动执行当中。

第一个活动是**"中国与世行组织的营商环境磋商会"**。这是中国城市治理能力与世界的对话。磋商会的级别很高,形式很像答辩会,无论活动前的筹备、现场的对话,还是会后的总结,气氛都非常紧张。

确实,它实在是太重要了,因为磋商结果直接影响到城市在世界营商环境中的排名。而这个排名也将影响世界银行在中国的贷款和资金支持。自1981年向中国提供第一笔贷款支持大学发展项目以来,截至2019年3月31日,世行对中国的贷款总承诺额累计超过624.6亿美元,共支持发展项目424个,贷款规模在世行借款国中位居前列。世界银行支持的项目几乎遍布中国各省自治区直辖市和国民经济各个部门。

2020年,受疫情影响,这个磋商会是由北京市发改委承办,通过在线

▲ 受疫情影响，2020年的世行磋商会在线进行，也增加了磋商难度，营商团队在内容的呈现上进行了大幅度调整升级，成为磋商的有效经验。

的方式完成的，总共进行了5天时间，**这几乎就是一次城市管理能力提升的马拉松，也是一场城市路演总动员。**无论是线上还是线下，每个磋商环节都需要准备大量的汇总资料。近几年资料的内容与形式都逐渐丰富起来，但在磋商中还是发现了许多不足，很需要用路演工具来进行润色和丰富。

第二个活动是**"优化营商环境高级别国际研讨会"**。一般是在磋商会后，由营商环境建设做出突出成绩的城市来组织承办，邀请世行来共同进行研讨，类似于"技术交流会"。而且每年举办的规格也非常高。

2019年的优化营商环境高级别国际研讨会在北京举办，李克强总理还向研讨会开幕式致了贺信：

营商环境就是生产力。近年来，中国持续深化"放管服"改革，聚焦市场主体关切优化营商环境，有效激发和提升了市场活力。中国将围绕推进国家治理体系和治理能力现代化，加快建设市场化法治化国际化营商环境，以简政放权出动力，以公正监管出公平，以优化服务出便利，推动高水平对外开放，坚持一视同仁对待在中国注册的各类所有制企业，严格保护知识产权，为各类市场主体投资兴业、创新创业提供更好环境。希望与会嘉宾深入交流，为促进中国和全球营商环境改善贡献智慧和力量。

▲ 2019年，优化营商环境高级别国际研讨会在北京举办，李克强总理向研讨会开幕式致贺信。

第三个活动是**"对标国际先进优化营商环境改革经验交流培训班"**，这个班可以理解为"经验分享会"，由先进带后进。

参与培训的城市一般有北京、上海、重庆、广州、深圳、杭州，还有31个省市、财政部等9个相关国家部委营商环境工作牵头部门负责人和工作人员，每次规模都达到200人以上。还会邀请财政部、海关总署、国家能源局、北京市、上海市、杭州市等部、市级领导介绍营商环境改革做法及迎接评估的经验。

值得一提的是在这些经验分享过程中，几乎每一位分享者都强调，营商环境要加强宣传引导。因为世界银行会调研企业用户与中介机构等相关方，所以让相关方掌握城市营商环境改革的举措及成效十分关键。甚至建议地方政府利用网络媒体、官方网站等多种渠道，提升改革知晓度。可见营商环境建设是亟须借助城市路演系统扩大其接触面和影响力的。

可以说，**营商环境的建设就是一场关于城市治理体系与治理能力现代化水平的一次整体路演。**

经过了前面这几个内容的铺垫后,双招双引的开展才算水到渠成。双招双引,是招商引资与招才引智的缩写,是很多城市的一号工程。负责招商的政府机构非常重视,不少地方的政府机构名称从招商改为投资促进,更好地体现了城市的服务意识。

应该说为了成功招商,各个城市是煞费苦心,资本招商、飞地招商、校友招商、委托招商,真是使出了浑身解数,总之,只许成功不许失败。但无论什么模式的招商,城市的价值本质才是重要的。所以,**路演系统也成了众多城市近年来在招商领域的一个新应用。**

部分城市每年都会安排几场大型的招商活动,定点在北京、上海、深圳等核心城市招商,而城市的展示环节是在招商现场必不可少的动作。

城市路演的准备工作

那么如何将"双创"、新旧动能转换、优化营商环境这些举措有效地应用在城市招商中,使其成为城市招商引资的重要依托呢?

黑钻石参与了数个城市的路演系统的导入。在与招商部门的沟通中,我们发现城市路演材料是招商部门最为费心的工作,但它又是重要的抓手。很多招商机构的实务人员常会因材料缺乏而有心无力。

城市招商与城市宣传的区别很大。我们可以把它理解为一个是ToB(Business),一个是ToC(Customer)。两者诉求不同,语境不同,决策依据不同,C端强调体验和感觉,但是B端要求的是专业和解决问题。所以城市招商工作的开展就先从路演材料的整理说起,通过材料的整理,我们可以很自然地调整好自身工作重心。

城市路演所需素材的三个重要来源

1.近期政府工作报告

政府工作报告是最全面、最权威的掌握城市全貌的官方材料，我在"产业秘境"里也建议过大家要多看政府工作报告等官方文件。

2.近期招商资料

城市招商材料的更新必须紧跟产业发展态势，但一些常态化的定位、价值、主张是不变的，所以也非常有参考价值。

3.权威产业报告

城市招商重点是依托产业招商，对产业的背景、趋势、特色、案例做深度学习，也是城市路演团队的必修动作。黑钻石操作过一个河北天然气储能项目，全部团队要深度学习能源产业的背景资料，这对项目路演的严谨度和专业度都会有很大提升。

城市路演需把握的五个核心点

1.明确城市功能定位

这看似复杂的一切，都要先从城市的产业功能定位说起。不同的城市功能定位决定了不同的产业集群，而产业集群带来显著的企业吸附效应。

以北京为例。

1982年，北京修订城市总体规划时，就已不再提"工业基地"。

1993年，北京城市定位为国家的政治、经济、文化中心，"经济中心"仍然保留。

2004年，取而代之的是"国家首都、政治中心、文化中心、宜居城市"。

2014年2月26日，习近平总书记考察北京时提出"四个中心"。即全国政治中心、文化中心、国际交往中心、科技创新中心。

基于北京这四大中心的建设，我们可以清楚地看到，北京的"双创"工作是要完成科技创新中心的功能，优化营商环境是要对这四个中心进行更高的服务支撑，北京各个区的发展也是各有产业定位，北京丰台区就是轨道交通与航空航天产业，北京朝阳区就是现代服务业的示范基地。

如今与北京这四个中心相背离的产业正进行全面疏解，新旧动能转换、招商引资在北京就比较少被提及。

我们再看青岛，青岛近两年发展势头很好。一场上合峰会让青岛跨入国际大都市行列。

青岛的城市功能定位 **建设国家中心城市，打造"国际知名的青岛都市圈"**，由此延展出包括国际贸易、现代海洋、航运物流、现代金融、先进制造业等九个特色产业集群、五个未来新兴产业集群、六个传统支柱产业集群。

再往西一点，看看西安的城市功能定位：**西部地区重要的经济中心、对外交往中心、丝路科创中心**。由此西安规划了包含电子信息制造、汽车、航空航天、高端装备、新材料新能源、生物医药为主的六大支柱产业、五大新兴产业、六大生产性服务业以及文化旅游产业。

所以，**城市功能定位决定了产业集聚，产业的属性又决定了以什么方式招商。**

2.提出明确的招商主张

招商主张对于城市来说是个新课题。

成都的形象主张是 **"一个来了就不想走的城市"**，是基于成都人文风情的自然流淌。

而成都的招商主张是：**"成功之都。"** 简单，直接，好记！

定义城市形象主张一般是以人文特色为主。

例如山东省的形象主张非常脍炙人口："**好客山东。**"几乎无人不知。这是基于山东人的性格而推演出来的非常成功的口号。

再看山东省的招商主张：**"选择山东。"**这也是黑钻石为山东省创意提出的一个非常重要的招商主张。

"选择"一词本身就带着一种合作的态度。山东不少城市很自然地就用"选择某某城市"来作为自己的招商主张。但是在青岛，因其城市战略地位不同，提出了**"投资青岛就是投资国家战略"**的招商主张，其中含义不言而喻。

山东临沂人口超千万，是山东省人口最多、面积最大的区域城市。极佳的地理位置使这里物流业非常发达，被称作物流之都。2018年，在创作临沂的招商路演系统时，首先也是从招商主张开始切入。

临沂当时提出的主张是：**"大美新临沂。"**

城市的产业结构是8+8产业，就是八个老产业，包含机械、化工、木业、冶金、建材、纺织、食品、医药。

八个新产业分别是：医养健康、文化创意、精品旅游、农业新六产、电子商务、数字经济、智慧物流、智能制造。

新老组合起来一共有16个产业需要表述，这也给路演创作带来难题。是否能将"大""美""新"与16个产业进行组合呢？带着这样的思考，我们将16个产业重新组合，形成四大产业集群：

A.优势传统产业集群：将机械、冶金、化工、建材、木业、纺织等产业

▲ 为临沂市城市招商领域工作人员进行城市招商路演内容分享。

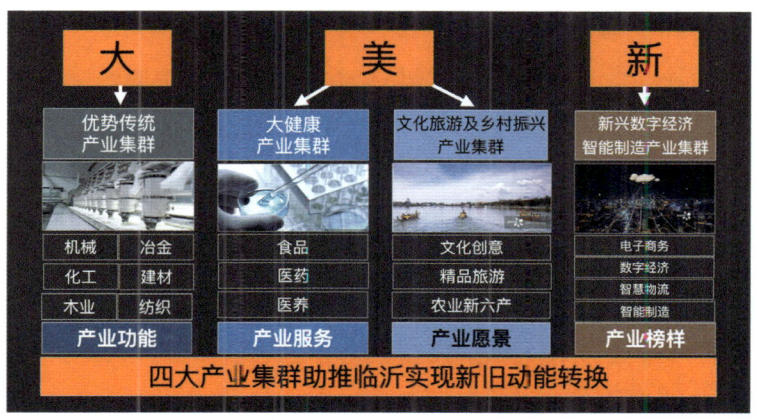

▲ 城市定位——"大美新"临沂（8+8）产业规划梳理图。

纳入其中，这是区域功能决定的产业构成。同时因其体量巨大，可以契合上"大美新"的**"大"**字。

B.大健康产业集群：包含食品、医药、医养健康。

C.文化旅游及乡村振兴产业集群：包含文化创意、精品旅游、农业新六产三个产业。

无论是大健康产业集群的健康之美，还是文化旅游及乡村振兴的乡村之美，都契合一个**"美"**字。

D.新兴数字经济与智能制造产业集群：包含电子商务、数字经济、智慧物流、智能制造四个产业。

这几个产业都与新经济、新基建有密切关联，可以契合**"新"**字。将16个产业，归纳浓缩为四大产业集群，同时也契合了"大美新临沂"的城市发展主张。整个城市的招商语境也就明确鲜活起来。之后，黑钻石又陆续为临沂打造了"选择临沂"系列路演招商内容。这套招商路演系统也被临沂应用在中国北京、上海、深圳乃至印尼等国内外多个城市招商引资的场景中，起到了非常重要的建立信任、传递价值的作用。

总之，每个城市都应该提出自己明确的招商路演主张，站在对方的角度呈现出城市印象。

3.演绎城市产业愿景

通常城市招商材料里,对每个产业的规模都会有详尽的数字、图表等等,但在产业愿景定位上往往一句带过。要知道**产业的规模是过去式,而产业愿景却是未来式**,这也是路演系统为城市招商带来的新思维。

山东临沂对每个产业都提出了产业愿景。例如,为文化产业提出的打造全国区域性文化中心城市,为智能制造产业提出了致力成为中国智造的领军城市,为食品产业提出了创建国家级食品安全示范城市等。这些产业愿景预示着城市的决心和产业的未来。

4.塑造城市产业榜样

榜样的力量是无穷的。

以商招商首先得有榜样,产业配套是土壤,榜样企业才是开的花结的果。一般城市不只有一类产业,那么就把每一类产业选出2—3家榜样型企业进行资料整理,必要时进行影像化工具的创作,从而形成一个产业榜样矩阵。大型招商动作异地较多,我们无法每次都带当地企业一起出去进行招商工作,但当这些展示工具准备好,相当于每次都带了一批样板企业一同前往。

5.打造城市产业标识

产业标识指的是有特色的产业活动或有影响力的产业基地,能代表城市在产业推动、产业服务等方面做出的内容。

大部分城市招商里对产业政策表述过多,但政策本身也是一把双刃剑,所以要重点强调产业服务内容。有特色的产业交流,有价值的产业展会,这些都是产业发展的依托,也是最好的产业服务。其实说到这里,招商已经与"双创"、新旧动能转换、优化营商环境很好地契合在了一起。

下面是城市路演需把握的五个核心点:
1.明确城市功能,聚焦产业定位;

2.提出明确的招商路演主张；

3.演绎城市产业愿景；

4.塑造城市产业榜样；

5.打造城市产业标识。

城市招商路演核心点的同频，有助于整理招商内容、明确产业推荐的角度，甚至是发现城市价值。但对于城市路演来说，仅仅有这些还不够，还需有一条更清晰的执行路线。

城市路演七星图

一条清晰可执行的城市路演路线图将是我们开展城市路演工作的重要指南。

从2015年开始，黑钻石就一直在城市路演领域进行探索，结合数个城市的路演实践，总结出一套城市路演路线图，分为七个步骤，他们共同为城市打开一扇路演之门。

这七个步骤是：路演中心建设、路演教育推动、路演活动开展、路演咨询服务、路演孵化跟进、路演基金匹配、城市品牌输出。

这七个模块形式不同，内容不同，但他们将城市的四大机会、"双创"、新旧动能转换、优化营商环境、双招双引有机地贯穿起来。

例如，路演教育、路演活动是双创的常态化动作，路演咨询和基金为新旧动能转换提供智力与资本的催化剂，路演中心的建设将极大帮助企业在市场和资本层面提高推进效率，也将成为城市培养招引人才，提升招引能力的基地。这七个模块都将大量反馈企业在全生命周期里的需求，为城市的营商环境优化提供最真实的一线声音。

最终无论是城市发展的四个机会，还是产业路演的五大核心，以及路演路线图的七大模块，都将汇聚成为这个城市的商业气质，城市的品牌也就开始被塑造和输出。

第三十一章 城市路演(下)

分类路演促系统落地 七大篇章绘城市蓝图

城市定位　产业招商　营商价值　文旅消费　创新创业　精神文化　品牌荟萃

▲ 篇章研习引导图

导语

在2020年底,华为的中国区总部正式落户丰台丽泽SOHO,
可以说为丰台区的招商引资工作注入了一支强心剂。
近六万多平方米的办公区,5000人的工程师团队进驻,
对城市区域发展的贡献非常可观。

城市路演落地系统导入是一个体量巨大的系统工程，需要接触部门多，所以需要有一个城市角度的统筹维度。

将城市路演系统总结归纳出来，一直是我的心愿。但这既需要大量的城市路演服务实践积累，也需要一个足够充分的城市路演结果来验证。

幸运的是，从2015年开始，我就一直带领团队在北京丰台区进行城市路演服务。从宏观的城市功能定位宣发，到产业园区与新兴金融区的招商引资，再到城市产业促进和营商环境服务，以及城市改事与精神文化宣导，城市内不同类型企业的路演服务。五年间，这些都有涉及，实践了路演系统导入的作用。黑钻石也见证了**"妙笔生花看丰台"**的丰台城市愿景，从谋篇布局"大写意"转入精谨细腻的"二笔画"。

这里的很多服务案例在不同领域路演时进行了充分的测试，我想，整理城市路演系统的时机已经成熟了。将五年间的百余个服务工程以路演服务年鉴的方式进行了整理归纳，年鉴里演绎了丰台的成长故事，也记录了黑钻石在丰台奋斗的印记。最关键的是，通过对年鉴的整理，形成了城市路演的七大篇章，分别为：**一、城市定位篇，二、产业招商篇，三、营商价值篇，四、文旅消费篇，五、创新创业篇，六、精神文化篇，七、品牌荟萃篇。**

浓缩连贯在一起，可称之为"**城、招、营、旅、创、精、品**"七个字，也有**诚纳人才项目，共创魅力城市**之意。这七个板块的设置宗旨是以城市的主要服务功能划分，而不是用主管单位来划分，其好处就是在同样的服务属性里，可以保证城市对外的路演格词、内容、方式的统一，资源可以进行共享，整体构成了城市路演呈现载体矩阵，一套全面的城市路演服务系统就此成型。

▲ 以北京市丰台区的城市路演服务为案例，为城市管理者、服务商分享丰台区的气质与产业特色，间接推动了丰台的对外招商合作。

一、城市定位篇

城市路演定位篇的功能就是要帮助城市建立一套完整的语境库。该表达什么，如何表达，用哪些内容去诠释，通过城市定位篇的创作建立完成。

这个板块重点包括**城市功能定位、产业定位、城市特色定位、优势定位、发展定位**等。

我们以北京市丰台区为例。

2017年，中共中央国务院正式批复《北京城市总体规划(2016年—2035年)》，规划赋予了丰台区五大功能定位。即**"首都高品质生活服务供给的重要保障区""首都商务新区""科技创新和金融服务的融合发展区""高水平对外综合交通枢纽""历史文化和绿色生态引领的新型城镇化发展区"**。每个定位都有明确的内容指向与包含的具体工作。

黑钻石用了近一年的时间，不断收集、创作并明确其意义，最终将五大定位通过顶层梳理图、路演影片、城市画册等方式进行了呈现，这也是使用率最高、覆盖面最广的城市路演材料，是城市所有委办局进行相应工作的基础素材。

这些资料也伴随丰台的各类活动而被广泛使用。我经常在和各地政府部门交流的时候将这个"城市定位"板块进行分享。

▲ 北京市丰台区五大功能定位路演内容规划图。

二、产业招商篇

产业招商篇的主要内容是聚焦于**产业要素、产业规模、产业榜样以及产业愿景**，通过挖掘发现整理，最终使城市具备足够的吸引力，建立客商落地丰台长远发展的信心。

产业招商篇的创作第一步就是强化呈现产业招商的主张。

丰台的城市主张几经调整。如**"丰收的沃土 成功的舞台"**，将丰台两字进行了拆解，也很顺口，且有号召之意，是很不错的主张口号。后因北京的南中轴计划，一度将主张更新为**"恢宏南中轴，未来看丰台"**，从空间上强调了丰台的区位价值。

直到北京市市委书记蔡奇考察南城时提出**"风生水起看大兴，妙笔生花看丰台"**，**"妙笔生花看丰台"**这个主张被确定下来。

那么如何在路演创作中体现和实现妙笔生花，就成了一个比较重要的工作思路。

明确了主张后，我们还要有清晰的产业构成。

丰台的千亿级产业主要是航空航天与轨道交通，丰台丽泽承接着金融街的外溢辐射，宛平城为华北第一城，长辛店是千年古镇，以及南中轴未来将打造首都商务新区。这样梳理下来，丰台就形成了**金融、科技、文化、商务**

▲ 金秋中的丽泽SOHO，华为中国区总部落户于此。摄影：原梓峰

等四个产业业态。

在2020年年底，华为的中国区总部也正式落户丰台丽泽SOHO，可以说为丰台区的招商引资工作注入了一支强心剂。近六万多平方米的办公区，5000人的工程师团队进驻，对城市区域发展的贡献非常可观。

在2020年年底参加政协会议时，丰台区区长非常激动地宣告了这个好消息，以华为入驻丰台这件事情为标志，北京南城的发展时机已经到来，妙笔生花正当时。

三、营商价值篇

营商就是最好的招商。大部分城市在功能定位与产业招商领域花了很多笔墨去描述，在营商价值方面的呈现却被忽视。

事实上，城市每年在营商环境上的投入都是巨大的，为企业带来的收获也很可观，这更反衬出价值体现方面的薄弱。

在营商环境篇中，非常重要的一个动作就是要找到营商环境赋能的榜样型企业，**通过企业的表述让公众知晓城市的改革力度与发展前景。**

我在2020年政协会议上的提案是**《关于进行"讲好企业故事，呈现城市魅力"系列活动》**，主要倡导企业会讲城市价值、能传播价值的营商氛围。而这种传播的基础就是要将城市已经做到的营商充分地呈现出来。

除此以外，还有众多政府部门的惠企利民活动，都要有充分的路演应用。

如丰台的云上科技周，全面推介丰台区企业在科技上的成果，乃至在防疫和民生领域的应用贡献。

如丰台区首届知识产权周，展示了丰台区企业在知识产权领域的价值，吸引了不少投资领域人士前来观摩，促成了数亿元的交易。

如丰台科技园推动的零工社区项目，将丰台区各类产业优质人力资源进行了数字画像整理，是丰台区产业智慧资源的重要基础建设。

其他还有丰台区楼宇联盟的整体路演、投促中心的"丰九条"政策路演、组织部在北京高校的人才引进活动路演展示等，都是丰台区城市营商环境篇的重要组成部分。

四、文旅消费篇

文旅消费篇在城市路演中是最具亮点的板块，无论是一线城市还是乡村小镇，文化产业都有着足够的展现题材。同时文化产业对于旅游和消费的带动力巨大，在促进双循环经济格局的背景下，更需为独立的路演板块进行深度设计。

文旅消费篇的路演逻辑可以浓缩为16个字：**"以产促文，以文促旅，以旅促消，以消促产"**，形成一个文化和产业充分融合、相互促进的生态闭环。

丰台京味文化突出，素有"梨园之乡""花木之乡"等美誉，依托戏曲、花卉、历史等文化资源，形成多个以文化旅游为主的消费商圈。承载南城的生活、娱乐、消费等城市功能。连续多年举办了国家级、市级大型文化活动，对外彰显独具丰台特色的文化软实力。

尤其是大量的戏曲院团集聚于此，丰台也充分发挥资源优势，策划举办了中国戏曲文化周，截至2020年已经连续举办了四届，对于丰台区的品牌影响力提升有着很好的推动作用。

习近平总书记更是在中国戏曲学院建校70周年之际，给戏曲学院发来贺信并给予了期望。这些都成为丰台对外展示自己文化软实力的重要支撑。

城市路演的文旅消费篇里，城市礼物也是一大特色，如何设计出符合城市气质与城市印象的特色礼品？这本身就是一次有意义、有趣味的思考。"丰丰形象"取自丰台区卢沟桥上的狮子形象，黑钻石以丰台"丰丰"为形象，通过国潮、中国风等不同风格，设计了一系列丰台礼物，这些礼物和形象也成为丰台区各类活动的文化亮点。

▲ 2020年中国戏曲文化周中的戏曲表演。

▲ 为丰台设计的城市礼物中部分设计图。

五、创新创业篇

自2014年夏季达沃斯论坛上李克强总理首次提出"大众创业万众创新"以来，创新创业呈现良好发展态势。

众多城市都纷纷深入贯彻落实**《国务院关于推动创新创业高质量发展打造"双创"升级版的意见》**，持续以多元化举措与形式落实城市内的各类双创工作。

"双创"本身就是首先营造好氛围、其次做好落地的大国策。对路演的需求可以说最为迫切。

黑钻石围绕**关于课题研发、"双创"培训、创业活动、孵化载体、氛围营造**等诸多"双创"形态，为丰台区"双创"工作提供从策划咨询到统筹执行的全流程服务保障，助力丰台营造有利于"双创"的政策环境，推动"双创"与产业融合发展。此处内容在本节中有大量提及，不再赘述。

六、精神文化篇

路演系统若要呈现出城市的气质，那气质从何而来？就是从这座城市所沉淀下来的城市精神中来。

不同的城市会沉淀出不同的精神内容，包含如红色精神、企业家精神、志愿者精神、公益精神等社会正气，同时城市的历史古迹、坊间传说、民俗民粹、奇闻逸事等这些内容也一起构成了一个有韵味、有细节、有画面、有故事的城市。

现在很多城市都在花大力气挖掘红色文化，并将其与当地的文化教育和旅游结合在一起，无论其经济价值几何，从社会意义来说是非常值得的。

因2020年的新冠肺炎疫情，各地涌现出很多可歌可泣的逆行者，他们的故事非常值得呈现，**往往一个人、一群人的精神形象，就成为这座城市在**

▲ 对城市志愿者故事进行展示，他们也代表着城市的精神文明风貌。

人心中的印象。

精神价值的呈现在很多城市都是相对分散的，同时它也是比较容易被忽视的，可以借助城市路演系统这个维度将其整体归纳。要论它是否重要，我们只需看反面教材就能知道。与其被各类反面新闻搞得焦头烂额，不如创作出更多正能量内容去引导、影响和改变。

精神文化是城市路演的深水区，因为这个板块是最需要耐住性子、不受短期利益影响、深入城市骨子里才能做得更好。

七、品牌荟萃篇

品牌荟萃篇里包含城市的**品牌企业、品牌机构、品牌型服务以及品牌性产品**，通过对不同的商业业态的价值呈现，共同映衬出城市的平台价值和成长潜力。这也是吸纳社会力量，聚集城市资源，共同为城市发声。

在进行丰台区整体城市路演服务时，黑钻石深度调研了大量的城市企业。如轨道交通类企业、军民融合企业、医疗互联网企业、文化教育类企业等，这些企业的产品与服务也是这座城市的资源，需加以展示并推广。

北京市每年都要组织企业参加中国自主品牌博览会，这不仅是给企业品牌搭建平台，更是为城市提升品牌影响。黑钻石曾服务过两届北京市参加品博会的活动，每次都精选40—50家企业，有百年老字号的同仁堂、景泰蓝，也有互联网新贵小米、京东，在面向世界的舞台上，城市与城市里的品牌已经融为一体，最后大家记住的是这些品牌荟萃带出的城市印象。

当北京之传承、深圳之创造、西安之历史、上海之魔幻被精彩演绎，当特色小镇、美丽乡村、北国冰雪、江南烟雨在世界传播，中国就已经从硬实力提升过渡到软实力输出的阶段，这需要每个城市都展示出合理的形象。**当每个正在路演着的城市、资源、资本相连接，一幅生机勃勃的中国梦画卷正在我们眼前展开，那就是"路演中国"。**

师法九篇

Roadshow Methodology
Nine Rules

第三十二章	孵化六论
第三十三章	教学思维
第三十四章	导师精修（上）
第三十五章	导师精修（下）
第三十六章	精神对话
第三十七章	路演工坊
第三十八章	路演中心
第三十九章	创业心得
第四十章	路演小镇

"师法九篇"引言

"师法九篇"是我从大量的路演教学、大赛评委、企业咨询辅导过程中,整理出来的针对孵化领域从业人员、路演教育者、路演经济从业者在从业过程中,关于企业辅导方式、咨询对话、教学流程技巧、辅导方案设计等方面能力提升的整理总结。

"孵化六论"篇的核心内容是为北京市孵化从业人员培训的课件内容**《从一场路演到一个国家级平台》**整理而来,细数了黑钻石对孵化领域的理解,包含孵化领域的六个特性:价值性、独特性、理论性、持续性、品牌性、产业性;也提出了一些对孵化领域未来发展的见解。

"教学思维"篇与"兵法十三篇"里的"五维权重"篇可以说是遥相呼应,当时"五维权重"篇里提出了学习的四个规律,而教学的思维恰恰要契合学习的规律,是自己教学方法论的纲领式分享,所以这两个篇章虽在本书的一头一尾,却可以连起来理解。

"导师精修"上、下篇是在近十年的实际教学与培养导师团队过程中,总结出的提升导师能力的九个核心力。如教研开发、精准教学、学习推荐、教学场景布置等,是提升教学质量和导师教学技术卓有成效的方法。

"精神对话"篇是在自己辅导企业过程中,发现与企业家的对话是咨询质量的重要保障。那么对于如何对话、如何提炼出有信息量的内容，这个篇章做了一定的总结，大家可以按照步骤尝试。

"创业路径"篇是在一些高校创客大赛、孵化器企业培训、创业创新大赛辅导等场景下针对企业初创者的一些在创业领域的心得分享，更偏重创业的体验和感受，也穿插了一些自己的创业方法，几乎包含了自己十年的创业回顾，汇总为7个话题，我称之为七颗钻石。

"路演工坊"工作坊是开展教学工作最基本的工作方式，可以说能够进行高品质工作坊的开展，是开展其他类教学工作的基础。这里不但有开展路演工作坊的步骤，也有为何要开展工作坊的源起，能坚定大家坚持去做基础工作。

有了打好基本功的"路演工坊"，我们也就来到了构建事业体系的"路演中心"篇，这是我在较大型的路演公开课里分享的内容，这次做了一次全面梳理。从路演中心的定位和业态，以及如何运营、发展规律都做了阐述，如果你未来想从事路演经济，那么这个篇章是一定要读一读的。

最后，终于来到了"路演小镇"篇，我们对路演的定义是演绎愿景、看见未来，那么这个篇章也是留给自己的思想伊甸园，借助这个篇章，让路演事业在这里尽情放飞想象，也留给未来更多思考和希望。

总的来说，**"兵法十三篇"重实操，"将法十八篇"重统筹，"师法九篇"重心力，**师者不仅传道授业，且能有成人之美、乐见其成的格局。

第三十二章 孵化六论

以轻空间撬动重资源　用精链接带动深咨询

▲ 篇章研习引导图

导语

孵化机构对服务的持续能力设计本身就是设计商业模式。

这也关系到孵化机构的收益能力。

如何在基础的企业服务后,形成延展性服务、第三方服务,

这些内容不提前设计出来,就不会有收益的可能。

大量的新增企业需要有专业服务去指导，需要有好的平台去支撑，使其增加创业成功的概率。听起来，确实很像自然界的生物学现象，但是孵化一词，直到现在还是一个略微模糊的行业描绘，一个类比式的描述竟然就成为这个行业的名称。

可以说路演是孵化领域的一个细分，所以做好路演从孵化的维度来看或许更能认清它的价值。

本章我们不去阐述孵化行业的缘起，也不去研判各种孵化机构的优劣，我之前做过一场《从一场路演到一个国家级平台》的专题分享，在那个分享里我提出了一些对孵化的理解，在这里整理归纳给大家。

孵化机构发展需具备六个特性

1.孵化服务的价值性

任何事情，我们回到商业本质来看，都还是有它的价值所在。找到孵化服务的价值，孵化机构才有立足之地，这个孵化的称谓或许才可以保留。

孵化服务从最开始的空间服务到财税法政策服务，再到更深度的咨询、资本专项领域服务，一直在寻找自己的存在感，也是孵化机构自身收入模式的探索。

从现有的孵化器经营机构来看，基本分为空间服务型，如一些大型工厂和楼宇转型经营以后，做孵化器在空间上就非常有优势。还有一些原本就是做企业服务转型升级做孵化器，如一些企服行业、咨询机构、律师事务所、会计师事务所也在近年进入孵化领域。

黑钻石通过大量路演实践，发现企业在商业价值呈现力方面的不足是一个服务空缺，传统广告行业不懂资本，资本又缺乏耐心和精力去帮助企业落地执行，黑钻石孵化恰好补齐了这块服务短板。

寻找到企业刚需，以呈现力促转化也是黑钻石立足于孵化领域的核心价值。无论是商业计划书、路演活动策划、企业的展示影片，黑钻石孵化一直站在企业的角度来思考：我们到底该做什么？怎么做？

事实证明，黑钻石选择的路径是对的。

国家对孵化机构的政策补贴是很多孵化机构赖以生存的收入来源。从近几年国家政策的导向就可以看出，国家已经开始从以前对空间的补贴调整为活动补贴和企业服务补贴。从政策就可以看到趋势。

不是了解了国家标准后才去做，而是做的时候就已经符合了国家标准。真正找到企业的刚需，去服务它，才是孵化的本意。

2.孵化概念的独特性

孵化机构也是一个商业主体，同样需要有独特的概念去吸引市场。

特色未必是卖点，但一定是个亮点。孵化机构是服务企业的企业，是陪伴企业的企业，那么我们陪伴与服务的特色是什么呢？

是资本、是空间、是资源，还是导师？每个机构的答案都不一样。

黑钻石孵化给出了自己的答案，就是路演。**路演是我们的孵化服务特色。**以这个特色形成自己的独特性，进而延展出一系列特色产品和服务。

所以在这里要建议孵化领域的机构，一定要形成自身孵化的独特风格，并提炼出鲜明的概念，加以强化。

3.孵化方法的理论性

孵化机构的产品就是一个个企业的成长毕业。他们在成长过程中发生的点滴变化都是我们孵化服务成果中的元素。

但实际上，我调研过的孵化机构里，有这样意识的本就不多，再能形成

▲ 《路演兵法》第一百期课程现场.

自身孵化理论的就更少了。大部分孵化机构的理论学习还是从仅限于政府组织的各类孵化从业人员培训里获得的。

没有实践就没有发言权，没有总结就没有方法论。

黑钻石就是通过对大量企业服务案例的不断总结，形成了自身完备的孵化理论，从路演观念科普到路演活动开展，再到资源资本的对接形式与步骤，这些理论不但被总结出来，而且进行归纳整理进而出版成书。我的《路演兵法》《路演中国》《导演心法》就是在这样的运营宗旨下陆续出版的。

你的孵化机构是否有自己的孵化理论呢？

4.孵化服务的持续性

这个板块涉及的是孵化机构的商业模式设计。

孵化机构对服务的持续设计本身就是设计商业模式。这也关系到孵化机构的收益能力。如何在基础的企业服务后，形成延展性服务、第三方服务，这些内容不提前设计出来，就不会有收益的可能。

黑钻石为企业提供的是以路演为特色的孵化服务，首先就是辅导企业进行商业计划书的优化与梳理，在这里有大量的路演延展产品跟进，如路演工具、路演年度咨询案等，科创路演联盟各类第三方企业服务机构也可以同步为企业进行服务，进而通过全国的路演中心帮助企业对接市场资源，将企业的市场端充分打开，然后和黑钻石基金汇的资本端对接，同时线上的"路演大侠"持续为企业提供媒体服务。基本覆盖企业从初创到成熟

▲ 为"一带一路"沿线国家孵化器建设与管理人员授课合影留念。

各个阶段的服务。而且企业的市场端是一个持续性需求，可以与黑钻石持续保持着非常紧密的关系。

可见，打造可持续性的服务，最重要的是建立一套微生态运营系统，而好的服务模式一定也是好的商业模式，对于孵化机构来说，它也是保持与在孵企业关系的重要方式。

5.孵化人才的品牌性

建立品牌终极目的是输出标准，**培养人才就是输出标准的开始。**孵化机构也不例外。

但凡有一定品质的孵化机构，一定是有知名导师坐镇，同时在导师的带领下不断输出孵化模式，形成品牌的输出。

前段时间去见一位孵化领域的大咖朋友，聊起孵化领域的熟人，巧的是这些人最近也都去过他这里。

知名导师对于孵化机构的品牌建设是定海神针般的存在。如果能够在导师的指导下，能够不断输出孵化人才，那么孵化机构的品牌就已经完全建立起来了。

黑钻石的品牌价值矩阵里本来就设置有人才品牌，路演咨询师就是黑钻石为孵化领域所输出的专业人才，如今他们活跃在各大孵化机构，遍布全国各地，而黑钻石也因为他们的传播而在孵化品牌之林有了一席之地。

6.孵化系统的产业性

当我们把前面五点都能很好地完善，孵化机构的系统建设其实已经完成，接下来我们要思考的是：是否能把孵化这件事产业化。

经常在全国各地考察，能看到许多兄弟孵化机构在各地落地运营，这就是一种系统化之后的复制。

这里需要充分设计好合作规则，以及如何适应当地的孵化内容，在北京成功的经验未必适合二三线城市。当然，一旦运营出来，这个市场应该无比巨大，路演中心就是孵化产业化的尝试。

以上六点就是我对孵化领域的浅论，孵化器在中国诞生虽然已经30年，但比起其他行业还是个小孩子，还有很多的路要走。

孵化机构的未来发展趋势

孵化机构的未来发展趋势为轻空间、重资本、精链接、深咨询。

1.轻空间，孵化机构将越来越淡化空间的属性。 以企业孵化动作和结果来判断你是否是孵化机构。这对传统空间型孵化机构来说是很大的挑战，当空间不再是核心价值，你的孵化服务还有什么？

2.重资本，资本依然还是企业发展的重要助力。 能够真地帮企业与资本进行衔接的孵化机构将是孵化领域的王牌，但收益是否能在孵化过程中体现出来，则是重要的判断依据。

3.精链接，孵化机构最合适的身份，其实就是链接的作用。 基于自身的特色，链接市场、链接政策、链接服务、链接人才等，必须把自己经营为一个大的资源枢纽。然后有一双慧眼，帮孵化的企业去伪存真。

▲ 每年一度的黑钻石资本年会,为在全国范围内筛选孵化出的企业提供与资本近距离对话的平台。

4.深咨询,咨询在未来将是企业对孵化机构常态化需要。伴随着被孵企业的成长,伴随着初创企业的起点越来越高,孵化机构将逐步主动或被动地开始成为一家专业的咨询机构,以更高的维度去帮助企业成长。

第三十三章 教学思维

逆向思考传路演规律　趣易简繁成教学思维

▲ 篇章研习引导图

导语

在"十全事美"篇里提到的电影《疯狂原始人》,
在"仪式传承"篇里提到的电影《红高粱》。
在与同学们交流其他路演技巧时也会列举
《非诚勿扰》《甄嬛传》《乔布斯》影视剧里的桥段等。
影视片段是非常好的教学材料,生动有趣,
让人在场景中对知识加以消化。

路演辅导师，就是路演规律的传播与推动者。

我曾提到学习的四个步骤：**化繁为简、由简及易、由易成趣、化趣为道**。这是我以内容递进的角度总结的学习规律。但是教学恰恰相反，教学要以学习者的角度来设计教学规律，它的顺序与学习的四个步骤是反向的。

教学的四个步骤分别是**化道为趣、由趣转易、由易及简、由简入繁**。这里面包含了学习热情调度、知识应用规律以及从知识到思想的沉淀。

那么接下来，我就仔细剖析自己在各类路演方法论传播时所应用到的这个教学思维与规律。

教学第一步：化道为趣

随着现代教育的进步，单纯的观念灌输式教学早已被摒弃。路演教学的对象一般是创业者、企业者、实务者，他们讲究实践，追求实效，所以开展路演教学的第一步就是将路演方法进行**价值式引导与趣味化演绎。**

例如在"路演经济"篇里，提到企业需要学习路演时，我将各类路演要点编成一些顺口溜，直指核心且容易记忆，现在已经成为不少企业者交流时常谈起的笑料。

例如，提到当下企业路演的发展状态：

反观某些企业的路演，还停留在"一套BP一场秀，一个茶台一壶酒"的原始阶段。

讲到大家对路演的认知：

研究产品是工匠，真到路演直转向。发展要靠硬科技，沟通还需软实力。

说到路演的痛点：

藏在家里没人看，路演结束是灾难。逻辑不清没故事，项目被批没意思。

这些调侃可以让学习者比较轻松地融入学习当中。

再例如对大量的商业观念诠释，也是借助电影片段以及小品演绎的方式完成教学，在课堂上的教学效果也非常好。

在"十全事美"篇里提到的电影《疯狂原始人》，在"仪式传承"篇里提到的电影《红高粱》。在与同学们交流其他路演技巧时也会列举《非诚勿扰》《甄嬛传》《乔布斯》影视剧里的桥段等等。影视片段是非常好的教学材料，生动有趣，让人在场景中对知识加以消化。

其次，在路演系统落地班里有这样一个环节，就是以五分钟小品的形式讲述一个企业的故事。实践证明，这种方式要远比单纯告知故事的内容好得多。

所以，教学的第一步，就是能将枯燥的道理转化为趣味价值兼具的内容。

教学第二步：由趣转易

光有趣还不行，还要有能够让学习者容易掌握的技巧。这也是我在梳理路演方法论时最为费心的地方。

例如为了给大家更好分享路演幻灯片的逻辑，通过分析大量的路演幻灯片结构，提炼出了**"信、意、核、故、感、来、投"**这七个字，易懂易记易用，也就有了最初操作幻灯片的抓手，很多学员也是通过这七个字整理出了自己的第一版本幻灯片。由此再丰富和润色，"容易"是让大家真正动起来的重要标准。

例如商业计划书部分的内容过于复杂繁多，那么就先用一句话概述，一个简单的概述句式**"以什么方式，为谁解决什么问题，从而获得什么价值"**，比起商业计划十大板块内容要容易消化得多，**把"万事开头难"变成"万事先**

开头"。现在很多高校也纷纷以宽进严出作为自己的教学理念，提倡终身学习，也是同样的道理。

在辅导企业梳理核心竞争力时，不同的企业对核心竞争力的理解截然不同，略过复杂的理论，直接给予**"术利人品"**这样一个口诀，几乎可以解决90%以上企业对核心竞争力的学习和应用。也立刻就记住了"技术、专利、人才、品牌"。

在分享企业如何打造企业故事的**"十全事美"**篇时，除了告知十个故事以及故事标准，更重要的是辅导企业把故事整理出来，这是辅导的难点。我就把做影视创作的老经验拿出来做了新用途。以脚本分镜头的形式进行素材整理和框架梳理。选九张照片，分为三个阶段，不超过五分钟的时间，也就有了**"九宫三幕五分明"**这个简单容易的操作方法。

不少企业就是通过这个方式，开始讲起了一个又一个的精彩故事。

应该说，让人对一个系统感兴趣并不难，只要有价值有吸引力，大家都会围观过来，看个究竟。但如何让人愿意躬身入局，主动实践操作、亲身体验，那必须要做好**"由趣转易"**这个教学环节。

教学第三步：由易及简

当学习逐渐深入，我们将要分享和辅导企业进入相对复杂的领域，例如描绘未来愿景、场景的应用、品牌矩阵等，这个时候的教学要能够将同一属性的内容进行归纳整理，以简单对复杂，就要创作大量的内容和工具来进行教学。

企业未来愿景的规划一直是辅导企业教学的难点，因为这也是最全面、最高维思考企业的方式，几乎所有的企业到这里都陷入心有余力不足的境地。我大概花了两年时间，把黑钻石曾经辅导过的企业的愿景图都回顾了一遍，根据企业的共性规律，重新绘制了一张描绘**"未来之图"**的工具图，分为七个层次：控股层、业态层、执行层、核心层、业务层、愿景层、逻辑层。自从有了这张图，企业非常容易上手操作，路演辅导师减轻了负担，这就是教学工具的价值，让学习从易入简。本是艰难无着力点的部分，有了工具作为依托，原本需要一整天才做出个大概模样的未来之图，现在只需要一两个小时即可完成，极大提升了企业的学习效率。

再例如，对于路演的应用，很多企业是相对模糊的，以往教学中，单纯地强调**"路演是企业全生命周期的应用"**是不足以让企业充分理解的。那么将企业路演最常用的场景整理出来，浓缩成**"产、品、招、展、赛、沙、融、媒、年"**九个场景列表，企业一下子就找到了路演的用武之地。

一次去山东食品企业考察，这家企业正在规划上市进程，企业老总一路陪同，非常热情，但双方的话题不多。我就问他："是不是有什么担心？"他很坦诚地说："我们正在规划上市，但是路演对我们来说如果仅仅是上市的助推，怕是应用性不足，正琢磨怎么更好地消化这次路演辅导。"我就把这九个场景简单地描述了一下，他立刻兴奋起来，说："这么多应用的领域，确实是我们需要的。"后来与企业高管交流时候，也围绕着九大场景开展了很长时间的讨论。

路演辅导到品牌价值部分时，企业对品牌的打造不能停留在发展规律的认识上，还要进入具体操作和落地执行上。

这个时候一张价值矩阵图就非常清晰地为企业提供了一个实践方式。按照**核心品牌、资质品牌、学术品牌、课程品牌、人才品牌、产品品牌、网络品牌、活动品牌、孵化品牌、合作品牌**这十个点位逐步积累，分别建立，就可以打造出一个非常有层次的品牌架构。

看似复杂的品牌打造在这里成了简单的一张图。留心者自可以由此开启企业的品牌之路。

其实这就是将复杂的应用体系简化成为**一段字、一张图、一张表**的好处，这也是教学里的重要创新，以学习者、应用者的角度出发，就可以创造出很多有价值的教学工具。

教学第四步：由简入繁

当学习者产生了兴趣，掌握了规律，应用了方法，学习也就可以进入相对全面的系统建设阶段。就是把前面的一个个价值点进行串联整合，形成一套完整的思想体系和解决方案。

在路演系统里，商业计划书是一个大工程，而当我们开始全面接触的时候，其商业模式概述、核心竞争力、未来之图这些都已经提前消化了，最后内容虽然繁多，但已经是一个组稿的过程。

无论是企业年度路演系统还是城市的路演系统，对于很多学习者来说，都是个庞大的统筹动作，但当我们逐个将**"人、文、书、影、景、仪、年"**都理解透，将**"城、招、营、旅、创、精、品"**都完善好，路演系统已经可以闪亮登场了。

由此再看比较复杂的商业CT、新兴业态等内容的教学，也都是由简入繁的过程。路演教学其实与其他教学一样，都需建立兴趣、找到抓手、形成工具，最后才能把规律进行传播分享。

第三十四章 导师精修（上）

言之有物成火线战友　举止有度为良师益友

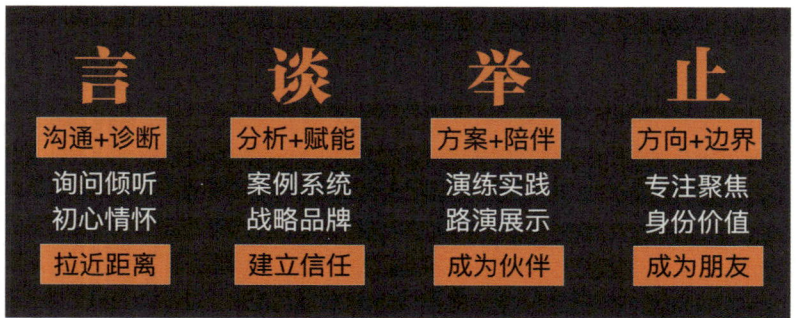

▲ 篇章研习引导图

导语

教研环节首先是提出一个明确的课程价值主张，三天的同频，我们希望企业高层可以实现一次深度的互信互知，从而迎来更璀璨的未来，所以我们提出"同频三天，钻石十年"的主张。

《中国教育现代化2035》提出，到2035年我国"要建成服务全民终身学习的现代教育体系"。构建服务全民的终身学习体系，形成人人皆学、处处可学、时时能学的学习型社会，是提高全民素质、推进继续教育、提升国家人力资本水平的必然要求。

在终身学习时代，教育需求正**从标准化教学向个性化学习和终身学习发展，**教育服务供给也正由**"标准化供给"向"个性化服务"**转变。

身处学习型社会，很多企业也都把学习作为一种生产力和驱动力。一个课题也就摆在了企业面前，学什么、怎么学、谁来教、如何教，**导师成为建立学习型组织和学习型社会的关键。**

我从2011年开始，就在导演特训营实施教学，后来也开始培养大量的路演培训导师、路演咨询师等。在这里，我把对培养路演导师所应该具备的九个能力加以阐述，这些既是提供给在路演领域从事教学工作人员的一些经验，也是对自身成长的一贯要求。

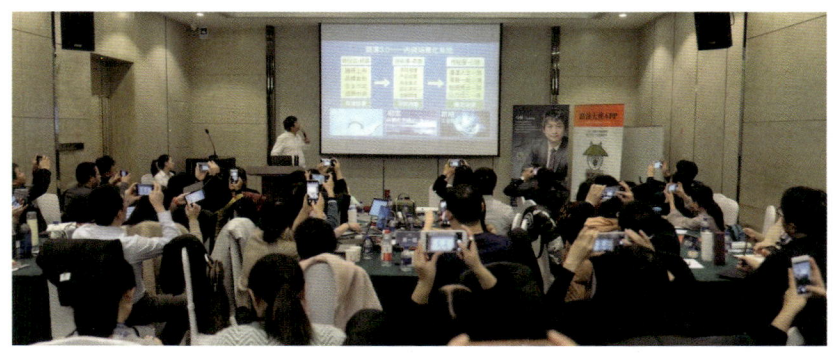

▲ 在清华大学，为参与中国高校创新创业联盟教育研讨交流会的全国高校教师进行路演能力提升专场培训。

路演导师必须具有九种能力，下面分别进行阐述。

路演导师第一精修：身份力

以身修能，强化认知。

作为导师首要的认知就是自我身份的认知，当你开始从事教学或辅导工作开始，就要以导师的身份来要求自己，最终也才能真正成为一名合格的路演导师。

我在写《导演心法》这本书时有一个段落写的就是作为路演辅导师的四字素养，分别是**"言、谈、举、止"**，通过这四个细节不断强化导师身份，明确导师工作、提升自身能力、处理好导师工作内容的边界，在这里我再强调一下。

1.言：倾听，沟通

能够去倾听对方诉求，然后加以内容引导和整理，听什么呢？如创业初心、品牌资本、核心价值、高光时刻，通过大量的倾听，读懂对方，了解项目。

2.谈：针对辅导项目讨论相应案例的能力

无论是相关案例，还是跨界的案例，以案例辅导企业一直是我最主张的教学方式，也是判断导师资质与能力的重要依据。

3.举：为企业实践路演提供明确的步骤与方案

大到规划方案、工具方案、大赛方案，小到舞台技巧、设备操作、模拟演练等等，这也是路演导师最核心的能力素养。

4.止：注意把控辅导方向和讨论边界

企业项目在讨论过程中的方向也是瞬息万变，很容易从路演辅导讨论到团队管理、市场策略、产品研发等课题，导师此时要及时把控方向，注意辅导边界。能够在庞杂的内容辅导过程中，把控核心任务，才能维护好辅导价值。

通过"言谈举止"这四个字里所包含的细节，我们就能定位好路演导师的身份，更清晰地开展路演辅导工作。

路演导师的五字工作内容：**"传""调""辅""规""管"**。

"传"，指能够对路演技巧、路演案例、路演咨询通过路演工作坊的形式进行传播推广。

"调"，指企业调研，准备好针对性的调研问卷，深入企业，以路演的角度开展调研工作。

"辅"，指辅助企业通过路演培训、路演顾问、路演咨询的方式，完成对路演的认知，乃至初步的路演实践。

"规"，指通过调研与辅导，了解企业更明确的路演诉求，为企业规划出年度路演系统解决方案。

"管"，指在年度路演系统执行过程中，进行被辅导项目的管理与协调。同时借由各类路演场景，开启企业与资本、与市场的积极对话。

如果说"言谈举止"是路演导师对身份定义的细节把控，那么"传""调""辅""规""管"就是路演导师的具体工作内容。

路演导师第二精修：教研力

教学相长，以学促教。

路演系列教学课程大致是按照**教研、教材、教师、教案、教学**这五个流程进行开发设计。

首先是充分的教研工作，明确学习者身份、学习目的、设计学习场景以及学习时间。

接下来是教材统筹工作、设计课程大纲、确定教材书籍或相应的理论书籍。

教研	教材	教师	教案	教学
对象身份	课程大纲	导师	教学案例	课堂氛围
学习目的	理论书籍	教练	课件讲义	教学技巧
学习场景		助教		有效引导
时间规划				效果检验

▲ 一个完整的教研过程可以有效保障教学质量,也是衡量机构教学能力的依据。

然后是明确教师,教师包含了导师级、教练级以及助教等。

其次是教案整理,例如教学案例和课件。

最后才是教学,营造好的课堂氛围、设计教学技巧,同时对整体学习效果进行检验等。

这五个环节整体构成了教研力。路演导师也可以根据这五个环节设计并检验自身教研工作的完整性。

以自己亲自设计的路演系统落地班为例。

这堂课程实际建立在黑钻石自身导师培训的密训营与原路演英雄大赛辅导班的基础上深入开发的,其宗旨是通过三天的学习,使企业战略团队对公司战略、文化、产品等诸多核心关键有共同认知,减少在经营过程中的沟通成本,进而使企业形成完整的语境库、价值库、传播库。

带着同频、实战、收获这几个关键词,开始了这堂课程的设计。

教研环节首先提出一个明确的课程价值主张,三天的同频,我们希望企业高层可以实现一次深度的互信互知,从而迎来更璀璨的未来,所以我们提出**"同频三天,钻石十年"**的主张。

路演系统落地研习内容设计:

在教学内容安排上,可以概括为"明确一个路演定义、认知三个路演层次、自答四个路演问题、分配五个路演权重、落地七个路演模块"20个非常具体的议题。从简单到复杂层层递进,从理论到实战步步落实。

路演系统落地研习精力分配：

本堂课核心目的是指导企业规划出企业路演的系统清单，但也不可少了诊断与辅导环节，故设计了三个研习阶段。分别是咨询诊断，占总课时10%；精准辅导，占总课时80%；系统规划，占总课时10%。

路演系统落地研习宗旨：

1.多维度发现价值

企业不但要看到产品价值、资本价值，还要看到文化价值、品牌价值、商誉价值等等。

2.深思考战略规划

平日里战略规划都停留在讨论层面，而我们要在这里借助工具与方法和同伴一同进行深度思考。

3.全系统落地执行

从呈现工具、核心语境、经营场景、媒体策略等多个方面全系统规划出企业路演系统落地清单，并形成执行落地实践表。

这三个宗旨，指导了课堂内的教学内容与动作，又衔接着教学成果的推进。

路演系统落地研习目标：

1.对企业的文化语境进行精修

平日我们提到使命、愿景、价值观，这些似是而非，模糊不清，通过课程进行精修。

2.将企业的商业规则阐述精准

通过商业计划书、产业趋势、核心竞争力等多个内容不断矫正规则、验证规则，最终使其精准。

3.将企业的品牌故事演绎精彩

把这三点都能完成，足以说明企业的路演系统已经初步建立起来了。

教学方面也设计了一些重要的环节:

1.读书式同频认知

以往上课是我在上面讲解,大家在下面听课写笔记,这种方式好处是大家都比较适应,但问题也很明显,仅仅是听,对信息的吸收是有限的。

我就把在黑钻石密训营中起到很好效果的读书方式引进课堂学习,而且是接龙连读,效果让人很惊喜。以往讲课方式无论台上讲得多热情,台下一定有走神的,这一读起来全部聚精会神,一是听内容;二是看同学读得如何;三是盯着自己一会在哪里读。效果真是出奇地好,当然想实现这个方式,首先是要有书读,这点对黑钻石来说不是问题。

2.任务式模块梳理

路演辅导类课程研讨环节非常多,企业很喜欢一起讨论的氛围,但是也容易让课程整体散掉,没了秩序。既要充分调动大家讨论的积极性,又要控制好时间和节奏。干脆把讨论议题转化为一个明确的任务:任务主题、准备时间、准备的要点、如何交付,甚至可以附加一些加分项的鼓励条件。不但有效地控制住课堂秩序,且辅导效率也得到很大提升。

3.体验式成果展示

最能带动学习氛围和学习动力的是学习过程中的成就感。如果能让其一边学习一边把收获展示出来呢?这对于学习路演的课堂来说并不难。

第一,要有段落学习的小结,大家各自阐述自己的学习心得。

第二,将重点学习成果书写在预先准备好的手绘纸上。这还不够,还要手绘好后,团队一起贴在墙面上,每次一到这个环节课堂氛围就爆棚起来,很多企业甚至在成果墙前合影留念,这种状态是在很多场合难以达到的。

第三,在课程结束前,做学习成果汇报路演,这也是我最喜欢的环节,看着大家用了不到三天的时间,带出满满的成果,这种成就感是对所有学员、辅导师、工作人员的一种奖励。

通过诸如这些环节的设计,让每次路演系统落地班的满意度都很高。现在也成为各地路演中心争相举办的课程。

▲ 以企业充分导入路演系统为课程宗旨而设计的八个研习方式，在课堂实践中取得了非常好的教学反馈。

路演导师第三精修：定义力

掌握规律，明了意义。

定义是本书里的一个高频词，本书写到此处，我特意查询了一下，竟然有百余处。同时，它也是导师非常重要的学术素养。

导师之所以是导师，就是能够提炼事物的本质与发展规律，然后用传播性语言将其进行表述，这就是一种下定义的能力。同时作为导师也要敢于下定义，教学最忌讳模糊性描述，为内容做好精准明确的定义是导师的责任。

但是如何提升自己的定义能力，对于很多人来说是缺乏方法的，仅靠平日的观察、总结、积累似乎还不够，是否能有一些具体下定义的方法呢？这里我把自己对事物下定义的小窍门跟大家分享一下。但仅仅是小窍门，真正下定义的大学问还是要靠对事物的深刻理解。

修炼定义力的三个小窍门（慎用）：

1.极端法下定义

何为定义？就是事物最本质的属性。既然是最本质的，那么是具备极致性的、极端性的、极限性的描述。我们可以用这样一个方法来下定义，就是极端法，我们尝试在需要下定义的事物前加上一个"最"。

例如，我们要强调分享的意义，那么就需要给"分享"这个词下一个定义，可以尝试自问自答：分享是最好的什么？对我们来说，分享是表达，分享是锻炼，最终分享成为我们最好的学习。你看，定义就有了，**分享是最好的学习！**

极端法可以比较"简单粗暴"地对事物下一个定义，但需慎用，因为极端本身就不是下定义科学的方式。所以我们可以考虑用第二种方法。

2.类比法下定义

用这种方法下的定义浅显易懂，生动形象，是一种非常好的诠释事物属性的方式。

例如，"细节八条"篇中曾对路演人下过一个定义，路演人是翻译者+化妆师。这就是一种类比式定义。

但最精准且最重要的定义方式是第三种。

3.解决方案法下定义

用解决方案反向定义事物。例如，对路演的定义，我们可以带着第三种解决方案法去思考，如何做路演呢？演绎好愿景，一起看见未来。**路演：演绎愿景，看见未来。**

如何对路演学习下定义呢？没有不会路演的人，只有不做准备的人。

因为做好路演最重要的事情就是多做准备。

有了这些下定义的小方法，多做练习，久而久之，我们都可以达到参透事物属性与规律的能力，也就有了这些或感性或理性的定义。

路演导师第四精修：精准力

贴近需求，精准教学。

精准是黑钻石价值观里的重要一项，同时也是路演导师所要具备的核心素养。

路演是一个经验型行业，每个项目、企业、城市的路演诉求不同，内容不同，方法工具不同，结果也大不一样。

在阐述路演理论时，需配上相应案例进行说明，这就需要导师对案例所能说明的路演理论有精准的理解。

例如每次我阐述到路演逻辑板块，会以对项目逻辑要求比较高的科技型项目来匹配；阐述到品牌和文化的路演内容时，会选择偏传统一些的项目来匹配；阐述到未来之图，会选择，具备产业链布局能力的企业案例来匹配。这样才能达到精准匹配、精准说明、精准理解的效果。

路演导师的身份力、教研力、定义力、精准力是开始进行路演辅导和教学的必要储备。但真正要成为一个好的路演导师，需要在漫长的企业辅导过程中继续不断精进自己，提升自己。

第三十五章 导师精修（下）

以规促则引培训导向　以场促学实战出真知

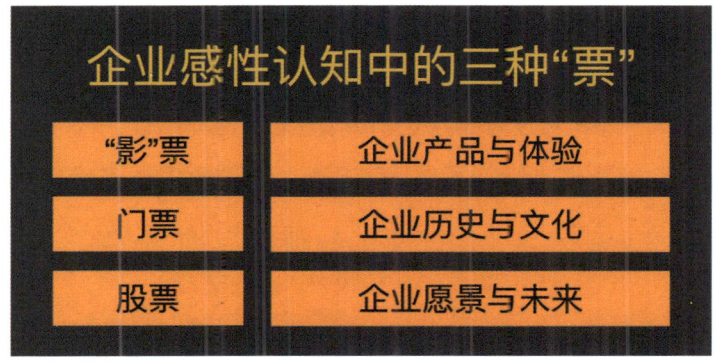

▲ 篇章研习引导图

导语

看似不经意的一句玩笑、调侃、抖包袱，
实则是经过了大量的思考和演练，甚至是测试。
我经常分享的路演案例内容有50个左右，基本都有个共同点，
就是这个项目在路演过程中足够生动，或故事性强，跌宕起伏；
或欣赏性强，路演工具水平高；或趣味性强，包袱足够。
这样的案例才足够吸引人的注意力。

路演导师不但要进行企业辅导和教学，也要参与大量的路演大赛活动、路演案例采集、路演项目实践中，我们还需留意提升自身的哪些素养呢？

路演导师第五精修：规则力

很多课程会设计诸如路演PK、项目评分等环节，作为导师，对于规则的设计以及分寸把握要有认知。

作为各种路演大赛的常客，经常受邀去做选手决赛的辅导与评委。我就说一下对这类赛制中评分系统的认识。

现在很多大赛评分都过于烦琐，而且各个评分标准都不一样，每个项目路演完光填评分表就需要半天，我认为实在没必要把评分做得太复杂，这会对参与活动的创业者带来困扰。因为他参赛时候就是按照这些评价体系准备的，评价标准会对他在能力上的提升、经营方向上的调整起到不小的影响。但当我们看到数十条的评分项，我们想想，这些对经营企业真的有帮助吗？我真

▲ 为路演活动中选手过关而制作的通关印。既强化了活动的规则，也增加了仪式感。

的需要在这么多琐碎的地方下这么大力气吗？活动初衷当然是好的，但在这些细节上是否可以优化得更清晰明了呢？

为了更好地明确路演导向，帮助参赛选手认知参与活动的宗旨，同时也为大量的大赛组织者提供一些方法参考，我列了三条我认为最重要的评分框架。

路演大赛评分的三个要点：1.项目基础；2.路演呈现；3.投资价值。

如果是百分制的话，分别是项目基础占30分，路演呈现占40分，投资价值占30分，接下来我说一下自己的理由。

1.项目基础，指的是企业的工商税务、技术专利、财务管理、劳动合同、经营范围等是否合法合规，这是刚性的要求，也是一个企业被选择的基础。一个规范的企业本身就在向社会传递良好的信号。所以分值为30。

2.路演呈现指的并非仅仅是路演技巧，而是通过路演所表现出的商业逻辑、创新能力、资本思维，以及呈现能力，这些正是我们要真正考察和强调的部分。没有这些能力，企业是无法良好运营和发展的，所以路演呈现部分占40分。如果按百分制，这路演40分再加上企业基础30分，这家企业已经70分，及格了。也就是说一个基础规范、路演系统过关的企业，对社会来说，就是一个合格的企业，无论它是否被资本认可，无论它是否能融资成功，它的生存能力是没问题的。这原本就是我的观点，在2020年疫情期间，大量的实业型企业发挥出了巨大的社会支撑作用，更加验证了这个价值判断。

这样的企业更需要我们给予足够的关注，**它可能不具备爆发式的发展条件，也不是四海皆知的明星企业，甚至所处领域可能无法获得资本青睐，但它们生命力顽强，有自己的一技之长，可以慢慢地长大。**

这个评分标准本身也代表了我对路演的态度，它绝不仅仅是为投融资这个目的而设计，而是为了企业的全生命周期而服务。

还有30分，就留给投资价值吧，资本题材、资本收益、资本体验等等，占30分，它值这个分数，但绝不是价值的全部。

总结一下：

项目基础占30分，路演呈现占40分，投资价值占30分，这三点都满足，这就是个百分企业。

这就是我对所有正在路演的项目价值判断。其实无论到哪里做辅导和评委，不管这个赛制的评分系统如何，但在我内心，打分的标准从来都是这样。

对规则有自己的见解，同时能在这个见解的基础上，提出自己的规则体系，这是作为一个导师很重要的素养，因为规则本身就具备很强的引导性，导师更应该让规则在教学过程中进行更良性的发挥。

路演导师第六精修：布场力

想要实现最好的教育输出，首先要有目的性地建设学习环境。

苹果教育副总裁约翰·库奇（John Couch）写了一本名为《学习的升级》的书，指出了学习的四大场景。

他说，有史以来，人类的学习场景可以分为四类，分别是**营火、水源、洞穴和山顶**。学习效果最佳的学校和教室都包含了上述这些空间的某种形式。

营火：一对多学习模式

就是早期人类部落的营地中，借助夜晚时分的火光，大家紧密地聚集在一起，围着火堆，分享故事。这个场景正是人类文明诞生的开端。

营火模式，通常是一个人同时对很多人说话。传统的线下授课、公开演讲、讲座以及目前线上的音频视频知识服务，就是典型的营火场景。

我们平日对课堂的修饰、课桌的摆放、设备的协调这些就是在让营火更吸引人。

水源：多对多学习模式

水源，指的是野外的池塘、泉水等，人类和动物为了解渴，会主动聚集在

▲ 人类的学习场景可以分为四类，分别是营火、水源、洞穴和山顶。

水源旁，各种物种就有了交流碰面的机会，相当于现代办公室里的茶水间和饮水机旁，是大家聚拢闲谈碰撞想法的地方。互动型的工作坊、线下读书社群、线上知识社群、技术论坛等，就是水源这种学习场景。

导师需要留意你的课堂里是否有"池塘"区域，是否能让学员们在课后充分交流，这也是课堂安排茶歇等区域的深层次意义。

洞穴：一对一学习模式

洞穴，指的是僻静的不受打扰的所在，给人安静、隐私和独处的空间。在洞穴里，学习者有机会花时间独处、写作、编程、研究、学习、思考。

洞穴的作用不在于让我们从他人身上学习或者与他人协作，而在于当我们需要把新获得的信息与已知的事物整合起来的时候，能有一个空间让自己沉下心来，认清自己内心的想法。图书馆的角落、咖啡馆里带着耳机的读书人、公园里独自散步的人，他们通常是在阅读、写作、研究或者沉思，这种学习场景就是"洞穴"。

洞穴是一个常常被遗忘的学习空间，很少被纳入教学空间的设计中，尽管它应受到同等重视。

还有一点也需要注意，即洞穴空间并非是全封闭的空间，只需要有即可。所以可以在课堂中安排出"洞穴"时间，在课程流程或空间中让学员有安静沉思的环境保障。

山顶：在实践中学习模式

山顶指的是在完成既定任务的设计中学习。

登山是具有内置的反馈系统的，当我们登山时，我们自然而然就会知道自己是否学会了如何攀登。

山顶这种学习空间的目的是把学习带到实践中去，可以说，只有真正去做，我们才能得到关于自己能力的即时的持续的反馈，才能真正准确了解自己的学习效果和实践能力。学习新知识、创业、挑战新的项目、攻克新的研究，都是登上山顶的实践学习模式。

任务的设计也是我们布场的内容之一，路演系统落地班里，要求每个企业小组在两天内把手绘的企业路演内容贴在墙上，自然形成一个因为完成任务而成型的山顶场景学习。

路演导师第七精修：呈现力

我们常说要寓教于乐，这话说起来容易，想做到着实很难。仅这一"乐"就是极难的标准，**因为幽默本身就是一种非常高的素养。**

看似不经意的一句玩笑、调侃、抖包袱，实则是经过了大量的思考和演练，甚至是测试。我经常分享的路演案例内容有50个左右，基本都有些共同

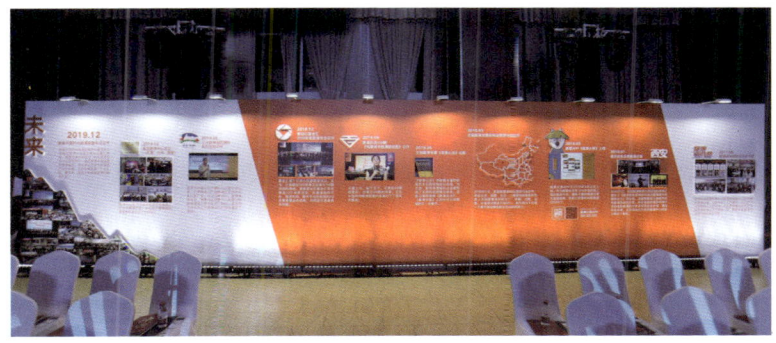

▲ 良好的学习环境可以使学习者有意愿沉浸其中，也有助于深度思考。

点,就是这个项目在路演过程中足够生动,或故事性强,跌宕起伏;或欣赏性强,路演工具水平高;或趣味性强,包袱足够。这样的案例才足够吸引人的注意力。

曾操作一个东北的地产项目,在整个项目的执行过程中,对方以极其热情的东北作风接待了项目组成员,过程中尽显东北人的幽默风趣,也处处体现着合作双方的尊重与情谊,这种关系也极大推动了项目进程。在阐述这个案例过程中适当加入一些有趣的内容进行阐述会有很好的带入感。

创作路演幻灯片可提升呈现力。

在教学过程中的呈现力还包括课件的打磨,一张逻辑缜密、内容丰富的思维导图,创作者非常了解其逻辑动向,但突然放到学员眼前,则会带来信息混乱。这就需要导师耐心地将一步步的逻辑进行动画式加工,教学时效果才更好。例如我在分享"未来之图""七字逻辑"等案例或理论时,基本都需要花费大量的时间去优化课件的动画内容和顺序,让学员能够更好地理解。

多年的累积,我亲手制作的幻灯片页面已有十万余页,在我带学生时,也会要求他们去翻转式创作幻灯片,主要是因为制作幻灯片有这几点益处。

第一,它是一种管理繁杂知识的方式。通常我们所吸收到的信息面非常多,朋友圈、微博、聊天、读书、旅游等等,那么如何将这些信息进行管理和转化呢?将其分主题制作成幻灯片是个很好的方式。

例如,我进行一次旅行后,通常会将旅行中的照片与感悟在幻灯片里进行整理创作,这样制作出来的幻灯片实际上已经是经过初步加工的分享素材了。

第二,对个人的审美能力提升有帮助。不少人在黑钻石的路演分享辅导影响下,开始制作幻灯片,基本上一开始最先注意到的就是是否好看。这很好,至少已经开始在审美方面有了追求。久而久之,可以有效提升审美。

第三,体验到思想体系的"顺畅流淌"。制作幻灯片第三个好处是一种美

▲ 在飞机上创作教学讲义，养成把碎片时间积累起来做讲义的习惯。

好的感受。那就是我们终于可以无障碍地表达自己，**让所思所想可以顺畅输出**。这是一种境界，没有人会拒绝这样的美好感受。这种感受对于内心的触动就是"我想去分享"，你看 又多了一位爱分享的人。

总之，呈现力在导师自我修炼过程中是永无止境的，永远都可以更好、更妙、更有趣，这种教学细节的深入思考对导师来说乐趣远超枯燥。

路演导师第八精修：平衡力

这里的平衡，主要指的是教案内容的分配比列，理性的观念与感性的故事比例要均衡，过于理性会显得枯燥乏味，过于感性会缺少系统分析，导师在做教案的过程中尤其要注意这一点。

同时在教学过程中，也可以秉持**理性内容感性阐述、感性内容理性分析**的方法，将教学工作进行平衡处理。

例如，一般分析感性的企业文化时，我会用诸如逻辑、定位、精准度等理性角度去分析，但阐述企业的战略规划时，却要用丰富的图片、视频、愿景等感性的内容去呈现。

师法九篇

路演导师第九精修：举荐力

学无止境，能够为学生提供更多更好的学习资料和渠道，也是导师的重要能力。各类读书会与知识付费说到底也是一种举荐模式。

精准地推荐一些与自身课程内容相关的电影、书籍、课程也是我在做内容分享时的习惯。

例如，在分享文化语境时提到《建国大业》《建党伟业》，在阐述一些核心观念时提到《中国文化课》《公司的力量》等书籍和纪录片，在阐述路演技巧时会推荐一部电影《焦点》，等等。

这种举荐可以将学习的边界无限延展，**让课堂真正成为兴趣与爱好的中转站与交汇地。**

以上就是导师需要精修的九种能力，归纳总结如下。

1.用言谈举止强化的身份力；

2.用教研、教材、教师、教案、教学形成的教研力；

3.制定和分析规则的能力；

4.使事物属性从模糊到清晰的定义力；

5.案例匹配的精准力；

6.用营火、水源、洞穴、山顶进行布场的能力；

7.寓教于乐的呈现力；

8.感性与理性均衡的平衡力；

9.无限延展学习边界的举荐力。

第三十六章 精神对话

与企业核心基因讨论　跟商业集体人格谈心

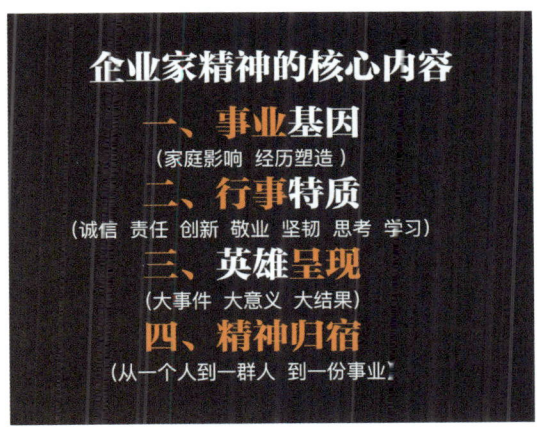

▲ 篇章研习引导图

导语

企业家精神呈现五大新特征,即更讲诚信、尊重他人;

更具责任感,普遍有回馈社会的意愿;

更重创新、善抓机遇,努力发展持续竞争优势;

更加敬业,热爱事业并坚韧执着;

更善于思考、重视学习,注重自身素质和能力的提升。

企业家精神是值得被铭记的社会财富与时代烙印，也是企业的重要文化资产。从资本角度来看，投资就是投人，企业家精神已经越来越成为投资一家企业的重要衡量指标。我把企业家精神所代表的心力列为路演的最高权重，就是因为在企业家精神里几乎可以映射出企业所有的品质、特性与精神价值。

在国家的各类官方报道里，是用这样的文字来描述企业家精神的：

爱国敬业、遵纪守法、艰苦奋斗的精神，坚定信心、迎接挑战、奋发图强，增强国家使命感和民族自豪感，把个人理想融入民族复兴的伟大实践；

弘扬创新发展、专注品质、追求卓越的精神，敢闯敢试、敢为天下先、敢于承担风险，激发创新活力和创造潜能，在市场竞争中勇立潮头、永不言败；

弘扬履行责任、敢于担当、服务社会的精神，致富思源、奉献爱心、先富带动后富，创造更多经济效益和社会效益。

该如何提炼企业家精神，又该如何把这份精神融入企业无所不在的路演里，这不但需要我们近距离观察，更需要与企业家在精神层面完成一次对话。这也是企业咨询师最重要的能力，不但涉及商业知识的储备，还需要开阔的商业眼界与对人生透彻的领悟。

企业家精神呈现六个步骤：

一、企业观察；

二、随时对话；

三、行事特征；

四、关键提取；

五、多维验证；

六、精神归宿。

一、企业观察

每到一个企业调研，最不能少的步骤就是去企业观察。很多价值与问题都隐含在企业经营空间中，可以类比成中医里的"望闻问切"。

企业的产品不尽相同，生产形态也大不一样。所以在产品以外，一般看三点。

第一看文化是否有体现，包括文化语境、文化活动、文化故事。

第二看品牌是否有规划，品牌呈现形态是否一致，品牌美誉与资质是否凸显。

第三看运营是否有系统，运营的规划是年度式的还是临时性的，是企业式、项目式，还是产品式。

基于这三点我们就有了对企业的初步印象。

除了"望"以外，在这个环节也要"问"，问关于文化、品牌及运营的相关时间、地点、人物、背景，以备后面的故事打磨。

二、随时对话

与企业家对话不是学术讨论，也不是技术研讨，所以不要刻意营造什么形式感，越是随意，越容易生出真实的感受与声音。所以这种对话其实从见面一刻就已经开始了。

一问一答仅仅是形式上的采访，而帮助企业家打开话匣子才是我们要做的重要动作。

经过大量的走访实践乃至总结，我得出一个重要的结论：**成就感，是打开企业家话匣子的法宝**。所以无论我们想获取何种信息，从成就感的话题开始总是屡试不爽。

所以我把与企业家的对话称之为：企业成就漫谈。

这一点与在"文化语境"篇里分析企业的使命感是同样的逻辑，但这里目的是让企业家打开自己的情绪，我们才能发现隐藏在其经历里所包含的事业基因，有些是家庭的影响，有些是环境的熏染，有些是形势所迫，有些是励志图强。

三、行事特征

当他们打开了话匣子，很多精神财富也就摆在了眼前。这时我们要开始进行其行事特征的提炼。

在《2019中国企业家成长与发展专题调查报告》里对企业家精神所呈现出的特征做了一个总结：

企业家精神呈现五大新特征，即更讲诚信、尊重他人；更具责任感，普遍有回馈社会的意愿；更重创新、善抓机遇，努力发展持续竞争优势；更加敬业，热爱事业并坚韧执着；更善于思考、重视学习，注重自身素质和能力的提升。

而我们对话后，就要尝试用关键词的方式，记录下企业家的行事特征，例如**诚信、责任、创新、敬业、坚韧、思考、学习**等等，当然也可以是**偏执、单纯、倔强、古板、冷酷、一根筋、成就、疯狂**等等。

这有点像我们整理企业文化的关键词，是的，它们也是我们认识一个企业家的重要印象。将其归纳整理为可控的数量后，追寻着每个关键词去寻找与关键词相关的故事。

四、关键提取

这个关键点可能是一句话、一个故事、一个愿望等等,例如,我对话过的企业家都有曾让我受触动的一句话。

元六鸿远创始人郑红:
我这辈子所有的努力都是在为这个国家为这个企业而做着准备。

中强瓷业创始人葛老:
我一定要为中国做争光争面子的陶瓷。

斯玛特教育创始人武志:
面对孩子,我们教不了他们画画,能做的只有陪伴。

吉盛祥茶业创始人李易霖:
我能听到茶的声音,这是我活着的意义。

▲ 摄制人员在采集企业家日常工作镜头。

玉堂酱园掌门人何总：

三百年的品牌不能毁在我们手里，哪怕只有一个单位活了，玉堂这个品牌就活了。

应该说，找到这句话 也就找到了企业精神所在，找到了事业的基因，找到了打开企业发展之门的钥匙。它也成为企业在呈现企业家精神时候的一记重音。

得到了一个个包含企业家精神缘起的关键词与主张句，然后就是通过一系列的对话来寻找形式特征，将精神与行动合为一体。

五、多维验证

这阶段的企业调研与对话就不再局限于企业家，而是与企业高管、中层管理、基层员工，或者企业家的朋友、社会学者、企业客商等展开对话，从不同的角度看企业与企业家。

而这个时候的对话内容，就是我们在前一个环节里提取的关键词，哪些事情代表了企业的创新，哪些事情体现了企业的责任，哪些是他的偏执，什么时候他最倔强等等，将抽象的关键词和关键句再次还原成一个个故事。

六、精神归宿

最后就是企业家精神归宿的寻找。

应该说无论在路演层面，还是在企业经营层面，我都一直主张，企业应该是从一个人到一群人的过程，**企业家精神不是某个人的精神，而是一群人呈现出来的事业风范。**

▲ 2015年参观位于美国加州Los Altos苹果公司的创始地，也是乔布斯故居。电影《乔布斯》的导演为力求电影的准确性和真实性，这部电影有部分场景在乔布斯Los Altos的家中以及车库里拍摄。如今这里已被列入历史名胜保护名单，以纪念乔布斯的创新精神。

所以在企业对话的最后就是寻找精神的归宿——传承。

精神永恒唯一的办法就是被传承。

企业空间、产品、技术、规模都会不断变化，而唯有这些精神才是永恒的财富。

经过了将企业精神高度提炼和故事还原，最后再寻找归宿这样一个完整的步骤后，我们总算完成了一次与企业的沟通，进行了一次与企业的精神对话。这就是提炼企业家精神，并同时采集出企业的故事。

第三十七章 路演工坊

适应趋势活动小快灵　夯实基础开展工作坊

路演工作坊环节设计

1. 合理分组（讨论 互动）
2. 导师开场（个人经历 路演价值）
3. 组员互动（巡视 观察 特点 需要）
4. 资讯分享（资讯 方法 案例）
5. 项目分析（组内讨论 重点分享）
6. 问卷环节（反馈 收获 修正）
7. 自由交流（随机）

▲ 篇章研习引导图

导语

充分的交流才是工作坊的意义所在,
他不是单方面的知识灌输、资讯告知,
而是通过互动来确认大家对议题的同频,实现对课题的理解和消化。
我想这也是为什么现在很多课后辅导比上正课效果还要好的原因,
因为及时互动,参与者的积极性也被充分地调动起来。

工作坊(workshop)这一形式最早出现在**教育与心理学**的研究领域，在20世纪60年代，工作坊开始成为一种广泛的交流方式，供不同背景的人们就某一话题和议案一起进行思考与探讨。

工作坊相比传统教育场景有更多的交流动作，相比社交沙龙又多了明确的课题内容，且规模小，容易组织，所以逐渐覆盖到各种领域，成为推动组织发展、创新交流、收集意见、探讨解决方案的必要场景。**工作坊也是传播路演知识和进行路演交流的重要方式。**

在2015年，教育部就印发了《"国培计划"——教师工作坊研修实施指南》。计划通过引领一定数量的骨干教师进行工作坊的研修，集中培养教师成为工作坊的主持人，进而提升骨干教师教育教学能力，生成一批优质的培训课程资源。

在2019年第17期的《人民教育》还刊发了一篇专题报道，名为《教师工作坊——引领教师自主发展的孵化器》文章里提到，教师开展工作坊，实则是将知识体系应用与转化的有效途径。

而在真正的科技孵化领域，工作坊也成为"双创"服务的新模式。

2018年3月，人民网有一篇报道《孵化器模式进高校 双创教练工作坊启动》，旨在解决高校的双创导师实战能力提升与高校内的创业项目辅导与科技成果转化等难题。

去年我也受中国高校创新创业教育联盟的邀请，在清华大学为全国数所高校的院长与创业导师进行了两天《关于如何开展路演工作坊》的分享，以这种方式来助推高校双创能力提升与模式的创新。并且在现场就让所有的创业辅导老师模拟了路演工作坊的实务动作，从大家热情的参与度上就能看出这对他们回到高校开展双创工作是非常有帮助的。

在教育与科技以外的文化领域，各类非遗工作坊、匠师工作坊的举办也是如火如荼。因其实操性和欣赏性，这些工作坊甚至还成为各大直播平台的热播内容。

不止于此，工作坊还成为政府吸纳社会智库建议的重要途径。而杭州在这方面做的尤为突出。

杭州师范大学公共管理学科的教授团队，经常举办关于地方政府与基层治理创新的工作坊，每次都会吸引地方领导、社会学者、实务工作者、新闻媒体工作者前来，共同开展研讨和工作交流，总结和分析基层治理经验，进一步促进地方政府创新和基层治理现代化。这一系列的工作坊也成为杭州师范大学的品牌型学术活动。

路演工作坊的三个特点

工作坊之所以被如此广泛的应用，主要具备是三个特点。

第一，工作坊的开放性。对参与者不做明确的要求与限制，带着来者都是客、坐下聊一聊的姿态，自然会营造出轻松自由的氛围，这种氛围让参与者也没有压力，更乐于参加。

第二，工作坊的灵活性。工作坊规模一般都在10人左右，易召集，易组织，时间长度一般也限定在2—3个小时，来了就聊，直奔主题，聊完就走。这里不谈家长里短，没有客套，不需要寒暄，符合创业者、研究者和实务工作者的工作状态与习惯，换句话说就是干货满满。

第三，工作坊的互动性。充分的交流才是工作坊的意义所在，他不是单方面的知识灌输、资讯告知，而是通过互动来确认大家对议题的同频，实现对课题的理解和消化。我想这也是为什么现在很多课后辅导比上正课效果还要好的原因，因为及时互动，参与者的积极性也被充分地调动起来。

所以，**开放性、灵活性、互动性**，这也是我们自身要开展工作坊需要秉持的三个宗旨。

黑钻石为了开展路演教育、路演服务，尝试采用了非常多的活动方式，有百人级别的企业家路演培训课——路演兵法，有三天两夜的路演系统落地班，有年度大赛形式的路演英雄，当然，也有两到三个小时的路演工作坊。路演工作坊只是所有的方式之一，然而，促使我们要将路演工作坊作为各地路演中心开展工作的重要抓手，甚至重要到要写这一篇"路演工作坊"来进行分享，其实是因为一次文化考察。

有一次在西安出差，当地工商联的一位老大哥就发出邀请，说如果时间允许，请我去陈家坡会议旧址看一看，做一次红色文化的考察。读万卷书，行万里路，对于这样的考察和学习，本就是我的爱好，也是我的工作，于是欣欣然赴约。

陈家坡地处离西安不远的红色重镇照金，陕甘边革命历史上具有重大战略转折意义的关键性会议——陈家坡会议就是这里召开的。

▲ 参观陈家坡会议旧址，从革命战争中学习如何做事业。

师法九篇

稍微给大家说一下这个会议的历史背景：

1933年，由于"左"倾机会主义错误路线，陕甘边根据地红军遭受重创，几乎全军覆没，党组织遭到严重破坏，大批共产党员和革命群众惨遭杀害。陕甘边根据地遭到空前危机。为了尽快组建统一的军事指挥权，加强对红军的领导，1933年8月14日，中共陕甘边特委在陈家坡召开了党政军联席会议。会议由陕甘边特委书记秦武山和陕甘边军委书记习仲勋主持。

简言之，陈家坡会议其意义在于：

正确制定了陕甘边革命斗争的任务和战略方针：即以创造和扩大陕甘边苏区为中心，不打大仗打小仗，积小胜为大胜，集中主力，广泛开展游击战争，深入开展群众工作，从而挽救和巩固了陕甘边根据地。

上面这段话就是陈家坡会议的决议，陕甘边革命根据地也从此扭转了局面，中国红军一步步走向胜利。

▲ 陕甘边革命历史上具有重大战略转折意义的关键性会议——陈家坡会议。

为什么这段话对我有很大的触动呢，当时，联盟所推动的路演经济的发展也处在一个转折点，全国各地建立起了一个个路演中心与路演事务所，而如何巩固路演中心的建设，如何更好地开展路演教育和激活路演市场，一直是联盟思考的课题。总体的战略方针固然已是清晰，但落地执行的方法总是无法明确下来。然而，这次决议给了我很大的启发。

尤其是"积小胜为大胜"这句话更是让人有茅塞顿开之感。

如何深入开展群众工作，如何巩固根据地，我们党就是以这样的方式开展啊，革命火种才能星火燎原！

做企业做事业也是同样如此。所以工作坊应该成为我们开展路演教育路演服务的重要方式与抓手，只要工作坊做出品质与频次，路演有了广泛的认知，路演市场自然就可以开发出来。

那一刻，真是豁然开朗！

也是从那时开始，黑钻石开始将路演工作坊作为路演事业开展的重要抓手，积小场为大场，积小胜为大胜，逐步巩固和扩大各地路演中心的发展。

那么，一个完整的路演工作坊都包含哪些环节呢，接下来我逐一阐述。

开办路演工作坊的七个环节

1. 合理分组

为了能让每一位工作坊的参与者都有发言机会，也为了更好地营造氛围，在工作坊开始前就根据人数将参与者分为几组，便于组内互动与讨论。

▲ 深入开展群众工作的复原场景，无论时代如何发展，人与人之间的关系的建立，还是遵循着小社群到大社群，小社会到大社会的规律。

师法九篇

2.导师开场

导师是工作坊的主持人，也是主讲人，更是节奏的把控者，所以导师的价值需要很好地塑造，他的工作案例、业绩、个人职业经历等等是很好的推介资料。

3.组员互动

工作坊与普通教育课程的区别就在这里，以组为单位让组员就路演的话题开始自由讨论，而导师需要在这期间进行各组倾听，观察发言，记录问题。然后每组选出代表进行第一阶段的分享。

4.资讯分享

根据本期工作坊的主题，由导师准备出相应的分享内容，以路演领域的资讯、方法、案例为主，完成方法和观念的传播。内容要有针对性，所以刚刚的记录和观察就非常重要，同时导师分享的内容也要不断地与时俱进，不断更新。

5.项目分析

再次进行小组讨论和分组小结，同时每组选出典型项目，进行现场的分析讨论，工作坊进入案例沟通环节。需要注意每个项目的讨论都让参与者有体验感，时刻保持现场的热度。

6.问卷收集

项目讨论分析完之后，将设计好的路演问卷让工作坊每一位参与者填写好，以此作为真实的工作坊反馈与市场诉求。这是个非常重要且实用的环节，所以设计工作坊问卷调查也是个重要工作内容。

7. 自由交流

一般通过2—3个小时的分享交流，气氛越来越融洽，交流已经不限导师与项目之间，不同的项目之间也会开始交流，这个环节就是在最后为参与者可以进行更充分的交流而设置的。但也要把握好时间节点，以保证活动有头有尾。

黑钻石的路演工作坊已经举办了多期，现在不但成为各地路演中心的常规运营动作，也成为很多机构采购的投融资辅导活动。例如，我们与各类投资机构合作的路演工作坊就受到许多投后企业的欢迎，应该说每个企业去真正见投资人之前，都该来体验一下黑钻石的路演工作坊。

路演工作坊的三个重要价值

1. 可以加强路演团队与参与者共同的路演认知。
2. 不断地通过工作坊分享路演方法，使更多项目可以得到路演能力提升与实践。

▲ 在天津路演中心的首场工作坊——读者见面沙龙，直接带动了天津路演中心一年的工作内容，工作坊灵活易操作，是各地路演中心的常态化经营动作。

3.通过工作坊可以吸引到更多对路演事业感兴趣的伙伴加入。

办好路演工作坊,一个积小胜为大胜的路演市场开发动作,也是每一个路演咨询师都要掌握的重要职业技能。

第三十八章 路演中心

一先锋三服务六业态　城市软实力产业集群

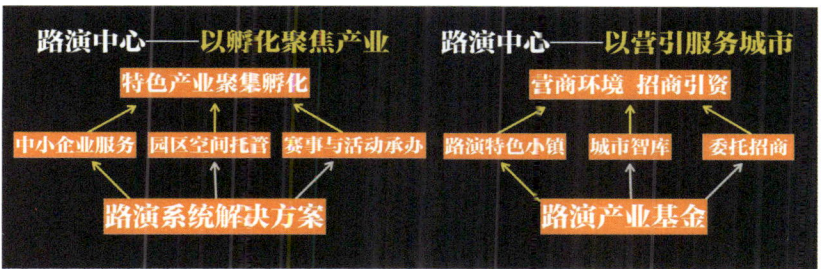

▲ 篇章研习引导图

导语

围绕路演中心,向城市产业园、孵化器,
以及周边区域输出服务的同时,
也输出路演事务所等更为灵活的中小型路演业态空间;
向社会招募有产业资源背景、有企业服务热情、
有招商引资能力的路演合伙人,
在有限的空间里,向无限的服务领域延伸。

路演中心是一个从产业研究到产业聚集，到价值发现、项目开发，再到创新企业、金融助推的多层次孵化平台，是一个自循环的特色孵化生态体系。

路演中心是黑钻石在路演领域研究成果的集中体现，开展城市与企业服务的重要载体。路演中心到底如何来定义，它建设的意义是什么，未来又会发展成为一个什么样形态，在本章里大家将找到答案。

路演中心的发展背景

近年来，营商环境、招商引资、创业创新已成为各大城市发展的关键热词，各地纷纷出台政策以助推发展。路演作为新兴的产业形式，也逐渐成为城市进行这几类内容发展的抓手，纷纷落地了一些集项目、路演、资本于一体的城市路演中心。

2017年12月由科技部火炬中心、深交所、温州市政府三方共建成立了温州科技金融路演中心。该中心依托全领域金融服务业态，通过政府搭台、企业唱戏，导入科技信贷、创投、风投、担保、转贷、风险池、路演、中介等服务模式，有效解决企业融资难、成本高和资本对接等问题。

2018年11月20日，经过近一年半的艰苦努力，上海建工集团第一个集投资、策划、设计、施工、运维于一体的城市更新项目——长三角路演中心完美"亮灯"。路演中心是上海建工积极发挥全产业链优势，为建筑施工、土壤修复、水生态建设、乡村振兴等领域不断拓展合作空间而建设。

2019年8月21日，"一带一路"深圳前海国际路演中心正式成立，依托前海科创产业投资运营服务平台,为人工智能、大数据、云计算、物联网、区块链等五类新一代信息技术,以及在智慧城市、金融科技、生命健康、科技文化创意等四大场景的应用提供资本及产业资源支持,搭建路演展示舞台,推动粤港澳大湾区建设,促进前海进一步集聚全球资源,汇聚全球创新企业和创新人才。

2019年12月24日,台州市金融办、台州城投集团与深圳证券信息有限公司在台州设立常态化创新创业企业路演中心,将精选台州市当地高层次创新创业领军人才企业、科技型中小企业、优质成长型企业进行常态化路演,通过长期化、定期化、公益免费的"现场+网上"路演形式为企业提供展示和投融资需求发布服务,让企业和全国的创投机构、银行、上市公司等实现直接对接。

2020年4月29日,河南郑州路演中心由郑东新区智慧岛管委会主导成立,旨在建设以路演中心、培训中心、金融信息服务三位一体的公共平台。将路演中心作为线上展示窗口和线下活动的平台,进而打造成为"扶持基金产业发展的案例、金融科技创新成果(政策)展示窗口和弘扬创新创业精神的载体"。

从2013年开始,黑钻石集团开始布局路演经济,现已在北京、天津、西安落地城市路演中心,并在部分城市落地路演事务所,均获得良好服务反馈。可以预见的是,将有越来越多的城市采用路演中心的方式来提升城市的产业资源聚集,促进科技成果转化,优化营商环境。

黑钻石路演中心的概念

黑钻石路演中心——以路演为特色的科创产业服务综合体。

它是黑钻石集团数年企业服务与城市服务的技术积累,以科创路演联盟为平台载体,以路演经济为专业服务抓手,在全国核心城市落地运营,向城市的产业园、孵化器、金融机构、政务系统、中小企业输出路演系统解决方案，服务企业的软实力提升、城市的创新创业活动、招商引资、营商环境的科技创新领域的服务综合体。

▲ 西安路演中心成立仪式中用到的"路演鼓"。

路演中心运营发展的三个逻辑

应该说，**路演中心本质上就是城市的资源服务中心**，聚合各类企业服务在这里通过路演的形式进行展示与交流，它是最充分利用资源杠杆来进行发展与服务的商业主体，且因其资源方的特殊性，路演中心的发展需要符合以下几个重要逻辑。

第一，要符合政府产业发展逻辑。

它是城市产业发展的重要资源聚集地，必须依托城市产业的发展规划来进行业态规划与运营。

第二，要符合公共服务平台的公益逻辑。

路演中心的建设最终是提升城市科技转化、高质量双创服务，优化营商环境，让企业快速精准找到资源，城市不断涌现出特色产业。所以还需要将路演的公共服务内容配套起来，例如企业家精神路演，产业公益大讲堂等公益类分享活动，塑造文化精神领地，等等。

第三，要符合孵化市场运营逻辑。

运营团队不能仅仅依赖城市的政策补贴与采

▲ 地方路演中心成为城市的智慧资源枢纽。

购,需要有自身造血功能,能敏锐地发展企业服务与产业服务的商机,将传统空间服务进行提质增效,扩大收益。

路演中心运营的三大能力基础

1.资源与资本聚集能力

路演中心通过大量的路演活动、路演业态、项目展示、智库带动,将产业资源与资本进行聚集、落地,形成产业服务的资源力。

2.企业与政府服务能力

路演中心必须具备的核心能力就是专业化服务,通过系统培养出的路演咨询师和专业化路演团队,为企业实现从商业计划梳理到企业市场路演、资本路演的多层次服务。为城市提供双创服务、招商引资等落地服务,等等。

3.价值发现与传播能力

通过大量的项目聚集与服务,从中发现具备产业发展潜力的优质项目、核心人才、商业模式,精准地将其对接于产业资本,形成项目的本土发现、本土成长、本土落地、本土收益。

路演中心发展宗旨与架构

宗旨一：以路演服务为先锋的泛产业功能区建设。

基于路演中心的发展逻辑与基础能力，我为其制定了**"一先锋、三服务、六业态"** 的整体架构。

一先锋：**以路演为先锋产业形成中心特色。**
三服务：**服务城市双创、服务城市招商引资、服务城市营商环境。**
六业态：**打造路演中心六大功能区。**
业态1：具备产业分析与研究能力的产业智库区。
业态2：具备路演、发布、会议、直播功能的路演区。
业态3：具备项目展示、展览、推介功能的项目创意展示区。
业态4：具备教育、培训功能的教育区。
业态5：具备办公、开会、讨论、交流的产业众创区。
业态6：具备财税法基础服务、金融、投资等企业服务区。

形成六+三（六大功能区+三大领域服务解决方案）的基本运营与收益模型，保障路演中心的长期健康持续发展。

宗旨二：以软实力服务为引擎的泛智慧产业聚集。

通过完备的功能区建设与特色路演招商，形成服务城市软实力的泛产业业态聚集，通过**路演+会展业、路演+文博业、路演+金融业、路演+科技业、路演+影视业、路演+直播、路演+教育、路演+电商、路演+出版业、路演+互联网**，形成以智慧产业带动其他产业发展的多产业、立体网络型产业集群。可带动周边餐饮、酒店、休闲、娱乐、景区、酒吧等多种经营业态。

宗旨三：以不受空间束缚的泛产业生态圈的层级打造。

泛产业的定位，将路演中心从空间的束缚中解放出来，与传统的空间孵化器区别开，真正以专业化的服务为核心，以最终形成**"产业聚集+产业服务+产业赋能"的产业生态圈为目标。

围绕路演中心，向城市产业园、孵化器以及周边区域输出服务的同时，也输出路演事务所等更为灵活的中小型路演业态空间，向社会招募有产业资源背景、有企业服务热情、有招商引资能力的路演合伙人，在有限的空间里，向无限的服务领域延伸。

城市路演中心合作各方职责

政府在路演中心开发运营中更多扮演的是一种管理指导与支持的角色，主要体现在基础设施建设、公共服务设施建设、扶持政策的保障、城市营销与公共管理等层面。路演中心的运营方则需全面主抓路演中心的招商、运营、业态支撑、活动筹划等内容。

城市路演中心发展阶段

路演中心的发展可以分为四个阶段，即建设期、品牌期、招商期、营商期。

建设期包括六大空间功能规划、空间设计等基础工作。

品牌期则是以大量路演教育活动为主的影响力打造，如路演工作坊、路演人才培训、路演系统落地班等活动打造专业化品牌形象，通过路演中心的开业仪式、媒体宣传等引爆路演中心的热度。

招商期是通过高端的路演大赛活动、产业智库论坛等不断聚集产业资源，形成大量资源互动，吸纳路演合伙人与服务合伙人两大人脉资源，筛选企业进行落地孵化。根据不同城市的产业禀赋，这个阶段会比较长，是为真正的营商打下坚实的产业基础的阶段。

营商期则是待企业规模达到一定量级后，将战略咨询与产业基金作为核心抓手，将营商作为路演中心的核心运营动作，路演中心也步入相对成熟和稳定的发展阶段。

黑钻石天津路演产业中心发展案例

1. 建设期

天津路演中心自计划合作筹建，就致力于大健康产业领域的发展推动。

从2019年年初开始选址，最后落地在天津滨海新区的生命健康产业园。又用三个月时间，将空间进行规划与完善。因天津合伙人原本经营茶品空间，所以在建设中，除原路演中心六大业态以外，还增设健康产品直播区、茶室等功能区，也使其原本的商业业态得以升级。

2. 品牌期

天津路演中心首先积极举办了数场路演培训活动。让大量天津企业认知了解路演。即便在疫情期，也通过线上读书会的形式进行充分交流。这个连续性的品牌输出活动为天津路演中心储备了相当多的商机资源。而且，以品牌活动来提升团队专业服务能力，现已培养出了能独立开办路演工作坊的咨询师队伍，更可使路演中心的品牌输出进入良性循环。

3. 招商期

正是源源不断的品牌影响以及更加深入的路演活动吸引，天津路演中心正式吸纳了第一批事业合伙人加入。

同时，中心也与政府相关部门建立了联系，当地开发区管委、科委等部门开始将优质项目推送到路演中心打磨价值呈现。也陆续发展出区域内的产业细分路演业态，餐饮产业路演事务所、芳香产业路演事务所等领域合作，由此带来产品和服务的持续收益，路演中心进入快速且有序的发展阶段。

▲ 科创路演联盟年会上，为天津路演中心授牌。

4.营商期

通过大量项目筛选，中心吸纳了数个既符合市场趋势又有技术含量的高品质健康项目，其中纸质微流控芯片项目、千龙文化科技产业园项目已启动资本对接。

至此，天津路演中心走完了第一个发展循环。

路演中心作为城市新业态，其内容服务、外在形态都还在不断发展和探索中，但更具呈现力、沟通力、文化力的新型城市资源中心几乎是每个城市的刚需。期盼路演中心可以承担起更多城市的魅力展示的使命。

第三十九章 创业心得

七颗钻石凝十年心力　千百文字写成长逻辑

▲ 篇章研习引导图

导语

以事为业,所以叫事业。

这种类型很适合在现有创业体系中大展拳脚有所作为的。

一旦我们确定下来要以事为业,就要做好充分的心理准备,

因为我们面对的事不是一朵朵浪花,

而是滔天巨浪。

路演在我自身创业成长过程中起到了决定性的作用。可以说没有对路演的学习和研究,就没有公司的产品核心竞争力,同时也因为不断地实践路演,公司在几个关键节点进行了转型升级,愈发有了更大的发展空间。

本章将结合自身的创业过程,将路演在创业过程中的价值和应用进行阐述,这些内容也是我担任各类高校创业导师,在数次参与各类创业大赛、高校创客辅导后梳理出来的内容。

本章共分为七个板块,我把每一个板块视为一颗创业中的钻石,经历各种磨炼而成,拥有这些钻石,以及钻石闪耀出来的光芒,我们能最终成就自己的璀璨人生。

创业第一颗钻石——信念

在经历了十年的创业之路后,我愈发觉得创业者内心的信念是如此宝贵。它可以帮助你平静地看清问题,也可以澎湃和强大自己的内心。我常对那

▲ 收录了十年里在不同阶段不同场合的代表性路演镜头,不断地行动,长期地实践,累积时间基数,才有量变到质变的可能。

些计划创业的伙伴们说这样一句话：

创业不一定实现梦想，而实现梦想的过程才是创业！

创业信念： 创业并不是表面的职衔，独立的办公，而是这个动作是否可以将你原本想实现的计划、产品、抱负变成现实。基于这点，我把创业者分为**职业型创业者与事业型创业者。**

职业型创业者更倾向于在自身专业上实现价值，所以借助一个好的创业平台去发展，无论是成功概率还是幸福指数都会更高。

我有几个从海外留学回来的朋友，在国外也有工作经历。学习的专业都非常热门，职业素养也很好。看到国内这么火热的创业氛围，有些按捺不住，纷纷去注册公司，招兵买马，准备大干一场。在这个过程中，一些开办公司的琐碎的事务让他们非常不耐烦。不止如此，有些人甚至一度因为过于轻信他人，还吃了几次官司。最后决定，进入国内一个比较知名的大企业借助平台的资源继续项目开发，如今在业界已经发展得小有名气。

这就是典型的"职业型创业"。国内的创业氛围确实很好，点燃了许多人的创业热情，但在去注册一家公司之前，还是要想好，自己到底适合什么样的"创业"。

另外一种就是"事业型创业"，倾向于在创业过程中寻找更多专业以外的体验和感受，乐于处理或者说对处理创业过程中发生的一件件事儿有兴趣，叫做以事为业，所以叫事业。这种类型很适合在现有创业体系中大展拳脚有所作为。

一旦我们确定下来要以事为业，就要做好充分的心理准备，因为我们面对的事不是一朵朵浪花，而是滔天巨浪。

文化信念： 每当自己遇到困难，打了退堂鼓，最能抚慰自己的就是这份文化信念，会让你回到创业的原点，找回那一刻的初心，内心就会平静下来。

这些年看到很多让人心痛的创业者因创业失败而颓废乃至自杀的报道，我想,在那一瞬间,除了有个人能在他们身边开导,如果他能冷静下来稍稍回想一下当初为什么出发的,也许结果会不一样。

自我认知是信念钻石的光芒。

创业第二颗钻石——行动

知是行之始,行是知之成。

创业是一个集诸多试错性事务于一体的动作,怕做错而不做事是不行的。作为一个长期主义者,我一直主张**每天进步一点点**。

每天进步一点点并不简单是一个积累成长的口号,更是一个长期主义者做事的心法。

无论是产品创作、品牌影响、团队文化都不是一蹴而就,而是长期的每天进步一点点的结果。所以我可能不适合去做爆发性的项目,这跟我坚持的长期主义是比较背离的。

同时,这个**心法会让你不惧怕"遥远的未知"**。

"路演"这件事开始明确下来后,很多人最大的担心就是路演这件事太遥远,我们需要等大家都有了路演的认知,事业才会被认可,需要社会环境有了

▲ 在带领团队野外创作中,外景创作非常辛苦,唯有对事业的热情与信念才能让你坚持且有所收获。

相应的变化，我们才有空间。对于我来说，每天总结一点，分享一点，认知一点，传播一点。三年过去，五年过去，七年过去，路演事业不遥远了，而在这个过程里，我们回头一看，已经做了那么多事。

这当然需要对社会趋势和产业有所预判，但更重要的是每天都行动，这样就会有更多修正的机会，今天我们所研发出来的路演咨询系统已经远比七年前的路演兵法要严谨、丰富得多。

通过这种做事方式，也沉淀出了一本本书籍、一场场活动、一个个合作伙伴，最终量变促成了质变，从企业路演又拓展到城市路演，成为黑钻石稳定发展的重要基石。

长期主义是行动钻石的光芒。

创业第三颗钻石——团队

团队指的不仅是同事，而是一群有共同价值观的伙伴。

想拥有好的团队，首先要明确提出自己的价值观。

在文化语境篇章里，我已经很详细地阐述了黑钻石价值观**"分享、浪漫、精准、乐观"**的意义，价值观会潜移默化地帮助你对身边的伙伴开始分类和筛选。

▲ 在塞罕坝草原团建，黑钻石是一个爱分享、懂浪漫、很乐观的团队。

不爱分享保守的人少了，死板沉闷不浪漫的人少了，做事马虎不精准的人不用了，悲观脆弱不乐观的人离得远了。

团队是这样被价值观一点点地梳理筛选出来的。所以，只要你的价值观导向和呈现是统一的，你身边的团队就是你精神力量的显现。这也是用文化的方式经营企业的最好体现。

当然，它的作用还远不止于此。这里要分享一件几乎是蝴蝶效应般的连锁事件。

十年前，拍摄聘请的场工因病没来，耽误了拍摄进度，我决定招聘人手。因为资金紧张，无法聘请人来，于是想了个办法，决定做个培训班，以招学员的方式招些人来。

因为招了学员，就开始研究影片创作技巧进行教学，研究案例复盘做教学材料。

因为有了案例式教学材料，学员越来越多，品牌影响力越来越大。

因为有了品牌影响，学员就更多了，案例做得更起劲。

因为案例多了，市场业务就更好接单，客户也越来越多。

因为客户多了，客单价稳定提升，客户的层次与要求也高了。

因为客户要求高了，所以开始不断丰富产品体系，从单一产品进入综合路演服务。

因为路演服务能力强了，所以城市类项目逐渐增多。

因为城市类服务逐渐增多，就有了打造城市路演服务空间的构想。

因为有了路演服务空间的构想，于是逐渐形成了科创路演联盟。

所以当年那个场工如果按时来了，就没有科创路演联盟了。

这看似玩笑的企业成长蝴蝶效应里，蕴含着那四个价值观：分享、浪漫、精准、乐观。

价值观是团队钻石的光芒。

创业第四颗钻石——能力

在"未来之图"章里，我阐述了一个特别重要的方法，就是描绘出企业的未来图景。这是创业者非常重要的功课。当然也是我辅导企业的方式，这个方法和方式也成为我的能力。

我想说的是，你的核心能力是什么，你是否清晰地认知到。

核心竞争力是企业必不可少的立足之本，它可以是任何形态，技术专利是竞争力，服务品牌也是竞争力，社会信任也是竞争力，唯有在核心竞争力上不断夯实，才能在创业路上找到自信，获得快乐，发现机会。

核心竞争力是能力钻石的光芒。

创业第五颗钻石——信任

张艺谋导演曾出版一本画册类自传，书名为《张艺谋的作业》。书中精选了些早年张艺谋导演的摄影作品和部分笔记。记得里面有一段笔记，大意是作为一个初出茅庐的创作者，要有一个连续成功的过程，这样你的地位在别人心里也就稳住了。

当时看到这里很有同感。事业在最开始时其中一个困难就是信任不足。公司成立时日尚短，没有其他合同背书，作品还在创作，甚至模样长相年轻了些也都让人担心是否可靠。

同时，也要懂得如何去积累信任，那就是案例。

我在"案例！案例！"章里已经很详细地阐述了如何复盘一个案例。

直到现在，我每次出去分享，无论是一到两个小时的沙龙分享，还是三天两夜的路演系统落地培训，若没有案例，我会非常不安。

当然，案例只是我们在创业路上不断积累信任的内容之一，还有一个重要因素则是边界。

言谈举止均需注意边界，我甚至觉得这个边"界"的"界"也可以理解为"戒"

▲ 团建里的信任背摔环节，团队之间的信任是发展的重要基石。有了信任，可极大减少沟通成本，为公司快速成长铺路。同理，获得更多社会背书和信任也是捅开企业发展天花板的必备动作。

律的"戒"。

创业所积累的信任要建立在产品、服务、价值的基础上，建立在你可以稳定安全输出解决方案的基础上，建立在你是一个可靠的可信赖的伙伴关系的基础上；非能力所及需注意边界，非价值所及需注意边界，非精力所及需注意边界。换句话说，创业不是一个做老好人的过程，所以信任的来源一定要来自自身的价值，这份信任才有意义。

边界是信任钻石的光芒。

创业第六颗钻石——愿景

虽然这个词汇对于很多初创者来说太过遥远，抽象乃至模糊，但我这里依然要非常郑重地分享给大家。愿景对于创业来说是一颗最具能量的钻石。

我们前面提到的信念、行动、团队、能力、信任，**若是没有愿景这一整体**

师法九篇

▲ 为事业设置一个愿景，并将其显化，是强化明确目标感与方向感的重要方式，这不是简单的心理暗示，而是以结果倒推任务的思维逻辑。

感性的目标，那么信念会失去依托，行动会没有方向，团队会丧失动力，能力会极大受限，信任会不够持久。

愿景是所有要素的能量来源。或许一开始创业我们还没有精力抬头看到愿景，没关系，等你哪天突然觉得有点心有余力不足，突然怀疑奋斗的意义，那么一定要让愿景之光照耀过来以拯救自己。

希望大家可以更好地理解愿景的意义。那就是——**把未来的能量拿到此时此刻为当下的自己赋能。**

如果仅仅看初创时的企业，恐怕大家都有点泄气，但如果我们坚信未来的自己是如愿景所描绘的，那么再回头看此刻的企业，就不再是失望灰心，而是发展过程中的必然阶段。

黑钻石就是带着这样的思考和愿景反馈回来的鼓励，从一场路演到一百场路演，从一部影片到一千部影片，从一张办公桌到一个国家级平台。

愿景在黑钻石的发展过程中绝不仅仅是方向这样简单，更已幻化为一种动力。

希望每位创业者都可以早一些得到这颗创业路上最宝贵的愿景钻石。

当下即能是愿景钻石的光芒。

▲ 登碣石山，叹天地壮阔，人生当不同。

创业第七颗钻石——格局

格局这两个字其实是我在自问自答为什么创业时得到的答案。

为何创业呢？

我希望人生从此大不同。

哪里不同？

1.眼界不同

你看到过磅礴的产业洪流，看到过形形色色的奇闻逸事，看到过成败转瞬，看到过如梦白马，看到过就是最朴素的长见识嘛。

2.认知不同

你不会再仅仅用单一价值观来看待世界，因为你明了价值观不同背后的各自不易。你也开始理解了许多以往的不理解，这并非世故，而是源自更充分认知后的释然。

3.思考不同

你的世界突然丰富多彩起来，也有了许多的可能性，每一种可能都会促发思考，虽然最终选择只有一个，但思考过，从某种角度来说，就是多了一次经历。

当我们眼界不同，认知不同，思考不同，必然会带来格局的大不同。

人生中可能一时一刻无法理解的那些词汇终有一天会顿悟，如善良，如感恩，如幸运，如美好。

依然是那个老套的故事，一个乞丐与一个富翁在海边晒太阳，同样是晒太阳，但内心装载的世界是完全不同的，这或许就是格局吧。

当你体悟到这些，恭喜你，你拿到了创业的终极钻石。

眼界、认知、思考就是这颗格局钻石的光芒。

第四十章 路演小镇

寻路演小镇一日幻游　待未来故事开花结果

▲ 路演小镇梦想图　手绘：影格工坊

导语

距离广场更远的地方就是被誉为圣地的梦想湖,
在灯光秀的最后放起烟花,烟花在梦想湖的水面上映象开来。
炫耀夺目摄人心魄,让人恍惚间,
竟分不清这份震撼究竟是因为湖天烟花的炫美,
还是因为科技魅力的无限。

2016年7月，住房城乡建设部、国家发展改革委、财政部三部委联合发布了《住房城乡建设部 国家发展改革委 财政部关于开展特色小镇培育工作的通知》，特色小镇的发展拉开了崭新的序幕。

特色小镇是相对独立于市区，具有明确的产业定位、文化内涵和一定社区功能的发展空间平台，区别于行政区划单位和产业园区。特色小镇非镇非区，是各种特色发展要素的聚集区。

特色小镇大致分类

农业类小镇：葡萄酒小镇、鲜花小镇、渔港小镇、茶香小镇、粮酒小镇等。
制造业小镇：工匠小镇、陶瓷小镇、工艺小镇、机器人小镇等。
金融业小镇：基金小镇、金融小镇等。
信息技术产业类小镇：互联网小镇、大数据小镇、信息港小镇等。
商贸物流类小镇：电商小镇、物流小镇、会展小镇等。
健康产业类小镇：医疗小镇、国医小镇、健康小镇等。
文旅产业类小镇：文创小镇、民族风情小镇、影视小镇、诗歌小镇等。
还有根据国家政策，特别创建的小镇类型，如双创小镇、梦想小镇等。

路演小镇则是兼具金融、信息技术、商贸会展、文创等多个小镇的功能，且极具自身专业特色。

这已是本书的最后一章，不如我们就放飞一下思绪，以一种幻游的方式去体验一下所憧憬的路演小镇。

那是一个名字叫作"路演小镇"的地方

去往路演小镇的路很美，路边偶尔会出现路演小镇的指示路牌。会路过约三四个公交站点，站点广告栏上都贴满了在路演小镇里举办的各类路演活动海报，让人更加期待早点到达。

远远就看到路演小镇的大门，是个用黑色石块堆起来的石拱门，远远看着像一个眼睛钻出地面，凝视着远方，透过这个大大的眼睛或许真的可以看见未来呢。

小镇的布道是很古朴的石板路，两侧有浅浅水系流过，听着流水声音，让人宁静舒缓。这些水系是小镇的大数据中心的冷却循环水。

小镇中心是一个十字路口，四角分别坐落着小镇**路演大厅**、**小镇路演影院**、**小镇路演文化商城**、**小镇路演博物馆**等四个风格各异的建筑。

十字路口中央有一个用各色鲜花铺满的花坛，花坛正中竖立了一个三层楼高的巨大透明玻璃沙漏，里面是金色的细沙，细沙在缓缓流淌，且每隔10分钟就会颠倒一次，据说这是一次路演的最佳时间。沙漏在太阳照耀下，闪

▲ 或许有一天，可以在这样的阳光里，去往路演小镇。

出金色光芒，将小镇中心映射得如金色圣殿一般。

路演影院的大门外形则是一颗巨大的黑色钻石，旁边的电影告示栏里贴着每日电影播放单，都是企业与城市的品牌文化故事影片，它们在这里获得了院线电影般的待遇。

小镇路演博物馆每天门前都会排满了参观者，据说这里已经火爆得需要预约才能进去一睹各类路演神器。博物馆里面既有国家、城市举行仪式时用到的器物与场景，也有各类企业展示时用到的技术与设备，现在它们都作为路演经济的文物被珍藏起来。

小镇的路演大厅是这个路口最大的建筑，在三大门楣上镶嵌着一个组合字，左边是足字旁，右边是寅字旁，分别寓意脚踏实地和仰望星空。

这里每天被各种类型的路演活动排得满满当当，但每周七天，按照日子不同，路演的类型也各不相同，据说最受欢迎的是周五晚上的**"路演思想秀"**，来自各种领域的路演人展示着各自企业的路演技巧和心得，既有趣也有用，受欢迎程度甚至比小镇的话剧还要高。

小镇路演文化商城里各具特色的城市**路演文化衍生品**带着地域风情，企业类路演文化品则蕴含着各个企业的故事或科技，很多商品比星巴克的杯子更受欢迎。一些城市文化爱好者每隔一段时间，就来扫一次货，非要集齐所有城市的**"城市礼物"**不可。

穿过路演文化商城 进入一条名为**"幽石漫"**的路上，两侧是各种透明玻璃窗式房间，房间里各类大大小小的路演活动都在进行着，有些是品牌发布，有些是产品展示，有些是招商直播，为了不错过这些精彩的项目路演，很多投资机构都在小镇里开设了自己的项目接洽站，便于与这些项目深度交流。

穿梭于这条街的人除了机构与项目路演方、游客，其他大部分都来自小镇的两个神秘机构，**一个是路演研究院，**专门对这些路演进行数据采样与人工智能分析、通过大数据对路演效能进行评估的机构。另一个则是**路演学**

院，路演学院的导师既授课，也是专业的路演人，他们也为各类路演项目提供技术服务，甚至亲自上阵路演。路演学院也会为这些专业路演人的路演成绩进行排名，每年路演排行榜排名前一的路演人身价均十分惊人。

▲ 路演小镇角落。

道路尽头右转，便是小镇的话剧馆，很多小镇的路演者来到小镇第一站据说就是来这里看一场话剧。话剧馆是由一个老厂房改造的，原本是一些艺术团体在这里演出，直到后来一些企业自发组成了话剧社，这里便成了企业话剧演出的地方。企业通过话剧将企业的故事进行演绎，下面观众里不乏一些知名编剧，他们来此寻找灵感。这些演出不仅丰富了企业人的生活，也是最好的文化宣导。

在冬日里，看完话剧，一出门跨过石板路，就可以钻进对面的**路演餐厅**就餐了。这里的每道菜都是用各类路演名词命名，如**吸引酒、逻辑菜、呈现汤、幻灯面、光影粥、小结茶**，这些词汇取自店里后面摆放的各类路演书籍。吃饱喝足后，舒服地看一会儿书，是来到路演小镇里最惬意的时刻。

约莫在傍晚时分，街上的人流多了起来，大家方向都比较一致，赶往小镇的另一个聚集地——**路演广场**。广场周围很开阔，没有高大的建筑物遮挡，举目远眺，红霞满天，心胸都舒展开来。

人们聚集于此，是因这里每晚都有各类灯

▲ 灿烂花火是梦想之绽放，也是怒放的生命之礼赞。

光科技秀，或机器人，或无人机，或裸眼3D，各种高科技的展示在广场上空，组成一个科技的星空，让人目不暇接。广场不远处就是被称作创业者必打卡的圣地**梦想湖**。灯光秀表演的最后，梦想湖中心早已准备好的烟花秀就会开启，烟花绽放在空中，将水面映得五彩斑斓，炫耀夺目摄人心魄，让人恍惚间，竟分不清这究竟是因为湖中烟花的炫美感染，还是因为科技魅力的创意震撼。

正沉醉时，一朵最大的烟花，腾跃于空中，组成几个字**"中国科技路演周"**，让人群更加振奋，不约而同欢呼起来。这是一个专门为企业打造以路演为主题的特色活动周。已经连续举办了五年，活动周期间各类大赛在这里举办，各种路演仪式在这里进行，人们尽情享受在充满呈现力和思想力的世界里。

未来酒店是小镇里最有特色的住处，除了酒店设施齐全以外，这里是唯一一个可以体验到最新一代梦境制造仪的地方。梦境制造仪可以根据你输入的梦念，为睡梦中的你创造一个私人订制的轻梦场景和画面，据说这种梦境可以极大地帮助人们缓解疲劳和压力，是治愈各种精神疾病的绝佳科技手段。

输入了一个"安静"的梦念后，在梦境制造仪的梦境里，我安然睡去。

路演从资本中走来，走进企业与城市，它不仅是一种商业技巧、经营方法，也不仅是一个商业模式、城市空间，它更是一种文化精神，愿"路演小镇"或其他形态的路演载体可用更宏大的格局与力量将这种精神传承下去。

讲好中国故事，路演民族能量。

2021年1月23日于北京

后记

那些"在路上"的细节

《路演方法论》终于完稿了,看着设计师正在做排版的收尾工作,心生感慨,觉得需要把这一年多时间里,一些创作本书的细节记录下来。大家读完本书正文后,权当这是书尾的彩蛋。

创作中的意外录制

2020年初,是创业十年以来最难熬的开年。

疫情封锁下,春节假期一延再延,即便开工复产后,所有线下活动也无法开展,压力与焦虑与日俱增。除了平日去社区协助防疫,安排团队创作一些公益防疫短片,其他时间几乎都拿来创作《路演方法论》,唯有在创作之时,这份焦虑才稍减。

▲ 2020年初,正值疫情期间,开始创作《路演方法论》。背后为空空荡荡的商场。

正值"路演大侠"APP在配合北京市的线上学习行动，需要丰富一些在线视听课程内容。我就把已经创作出的《路演方法论·兵法十三篇》部分拿来进行音频录制。

本以为每篇4000—5000字的文章，20分钟即可录制完成，没想到每一篇都需四个小时以上才能录制好。主要是文字风格与音频节目调性不符，口间只能录录停停，停停改改，好不难受。

但这个录制动作，确实让我对《路演方法论》里的行文风格有了新思考。

▲ 录制《路演方法论·兵法十三篇》，对书中的行文风格起到修正作用，音频现已上线到"路演大侠"APP。

《路演方法论》原本是偏学术论文式风格，录制完音频节目后我发现，自己更希望大家在阅读时，感受到这是一次聊天或者对话，让那些枯燥的逻辑和商业规划都能再活泼一点，有趣一些。让本已压力重重的创业多一点轻松。故此，将行文全部进行了调整，适当加入不少偈语、短句，口语式的引导词。

调整完后，再录制音频不但顺畅许多，更增添许多精彩。每集不到一个小时即可录制完成。而《路演方法论》的行文风格也确定了下来。

如今这套《路演方法论·兵法十三篇》音频版，已经在"路演大侠"APP里上线，也算是创作本书过程中的意外收获了。

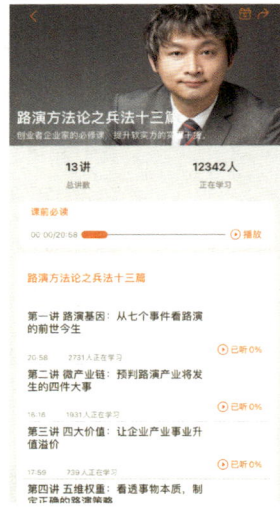

▲ "路演大侠"APP中的《路演方法论·兵法十三篇》音频版。

艰难的筹备

明确风格后，资料整理与筹备成为工作重心，既要对理论体系进行优化升级，又需遴选案例，匹配图片。

摆在面前的是300余套完整案例材料，1400部项目影片、3万多页幻灯片、6万余张图片照片、50万字的原始文字资料以及新创作的20余万字的方法论核心内容。这些内容都要进行整理筛选，比起头疼工作量之巨大，砍掉内容更让自己心疼。

应该说，每一页幻灯片都见证着数百场路演活动背后的艰辛，每一张照片都是路演实践过程中的宝贵经历。常常看着资料就走了神，陷入到思考和回忆之中，好半天才回过神来。这也让取舍的过程变得更加漫长。

经过选之又选，调了又调，最终明确：

以**理论方法为主，案例佐证为辅，亲身经历为补**为整理宗旨；

以**三大受众为论纲，商业议题为论章，实证实践为论述**为基本架构；

以**开篇语、前言、引言、导语、卷尾语**为阅读引导，形成大家现在看到的格式、内容与体量。架构搭建与内容统筹几乎用去三个月的时间。

但真正艰难的创作工作才刚刚开始。

小镇里的文艺青年

《路演方法论·将沄十八篇》是这次创作的重点与难点。这个板块内容新、维度高、体量大。对需呈现出的"方法"要求标准自然不同。

此时，时间已经到了六七月份，天气热了起来，加上疫情被有效控制，许多线下活动逐渐开展，创作经常被外地出差、项目会、讲课等工作打断，一度停滞不前，心情也有些烦躁。

正想不到什么好办法，河北一个朋友来电话，他的项目要启动路演，希望我能到现场去看看，地点就是河北霸州。

到霸州已是傍晚时分，城市不大，却热闹非凡。全然看不到疫情对生活的影响。项目驻地特意安排在一个老胡同里，胡同口正对面的街上，数家大排档早摆开阵势，摩拳擦掌准备夜晚的战斗。附近的居民三三俩俩地溜达出来，在各家挑选吃喝。整个街口都弥漫着市井烟火气，真热闹得紧。

住处是胡同里一座独立院落。虽离胡同口不远，但将外面的火热喧嚣立刻隔绝开，闹中取静。二层小楼，七八个房间，院里还有个一人多高的葡萄架，上面已挂满了还未熟透的葡萄。正值夏季雨后，空气里氤氲着带着甜味的水汽，宁谧的夜色让人顿时生出神清气爽之感。早前的烦闷躁急一扫而空。心想，不妨做个小镇青年，安静地在这里创作吧。

因朋友的项目距离启动还有些时日，于是，安排团队先行回京，自己一人暂留霸州，开启了最高效率的创作模式。

每天早晨7点到晚上11点，除了中午一碗煮面和晚上一顿胡同口的肉饼粉丝汤外，其他时间都专注在写作中。公司伙伴们也特意将事务都调配开，尽量保障我不被干扰。

难得的创作环境也激发了创作热情。七月里雨水多，常常屋外大雨倾盆，雨声叮叮咚咚，室内灵感泉涌，键盘声噼里啪啦，写到精彩激动处，径直走到院子里，摘一串熟了的葡萄，囫囵吃上几颗，做个长长深呼吸，返屋继续写作，真正做到了紧张活泼，好不自在。

半个月里，成果丰硕。创作出十余个重要篇章，包括"红点企业""未来之图""城市路演""十全事美""火线阵地""价值矩阵"等在测

▲ 在霸州小院里创作出了《路演方法论》中数个篇章，并形成了章回体式篇章总目录。

试阶段最受欢迎的内容。

也许是受小镇古朴的气质感染,创作过程中,突发奇想,是否可以将传统小说里的章回体方式作为《路演方法论》的篇章标题?自己从小就喜欢看古典小说,对章回体情有独钟,觉得那就是一种文学创作的浪漫。虽然《路演方法论》是商业著作,但商业又何尝不能浪漫一些呢?于是,尝试将已经创作完的篇章进行了章回编排。《路演方法论》就有了中国古典文学形式的章回体,例如,**九影传播:生动光影髹刻未来景,人文精神温润心中梦;火线阵地:七个确定优化一场会,九场路演同频一群人;导师精修:言之有物成火线战友,举止有度为良师益友;企业环路:一张一弛环境中认知,一步一景沉浸式路演;** 等等。不工整之处,还请读者见谅。

就是在这个小院里,《路演方法论》的所有篇章回目全部完成,看着四十章的总目录,内心也更加笃定,《路演方法论》创作终于熬过了最艰难的阶段。

可惜,幸福的日子总是短暂的。因西安路演中心要举办大型的分享活动,需提前入组筹备,要与这个小院告别了。

离开那天,特意到老火车站、小镇广场、几条小街转了转,也与胡同口肉饼店的老板打了个招呼,摘几串已熟透了的葡萄放到车里,驱车离开时,心里想,等《路演方法论》出版后,一定再回这里看看,其实做个快乐的小镇青年也是不错的呢。

一群特殊的校稿人

2020年10月,坐落在清华科技园的路演中心成立了。

"路演系统落地班"几乎就是它的开业典礼。此时的《路演方法论》的纯文字部分已接近尾声,部分篇章还未润色,一些段落顺序也未调整。为尽快在课堂中使用起《路演方法论》,也只好"辛苦"这些学员们了。

带着数十个篇章,在课堂里以连读的方式与企业家学员们进行分享。

大家每人一段连读起来后，我便开始做评测记录员，顺畅度、逻辑性、语气词、吸引力等都是我检测的标准。每期课程后就进行一次对《路演方法论》的全面润色和优化。而路演系统落地班一开就是五期。数百名学员，一边学习，一边共同完成了一次对《路演方法论》的阅读式校稿。

《路演方法论》的阅读在课堂里引起了很好的反响。很多学员表示，这种方式似乎比单纯听老师讲授更能吃透内容。尤其是这种大家一起连读的感觉，似乎又回到了少年时校园课堂里。

我敢说，这一定是最特殊的一次校稿，**这群学员恐怕也是身价最高的一群校稿人。**

还有一群校稿人，他们就是黑钻石的小伙伴们。

2021年1月是黑钻石的年终总结会。按往年习惯，每次开场都由我开场分享，总结过去，展望未来。

行政部几次小心翼翼地提醒我，要准备年会的分享材料。当时，全部心思都还在创作里，实在没精力去做筹备。正琢磨如何解决，一眼看到案头摆着《路演方法论》的书稿，灵机一动：这《路演方法论》不就是最好的分享嘛。有产业趋势预判，有黑钻石发展方向，而此刻，不正是给大家树立信心明确方向的时候吗？思忖良久，最终决定把书中的前三章"路演基因""微产业链""学习之路"作为年会分享环节的内容。

年会开场，先给每个黑钻石伙伴发了数页的《路演方法论》节选，每人一段地连读起来。读一段，我再解读一段，伙伴们一开始还不明白什么情况。但读起来后，也自然读懂了我的用意。

这一读，就是传递，这一学，就是同频。对于这样的默契，我很欣慰。

现在回头再看，依然觉得，再也没有更好的选择，能如这三个篇章一样代表我想表达的公司发展主旨。

春节里的排版

《路演方法论》最后的排版定稿必须在2021年正月里完成，对于这样一个体量的书籍来说，必须要有预留一个月的设计周期，也就是说春节期间不能停下校稿与排版。

大年三十的晚上，在办公室里，把春节联欢晚会当作了背景声，校稿配图直到大年初一。记忆里，这是第二次春节没有与家人一起度过。本书设计师雨木更是大年初三就从老家跑回北京，开始了最为紧张的排版工作。用了将近一个月的时间，终于如期完成排版。

《路演方法论》的排版也是极费心思，将文章中的重点文字都做了标记提示，插图部分不打乱文章的阅读连贯性。相信大家在阅读时一定能感受到我们这份用心。如果这设计对你的阅读快感有提升，别忘记给设计师雨木点个赞。

▲ 设计师雨木春节假期里开始排版。

尾声

春节后，去补看了《奇幻之旅》《你好，李焕英》，主旨都是珍惜，珍惜生命里每一分钟，以及构成我们生活意义的宝贵细节。

有人说，我们所有用心的创作、绞尽脑汁的创意其实都是在为这个世界增加更多的真实细节。我深以为然。

创作一部影片、策划一个咨询案、讲一堂课、做一页幻灯片、写作一本书，都是为更好地理解这个世界再多添一些细节，《路演方法论》也是在补充我们对商业服务领域思考的细节。正因这些细节，世界才会充满温暖的质感，才拥有能触摸到的灵魂时光。

正月十五，样书终于出炉，爱不释手，翻看良久。带着样书与设计师雨木一起吃了顿北京羊蝎子火锅（春节赶稿期间每天点外卖）。看着翻腾的火锅与周围欢声笑语的人们，脑海中又浮现起过去一年的种种情景。

▲ 2021，踏踏实实开年。

与2020年年初的茫然无措不同，虽然2021年依然还有疫情阴霾笼罩，但内心更多的是踏实坚定，我们已经度过了那么艰难的一年，而且已经铺排好如此多的细节和准备，未来的路还有什么不踏实的呢？

感谢你看到了最后。

盼未来一起在路上，演绎出精彩人生。

2021年3月6日于北京

卷尾语

我们相信每天进步一点点的力量,
相信明天会比今天更好,相信这是个最好的时代。
未来永远属于
那些敢于梦想并将梦想路演出来的人。